学校发展规划与校长任期目标责任书

编写范本

XUE XIAO FA ZHAN GUI HUA YU
XIAO ZHANG REN QI MU BIAO ZE REN SHU

王建宗·主编

人民出版社

编　委　会

主　　编：王建宗

编委会成员：王建宗　安彩凰　杜彦明　肖　丽　童　薇　张运玺
梁秀丽　刘秀芬　夏树铭　胡　元　董成勋　欧阳利
尹　峥　洪小平　丁　香　赵　琳　郝春和　樊　洋
王玉英　高　晶　谷　宇　李　佳　赵万友　王伟光
李慧秀　刘满想　何智慧　魏晓莉　宋长慧　李晓风
沈　军　唐立娟　王意恒　李桂冬　翟靖波　郭桂军
李　煜　崔彩虹　朱爱学　张　练　陈凤娥

目　录
CONTENTS

前　言

怎样写前言

　　前言一般也称"前记"、"序"、"叙"、"绪"、"引"等，是写在书籍或文章前面的文字。前言要刊于正文前，主要说明基本内容、编著意图、成书过程、本书价值等。前言一般由编选者自撰或他人撰写。如果是一篇文章的前言，应该以说明文章主旨或撰文目的为内容。前言也相当于开头，前言与摘要不完全相同，摘要要写得高度概括、简略，前言稍加具体一些，文字以1000—3000字为宜。

编写范例

前　言

　　北京市第十四中学的前身名为"畿辅学堂"，创建于1906年。光绪三十二年，由李士珍主持直隶旅京官绅集资在宣外大街六十四号院内创办了北京公立畿辅学堂。1912年改称"畿辅中学校"，学校从公立变为私立。辛亥革命后，由清代最后一位状元、进步绅士刘春霖号召数名河北籍知名人士，对畿辅中学校进行改建。1928年更名为"燕冀中学"，分男女两校，刘春霖为建校捐款赠书，并任"燕冀中学"董事会董事。1935年学校迁入清末军机大臣张之洞的畿辅先哲祠内。也许是秉承了伯夷、叔齐等畿辅先哲的灵气，学校吸引了大批仁人志士，成为当时爱国图强、为世人称道的北京著名中学。新中国成立后，学校确立为公立完全中学。1951年，按照北京市政府的统一命名，正式定名为"北京市第十四中学"。

　　张之洞和刘春霖提出的"中学为体，西学为用"、"天开新学界，地嬗古遗风"的思想，为学校的发展奠定了文化之脉。此后，历经百年办学，北京市第十四中学继续保持着京城著名学校的品牌声望。1978年，学校被首批列为宣武区重点中学。2005年成为北京市普通高中示范校。2010年，随着北京市功能核心区行政区划的调整，原西城区、宣武区合为新的北京市西城区，十四中成为新的西城区的一所优质品牌学校。目前，学校具有招收国际留学生的资格。继承和发扬十四中的优良传统，提高办学质量，不断扩大学校的知名度，是十四中人的历史使命。

　　为进一步推动学校优质办学，扩大"百年名校、人才学苑"的知名度，增强学校服务社会的影响力，提高学校教育教学质量，为社会人才培养作出更大贡献，学校积极响应教育部关于进一步规范学校办学行为的指示要求，在总结百年办学经验的基础上，制订出了《北京市第十四中学2010—2016年学校发展规划及任期目标责任书》。本《发展规划及任期目标责任书》以相关理论为指导，以国家和教育行政部门颁发的各项政策法规为依据，以提高办学育人质量为核心，分别从学校发展环境分析、办学总目标及主导思想、办学目标任务分解、办学分期任务措施、办学运行机制、初高中特色办学、处组及教师个人（部分）发展规划等方面进行全面阐述。本《发展规划及任期目标责任书》是在总结各方面实践经验的基础上制订出来的，具有可操作性，将对学校未来发展产生重要的指导意义。

　　指导《北京市第十四中学2010—2016年学校发展规划及任期目标责任书》的主要理论有："以人为本"理论、教育学理论、组织行为学理论、教育社会学理论、道德伦理学理论、人力资源管理理论、教育质量管理理论、教育发展评价理论等。

　　制订《北京市第十四中学2010—2016年学校发展规划及任期目标责任书》主要依据的政策法规有：《中华人民共和国教育法》、《教师法》、新颁《中小学教师职业道德规范》、《教师资格条例》、《北京市中小学全面实施素质教育评价方案》等。

第一章　学校发展环境分析

怎样做好学校发展环境分析

学校发展环境分析，是指对学校所处的外部社会环境、学校内外部的发展条件进行科学的分析。学校发展环境分析采用的工具主要有两个：一是PEST工具，二是SWOT工具。

一、PEST 分析

PEST分析是指宏观环境的分析，P是政治，E是经济，S是社会，T是技术。在分析一个单位或者集团所处的背景的时候，通常是通过这四个因素来进行分析，以判断发展中所面临的状况。

PEST分析法是战略外部环境分析的基本工具，它通过政治的(Politics)、经济的（Economic）、社会的（Society）和技术的（Technology）角度或四个方面的因素分析从总体上把握宏观环境，并评价这些因素对某一单位或者集团的战略目标和战略制定的影响。

四个方面的因素分析具体思想如下：

（一）P即politics，政治要素，是指对组织具有实际与潜在影响的政治力量和有关的法律、法规等因素。当政治制度与体制、政府对组织所管理的业务的态度发生变化时，当政府发布了对组织管理具有约束力的法律、法规时，单位或者集团的管理战略必须随之作出调整。法律环境主要包括政府制定的对各种组织具有约束力的法律、法规等，政治、法律环境是两个十分重要的分析因素。处于发展中的一个组织系统，必须仔细研究政府有关教育的政策和思路，对这些相关的法律和政策进行分析，能够影响到组织的发展和绩效。

（二）E即economic，经济要素，是指一个国家或者地区的经济制度、经济结构、产业布局、资源状况、经济发展水平以及未来的经济走势等。构成经济环境的关键要素包括 GDP 的变化发展趋势、利率水平、通货膨胀程度及趋势、失业率、居民可支配收入水平、汇率水平、能源供给成本、市场机制的完善程度、市场需求状况，等等。由于学校是处于宏观经济环境中的个体，经济环境决定和影响其自身战略的制定。

（三）S 即 society，社会要素。对社会要素分析是教育管理部门和学校组织所不可少的一个要素。社会要素是指组织所在社会中成员的民族特征、文化传统、价值观念、宗教信仰、教育水平以及风俗习惯等因素。构成社会环境的要素包括人口规模、年龄结构、种族结构、收入分布、消费结构和水平、人口流动性等。其中人口规模直接影响着一个国家或地区市场的容量，年龄结构则决定消费品的种类及推广方式。

每一个社会都有其核心价值观，它们常常具有高度的持续性，这些价值观和文化传统是历史的沉淀，通过家庭繁衍和社会教育而传播延续，因此具有相当的稳定性。而一些次价值观是比较容易改变的。每一种文化都是由许多亚文化组成的，它们由共同语言、共同价值观念体系及共同生活经验或生活环境的群体所构成，不同的群体有不同的社会态度、爱好和行为，从而表现出不同的需求和不同的行为。

不同的国家之间有人文的差异，不同的民族之间同样有差异。我国有众多民族，虽同是中华民族但却存在着较大的人文差异，如藏族的生活方式和藏传佛教的宗教色彩联系紧密。牛是藏族的吉祥动物，在西藏地区的越野车市场中日本丰田越野车占据着绝对的市场份额，原因是其标志形似牛头，因此广受藏族人民的欢迎。可见文化对于战略的影响有时是巨大的。

自然环境是指学校所处地区的地理、气候、资源、生态等环境。不同的地区的学校由于其所处自然环境的不同，对于学校发展战略会有一定程度的影响。我国是一个幅员辽阔的国家，这种影响尤其明显，如同一教育内容在我国东南部地区和西北部地区就会有操作上的较大差距，对地区所处自然环境进行分析，是不容忽略的要素。

（四）T 即 technology，技术要素。技术要素不仅仅包括那些引起革命性变化的发明，还包括新思想、新技术、新工艺、新材料的出现和发展趋势以及应用前景。在过去的半个世纪里，最迅速的变化就发生在技术领域，像微软、惠普、通用电气等高技术公司的崛起改变着世界和人类的生活方式。

同样，技术领先的医院、学校等组织，会比没有采用先进技术的同类组织具有更强的竞争力。

二、SWOT 分析

SWOT 是一种分析方法，是用来确定某一单位或者个人的竞争优势、竞争劣势、机会和威胁的一种分析工具。通过分析，将某一单位或者个人的发展战略与自身所具备的内部资源与外部环境有机结合起来，以确定单位或者个人的发展思路。因此，清楚地确定自身的资源优势和缺陷，了解自身所面临的机会和挑战，对于制定自身未来的发展战略有着至关重要的意义。

SWOT 分析法又称为态势分析法，它是由旧金山大学的管理学教授于 20 世纪 80 年代初提出来的，是一种能够较客观而准确地分析和研究一个单位现实情况的方法。

SWOT 分别代表：strengths（优势）、weaknesses（劣势）、opportunities（机会）、threats（威胁）。

SWOT 分析通过对优势、劣势、机会和威胁的加以综合评估与分析得出结论，然后再制定或者调整某一单位，或者某一个人的发展策略，以利于达成预期的发展目标。

SWOT 分析已逐渐被许多管理组织运用，包括各级政府、企业管理、人力资源开发、单位发展等各个方面。

SWOT 分析方法从某种意义上来说隶属于单位内部环境的分析方法，即根据自身的既定内在条件进行分析。SWOT 分析有其形成的基础，是为学校或者个人的发展战略服务的，所谓战略，应是一个单位或者个人"能够做的"（即组织或者个人的强项和弱项）和"可能做的"（即环境的机会和威胁）之间的有机组合。与其他的分析方法相比较，SWOT 分析从一开始就具有显著的结构化和系统性的特征。就结构化而言，首先在形式上，SWOT 分析法表现为构造 SWOT 结构矩阵，并对矩阵的不同区域赋予了不同分析意义；其次在内容上，SWOT 分析法的主要理论基础也强调从结构分析入手，对单位或者个人的外部环境和内部资源进行分析。另外，早在 SWOT 诞生之前的 20 世纪 60 年代，就已经有人提出过 SWOT 分析中涉及的内部优势、弱点，外部机会、威胁这些变化因素，但只是孤立地对它们加以分析。SWOT 方法的重要贡献就在于用系统的思想将这些似乎独立的因素相互匹配起来进行综合分析，使得某一单位或者个人战略计划的制订更加科学全面。

SWOT方法自形成以来，广泛应用于战略研究与竞争分析，成为战略管理和竞争情报的重要分析工具。分析直观、使用简单是它的重要优点。即使没有精确的数据支持和更专业化的分析工具，也可以得出有说服力的结论。但是，正是这种直观和简单，使得SWOT不可避免地带有精度不够的缺陷。例如SWOT分析采用定性方法，通过罗列S、W、O、T的各种表现，形成一种模糊的竞争地位描述。以此为依据作出的判断，不免带有一定程度的主观臆断。所以，在使用SWOT方法时要注意方法的局限性，在罗列作为判断依据的事实时，要尽量真实、客观、精确，并提供一定的定量数据弥补SWOT定性分析的不足，构造高层定性分析的基础。

编写范例

第一章 学校发展环境分析

第一节 社会环境分析

一、市区社会环境分析

（一）政治法律环境

党的十七大报告、《国家教育事业发展"十一五"规划纲要》、《北京城市总体规划（2004—2020年）》、《北京市"十一五"时期教育发展规划》等相关文件指出：全面建设小康社会、构建社会主义和谐社会，教育肩负着重要的历史使命。走新型工业化道路，建设创新型国家，必须充分发挥人力资源优势。坚持教育事业优先发展的战略，加快教育发展，是把我国巨大的人口压力转化为人力资源优势的根本途径。实现教育现代化，发挥教育事业的先导性、全局性、基础性作用，重视教育对社会发展的重要支撑作用，满足国家可持续发展对各类人才的需求，满足人民群众对优质教育和终身教育的需求。《宣武区"十五"期间教育发展规划》、《宣武区"十一五"期间教育发展规划》、《宣武区 2007.2008.2009 政府工作报告》都把北京市第十四中学新址的建设，作为对优质教育资源进行平衡、调整和发展的重要举措。

（二）经济发展实力

党的十七大报告指出，要优先发展教育。近年来，各级政府不断加大对教育的投入。2008 年北京市对教育的投入达到 235 亿元，未来有望增加到 400 亿元。《宣武区"十一五"期间教育发展规划》提出，到 2009 年，财政性教育经费占国民生产总值的比例达到 4.5% 以上。优先发展教育，加大对教育的投入，已经成为各级政府的共识。政府的财政投入有效地保证和推动了学校的快速发展。

（三）技术支持能力

近年来，我区优质教育资源共建共享工作得到区委、区政府高度关注，在相关部门和学校的共同努力下，教育资源共建共享工作取得了重大发展。伴随 2007 年区教育城域网的建成，教育信息网络资源的共建共享通过规范化建设、分步实施、典型引路、重点突破、应用普及、提高效益等方面工作的开展，通过网络支撑环境的建设和区域资源共享，有效地缩小了教育差距，均衡了教育发展，提高了信息化的整合程度和应用水平，促进了教育改革和发展。作为区城域网广外地区资源和网络中心，学校在软硬件建设上得到了区政府和区教委的大力支持，初步建成了万兆主干的校园网络并平稳运行。

（四）市区文化影响

北京市第十四中学地处原宣武区南部，浓郁的宣南文化中那朴实、进步、创新的思想深深地影响着学校的办学理念。直到今天，"开放、进取、创新"依然是十四中发展的主旋律。

在历史的长河中，宣南也曾辉煌一时。这里是战国燕都蓟城的肇始之地，北京文化的发源地。无论是建于辽代的天宁寺塔、唐代的法源寺、宣南文化博物馆（长椿寺）、清代纪晓岚故居等古迹，还是近代湖广会馆、革命烈士高君宇及石评梅墓、梁启超故居等建筑，都无一例外地见证了宣南文化从起源、发展到成熟的历程。

在百年的风风雨雨中，学校的办学始终以宣南为立足点，殷实厚重的宣南文化熏陶着校园文化，爱国、报国的人文思想一直是学校育德的主旨。多年来，学校良好的办学效益为宣南地区教育的发展起到重要的推动作用，逐步得到社会的认可和信赖。

二、教育任务环境分析

（一）社会对优质教育的需求

在知识经济时代，社会对人才和教育的需求越来越强烈，特别是对优质教育的需求，已成为学校追求优质办学的动力。原宣武区优质教育资源大多集中在东部，西部地区教育资源相对落后，特别是广外地区，老百姓对优质教育的需求更为强烈和迫切。为解决原宣武教育"东重西轻"局面，区委区政府在广安门外投资兴建了北京市第十四中学新校址，目的是促进教育的均衡发展。

（二）政府对教育的重视和支持

近年来，区委区政府把打造"教育强区"作为重点目标之一，对教育的重视和支持力度日益增强。作为区优质品牌学校，多年来学校的发展得到了市区政府和教委的大力支持，每年都有各级领导到学校调研指导工作，区政府和区教委等相关部门每年都把我校的工作列为重点进行研究。在申办北京市普通高中示范校、新校址建设等工作中，学校始终都得到了区委区政府和各相关部门、区教委的直接参与、指导、关心和支持。学校根据上级指示精神，先后与一三一、二零四、十四中分校合并，实现了教育资源的整合。这一切都为学校的发展提供了强大保障。

（三）社会教育资源的辅助影响

在当今社会，教育的影响力不仅仅只体现在学校，学校、家庭、社会构成了三位一体的教育格局。学校教育是主渠道，家庭教育是基础，社会教育是家庭教育和学校教育的补充和延伸。

经济和信息技术的发展，使学生接受信息和知识的渠道多元化，学生不再只从书本和学校教育中获得知识和经验，社会对学生的影响日益显现。这种影响既包括积极的影响，也包括消极的影响。如何挖掘并利用各种教育资源，充分发挥社会对学生的积极正面影响和教育作用，抵御社会可能产生的消极负面影响，是学校教育必须面对的课题。学校教育必须紧密联系社会，适应社会发展的需要，通过社会实践、开发利用多种社会教育资源等有效形式，培养学生的社会交往能力、现代职业素质和社会责任感，把学生培养成为社会需要的栋梁之才。

学校地处宣南，宣南文化中朴实、勤劳、爱国的精神一直浸润着学校，成为学校育德的主旨，学校优良的传统和校园文化都得益于宣南文化的影响和熏陶，这是学校最可利用的社会教育资源。目前，学校已迁入新校址，新校址位于广安门和菜市口的高端产业发展中心和马连道的现代商贸、"茶文化"的经济发展带之间，学校要充分利用这一教育资源，开发教育课程和渠道，使社会教育真正成为学校教育和家庭教育的补充和延伸。

（四）校际间的竞争和压力

与学校毗邻的区内、区外优质名牌中学，都会对学校生源产生一定的影响，形成竞争。区内校际间的竞争，也会对学校办学形成一定的压力。但竞争和压力也有利于学校的发展。学校迁入新址后，学校生源会有所改变，面对新的环境，学校要抓住机遇，谋求新的发展。

第二节　学校内外部条件

一、办学育人发展优势

（一）历史上，当北京市第十四中学以"燕冀中学"命名时，它的男校和女校在京城就很有名气，得到许多有志学子的认可和政府的重视。可以说，创办者赋予了学校优秀的属性，而它培养出一代代优秀学子的事实，是十四中持续保持并不断扩大其影响力和社会知名度的重要保证。虽历经百年，学校的优良传统和严谨校风没有改变，仍然激励着十四中人在继承的基础上不断创新。

（二）在学校进入第二个百年历程的发展阶段，党政正值换届调整，根据当前教育发展的前景，学校提出了统领北京市第十四中学办学育人的核心理念：继承发展，固本开新；健全人格，幸福教育；和谐发展，优长育人。伴随着新校址的投入使用，全新的办学理念和管理思路，将把北京市第十四中学推向更高的发展平台。

（三）无论是早期的燕冀中学还是新中国成立后的北京市第十四中学，之所以在教育界有较好的名气，与学校不断涌现出的一代代师德高尚、教学业务精湛的优秀教师有着密切的关系。燕冀中学时期，刘春霖等人就是当时社会的有识之士。新中国成立之后，全国优秀化学教师陆禾先生，北京市优秀数学教师陶乃阁先生、刘连续先生，物理教师梁增玉先生，现仍在职的化学特级教师李佳、生物特级教师王伟光等，他们的身上都很好地体现出了十四中人优良的育人传统和教师风范。教师是学校的最大财富，学校在办学水平和质量上能否获得提升，最重要的是取决于在师资队伍上是否有可持续发展的实力。在招聘教师时，学校要严格把关，加强对青年教师的培养和教育，再加之优秀老教师的影响、带动，要保证十四中在师资方面的优势一直保持和延续下去。

二、办学育人发展机遇

（一）无论是"科教兴国"还是"人力资源强国"的提出，都说明了教育在国家发展中的重要性。国家对教育的重视程度和社会对教育特别是对优质教育的强烈需求，使得学校工作始终都能得到各级政府的大力支持和扶助。北京市第十四中学新校址的建成就很好地说明了这一点。同时，也将促使学校努力适应国家和社会发展的需要，积极寻求自身的进步和发展。

（二）新校舍的投入使用，必将成为十四中发展的有利契机。学生、教职员工迁入新的学习、工作环境，有利于学校对其提出新的要求，制订新的或更高的目标，更是教育学生摒弃不良习惯的最佳时机。学校可以此为契机，重新做好定位。

三、办学育人面临的挑战

（一）良好的生源是学校取得好的办学效果的前提。学校原来相对稳定的优质生源会因校址的搬迁而转入其他学校，而新校址在短时间内不能建立起固定的优质生源输入渠道。

（二）当新的生源入学到十四中后，由于地域的差异，学生的自身素质和受教育程度会和原来的学生有所不同，学校的教育、教学要因此进行有效调整。

（三）在新的环境中，学生、教职员工展示给周边居民的形象和素质会直接影响到十四中的品牌效应，因此，学校要统一部署，对教职员工和学生进行严格要求，以便让社区周边居民和社会各界很快接纳十四中，使学校实现平稳过渡。

（四）学校要全心全意依靠教职员工办好教育。因此，不仅要求学校要有合理健全的管理体制，更重要的是，教职员工要具有凝聚力。由于前期本区内教育资源调整，十四中已是四校合一，人员来自不同的学校，都已形成自己的工作理念。因此，学校要通过正确的途径，引导各层次人员的价值取向基本趋于一致，只有这样，学校才能稳定发展。

四、办学育人存在的弱势

（一）高水平师资逐渐减少。教师中业务过硬、发展前景较好的教师为数不多。

（二）在高中扩招背景下，学生初中升高中压力减少，90%的学生能上高中。虽然增加了学生入学的机会，但造成了生源质量的下降。

（三）学校的办学特色不很明显。在教育、教学、管理工作中的特色还有待于进一步升华。

第三节 分析后的结论

一、存在的不足

（一）北京市第十四中学虽有百年办学的历史，但优良的历史文脉没有在今天的办学育人中得到很好的传承。

（二）有凝聚各种办学力量与资源的可能，但在深入挖掘和有效利用方面还不够到位。

（三）学校班子虽能发挥管理核心作用，但与新时期应承担的历史使命与责任相比，还没有达到预期的水准。

（四）学校每位教职员工各司其职，努力工作，但在向上追求方面还没有充分显示出团队的气势。

（五）师资队伍还有待进一步优化。

二、努力的方向

（一）珍惜品牌优势

学校应抓住历史与时代赋予的机遇和挑战，珍惜多年来创立下来的品牌优势，继承发展，开拓创新。在均衡发展的前提下，形成更多的特色，创造更多的品牌项目、品牌教师，使之成为学校发展的软实力。充分利用和开发各种教育资源，凝聚各种办学力量。例如，利用广外新校址周边的办学环境优势，国家话剧院在学校旁边落户，可组建十四中话剧社，将来能定期公演，培养起一批人文见长的学生，使之形成学校的特色，为学生人人有一特长、人人有一志趣创造条件，在优长育人方面创造一个教育品牌。在培养学生品德、促进学生学识、增长学生技能和才干方面，充分挖掘和开发多种资源，形成课程品牌。

（二）干部队伍建设

干部是学校工作的管理者和组织者，是学校办学的领导核心。他们的工作状态、工作作风、工作水平直接影响到办学效果。因此，学校必须建立一支具有高尚品德、业务素质过硬、组织协调能力强、甘于奉献、群众威信高、具有开拓创新能力的干部队伍。只有在这样的干部的影响带动下，教职员工的素质才能不断提升，继而学校才能形成一个积极向上的氛围，学校的办学才会取得预期的效果。

（三）教职员工队伍建设

教职员工的整体素质直接影响到学校的形象和办学效果。北京市第十四中学教师、员工的素质较高，对工作有责任心，业务能力较强。十四中教师的工作风格，特别是抓学生，稳定教学质量在我区甚至在北京市都有一定的影响和信誉度。要保持住师资上的优势，学校要进一步加强教职员工队伍建设，在提高教职员工整体素质的同时，加大对名、优教师的培养力度，力争以名师办名校，不断扩大学校的社会声望，同时也使教师自己的人生更加精彩。十四中的教职员工在个性气质、工作风格、工作态度上都能让人感受到队伍的向上性。学校的优秀特征凸显在追求育人质量上。学校办学育人有人气，人气显现在全校干部教职员工的事业心上，体现在追求一流的干劲中。学校的正常秩序、餐饮、卫生、设施、安全，都有人在默默付出。业务精良、素质高且具有较强凝聚力的教职员工队伍是办学取得成果的必然依靠力量。

　　分析内外多方面因素，可以得出这样的结论：学校的发展潜力是巨大的，但肩负的任务是艰巨的。在未来几年内，学校要紧紧抓住办学育人发展的机遇和挑战，继续保持和发挥自身的优势，改进自身的弱势和不足。相信通过不懈的努力，教职员工的工作幸福感将会得到提升，教育教学质量会取得新的成绩，学校的发展会进入崭新的平台。学校将继续发挥优质品牌名校的办学育人示范作用和辐射作用，为西城区乃至北京市的教育发展作出新的贡献。

第二章　学校发展目标及办学核心理念

关于学校发展目标及办学核心理念

一、关于学校的办学目标

学校办学目标是在教育方针的指导下，学校根据所处地区的经济文化发展需求，结合自身设备设施、师资力量等实际情况，制订的学校教育教学中长期工作目标。好的学校办学目标对学校工作有导向性，对全体教职工教育教学活动有激励性，使学校发展有方向，教师工作有动力。学校制订办学目标应遵循的原则是：

（一）适应性原则。即学校办学目标应适应当地社会经济文化发展需求。社会需求是学校生存的基础。学校办学目标应适应当地社会经济文化发展需求，必须把自身办学目标同社会发展需求协调起来，在为社会经济文化发展服务，满足社会需求的同时，自身的办学规模才能得到发展，办学条件才能得到改善。在制定学校办学目标前，学校首先要了解所处社区及周边社区的基本情况，如人口数量、人口文化结构、经济水平等；其次还要了解社区对教育的需求水平，如对办学规模、办学条件、办学质量的需求水平，作出适当的规划，使学校既能满足社会现阶段的需求，又能适应未来社会经济文化发展需求。学校制定的办学目标不能脱离社会经济文化需求水平，否则学校就会由于失去社会的认可而无法维持。

（二）充分发展原则。学校的办学目标要能充分发掘学校潜力，使学校在实现这个目标的过程中得到最大限度地发展。心理学"激励"理论告诉我们，只有在从事难易适度的学习和工作活动时，人的积极性才最高。学校工作目标的实现最终依靠的是学校全体教职工，因此，学校的办学目标要有一定的高度和难度，在实现办学目标的过程中，才能充分调动全体教职员工的积极性，让全体教职员工最大限度地发挥自身潜力，合理地高效率地运用学校现有教学资源，把学校办学水平、办学效益提高到学校在一定时期所能达到的最高水平；办学目标制订得太低，不费多大劲就能实现，或办学目标制订得太高，学校长时期不能实现乃至根本无法实现，都不利于调动教职工的工作积极性，不能使学校的办学效益得到最大限度地提高，失去了制订办学目标的意义。

（三）同一性原则。即学校办学目标是全体教职员工的共同奋斗目标。学校办学目标应是学校全体教职员工的共同奋斗目标，要能统率学校全体教职员工的思想和行动。在这个目标的统率下，全体教职工的思想认识一致，并自觉地把个人发展目标同学校办学目标协调起来，使教职工在为学校办学目标奋斗时自身得到发展。学校在制订办学目标时，从最初方案的提出到最终方案的形成，可以采用座谈、讨论等方式，通过教代会、工会、党支部、团支部、行政会等组织，让全体教职工充分参与，充分发表个人意见。教职工亲自参与制订办学目标的过程，实际上就是教职工思想认识与学校办学目标反复协调、对学校办学目标不断加深认识的过程。经历了这个过程，教职工就能深刻理解学校办学目标的内涵，并让个人发展目标与学校办学目标保持一致，自觉地为实现学校办学目标努力工作。在制订学校的办学目标过程中，由于教职工充分参与，对学校现有条件有了充分的了解，既清楚实现学校办学目标的有利条件，也充分认识到实现学校办学目标的困难。这样，教师在工作中才能针对学校实际，发挥优势，克服困难，找到实现学校办学目标的途径和方法。

二、关于学校的办学理念

办学理念是学校的灵魂，是学校办学的行动指南，是学校发展的生命力，是引导学校教育走向成功的金钥匙。良好的办学理念是一面旗帜、是一个纲领。当前我国教育正处在深刻的变革转型期，校长需带领教职员工形成良好的办学理念，为学校建立起明确的发展远景，并把它转化为办学治校的教育行为，转变为全体教职员工的共同信念和广大师生的自觉行动。因此，树立符合教育规律、教育本质和当地实际情况的办学理念，应是一个校长奋斗追求的目标。办学理念是关于学校整体发展的价值追求和理性认识，它指导学校的办学方向，定位学校的品牌形象。它以一种精神力量、一种文化氛围、一种理性目标熏陶着学校的群体成员。办学理念与学校发展的历史、学校教育的现实、时代赋予的责任及学校未来发展的需要是密切相关的，绝不能凭空捏造，闭门造车。学校的办学理念要从以下五个方面提高认识并把握好：

（一）符合办学实际。办学实际是办学理念形成的源泉。对办学的理性认识和价值追求只能来自办学实际，建立在对教育现实的分析和反思的基础之上，是办学主体运用科学的理论和方法对办学实际进行科学的抽象而形成的，是集体劳动的结晶。办学实际为办学理念的形成和发展提供依据，赋予办学理念以实实在在的内容。在现实生活中，一些学校不同程度地存在一种倾向，不注意在办学实际中去总结、提炼和概括办学理念，而是习惯到书本和文章中去照抄有关词句来作为自己的办学理念。我们必须强化办学理念来源于办学实际的意识，避免脱离实际提出办学理念的做法。学校的发展如果脱离学校自身的办学实际，必将是空中楼阁、画饼充饥。认真思考学校教育面临的具体现实是学校形成办学理念的重要基础。

（二）办学特色提炼。学校办学，既要全面发展，更要办得有特色。办学有共性的问题，更有个性的问题。个性是什么？个性是自己独有、他人难以企及的东西。有的学校在长期的办学过程中初步形成了自己的办学特色：或体育特长，或艺术特优，或英语强化。但这些仅是学科优势，还需要提炼。从个性到个性化再到典型，这一发展过程离不开教育科研的指导。要勇于创新，大胆假设，小心求证，以课题为载体进行实验。在教育、教学管理上，要全盘考虑，认真规划，一个一个创新点地抓。日积月累，就一定能逐步形成自己的办学理念。

（三）社会发展趋势。学校是先进文化重要的传播基地，学校教育在自身发展的同时，还要引领社会的发展，带动社会的进步。因此，学校的发展必须在思想上适度超前，用适度超前的思想去指导具体的教育实践，才能充分体现学校教育的先进性，这是学校办学理念生命力的重要标志。在校长的带领下，在先进的教育理念的指导下，学校应该自上而下、自下而上，充分调动全校教职员工的智慧和热情，集思广益，通过挖掘、收集、总结、借鉴、概括、提炼、完善、升华这一梯次递进的思考过程，形成学校的办学理念，并在实践中逐渐丰富，进而形成富有学校特色的思想体系。

（四）重视团体共识。办学理念的生成与完善，要在全过程中注意将办学理念转化为师生的共识。校长须有先进的理念，但更重要的是，校长还需要将先进理念转变为全体教职员工的共同信念和追求，这是学习型组织建设的必要条件。观念的转变不是一蹴而就的过程，需要时间和反复磨合，要允许教职员工有一个逐步认识和接纳的过程。通过各种学习、研讨，鼓励教职员工把校长提出的理念转变为自己的认识，引导教职员工将学校的各种理念落实到自己的教育教学工作实践中，鼓励教职员工用自己所学到的和领悟到的理念大胆实践，不断积淀，并逐步改进自己的教育教学行为。应该说所有的教职员工都要经历一个学习—实践—反思—再实践的过程。在这个过程中，学校的各种理念不再是书本上的东西，教职员工还能够结合自己的教育教学实践来举例说明或论证这些观点。

（五）鼓励理念创新。学校的理念也不应该是一个简单的、被动的忠实执行的过程，它需要转化成为每一位教职员工的行动计划，并且在教职员工创造性的实践和共同参与的智慧中获得生长、发展。教职员工更加充分发挥主体作用，行使自己的权力，使校长、教职员工的理念完全一致起来，真正成为了学校的理念，同时也最大限度地激发教职员工在工作中的创造潜能。教职员工能对具体理念牢记在心，而且能在各自的工作中自觉体现，逐步改变着自身的教育教学行为。当全体教职员工一致地认同学校理念，并形成共同愿景时，每个人真正的自我就会和学校的任务完全融合在一起，就会改变被动与遵从的角色，就会激发出新的思考方式与行动方式，从而全身心地投入工作。

编写范例

第二章　学校发展目标及办学核心理念

　　明确的办学总目标及核心理念是保障学校办学和获得可持续发展的前提条件和重要支撑。对办学总目标、核心理念、发展思路进行明确定位，统一思想认识，规范办学行为，将有力促进学校的发展。

第一节　办学育人总目标

办学育人总目标：通过发展，使北京市第十四中学成为"西城区全面育人优质品牌学校"、"北京市特色办学示范学校"、"在国内外不断扩大影响力的知名学校"。要达到这三个层次目标，具体应做到：

一、构建学校自主发展、全面统筹办学育人的高效能运行机制

党、政、工三位一体，发挥各自职能，校长全面统筹，确保学校高效运转。学校发展强调思想和理念引领，以"人"的发展为本，建设优质人力资源队伍。在追求特色办学和各项育人成绩中，进一步扩大学校的影响力和知名度。

二、将领导班子建设作为办学育人的核心工作

其目标是：整体素质优良，管理水平逐年提升，胜任管理工作，计划措施得力，制度智慧增强，管理绩效取得良好效果；领导团队职责分明，运行通畅，决策民主，管理规范，团结协作，改革创新，作风深入，公正廉洁，职工满意度高，班子年龄结构、能力结构合理，后备干部培养落实到位。

三、教职员工队伍不断优化

以《教师法》、新颁《中小学校教师职业道德规范》、《教师资格条例》为主要法规和政策依据，建立起能有效优化教职员工队伍的有效机制。

四、确保德育在素质教育中的首要地位

全面贯彻落实国家和市区德育工作法规制度，形成德育工作体系，建立起办学育人的优良文化环境。

五、教学工作全面贯彻素质教育

以培养学生创新精神和实践能力为核心，深化课程改革，严格执行课程计划要求，减负增效。总结教学经验，注重教学成果和实效。

六、贯彻"健康第一"思想

确保体、卫、美工作在学校工作中的重要地位，发挥体、卫、美工作在办学育人中的优势和独到作用，提高其办学育人的实效，促成学校成为"和谐高雅，充满活力"的育人学苑。

七、建立丰富多彩的学生实践活动育人体系、科研兴校运行体系、信息技术支持体系、以财力和物力支撑办学育人的后勤保障体系、以评价促办学的导向机制，确保学校运转稳定、安全有序、优质发展

八、建立学生发展性评价体系，严格执行过程性测量评价

评价重点监测学生的思想道德素质、文化科学素质、劳动技能素质、身体心理素质的现状及发展。以统计数据做证明，验证学生培养的实效。

第二节　办学育人核心理念

统领北京市第十四中学办学育人的核心理念是：继承发展，固本开新；健全人格，幸福教育；和谐发展，优长育人。

学校办学宗旨：严、爱、成。

学校育人目标：善、博、雅。

学校的宣传标志口号：百年品牌名校，人才培养学苑。

一、继承发展，固本开新解读

（一）有关继承发展

将继承与发展的蕴意应用到北京市第十四中学的办学理念中，其意是强调以继承的思想，发扬学校百年办学育人的光荣传统，始终立足学校文化根基，促进学校发展。

思想认识：

一切事物都处在运动变化发展之中。继承是发展的前提，发展是继承的最终目的。科学发展观的第一要义即发展。把继承发展作为学校的办学

理念，表明学校把发展作为学校的立校之本。本理念需要回答为谁发展、发展什么、怎样发展等问题。

1. 为谁发展

（1）为学校的全面进步

学校是为社会培养人才的沃土。社会发展要求学校必须跟上社会发展的步伐，主动适应社会发展的需要。学校要立足现在、兼顾过去、着眼未来；立足自身、继承发展、开拓创新。学校没有发展就没有前途，只有发展才有前途，才有出路。

（2）为师生的全面发展

师生的全面发展是学校发展的主体，是学校的发展之本、立校之本。学校的发展离不开师生的全面发展。学校要主动适应师生发展的需要，为师生的终身学习和可持续发展创造良好条件。

2. 发展什么

学校应发展什么？首先应明确要继承什么。北京市第十四中学在百年办学中形成的优良传统是学校继承的核心。这些优良传统包括：从严治学，从严施教；教学严谨、精益求精；热爱学生，热爱教育事业；甘于奉献，以成就学生的美好人生作为教师的毕生追求；注重"做人"的教育。这些优良传统经过一代代教育工作者潜移默化地影响、感染、相传而逐渐积累和形成，它是学校一笔不可估量的财富，是学校的灵魂。继承这些优良传统，并在社会的发展变化中不断赋予它新的内涵，才能使学校不断开拓创新，谋求学校的全面发展和师生的共同发展。

3. 怎样发展

要固本开新。

（二）有关固本开新

思想认识：

固本开新与继承发展一脉相承、相得益彰。没有继承就没有创新，没有创新就没有发展。学校要继承的优良传统，正是学校要固守的校园文化的根基；学校要谋求的全面进步和师生共同发展，正是需要学校不断开拓创新才能得以实现的。

学校要固守以"人"（师生）为本。要为"人"（师生）的终身学习和可持续发展创造良好条件。"人"（师生）的发展是学校的发展之本。

学校要固守以"育人"为本。教书育人是教师的天职。教师不仅要会教书，更要懂得如何育人。培育学生的健全人格，成就学生的幸福人生，是学校办学应固守的信念，是学校的办学之本。

二、健全人格，幸福教育解读

（一）有关健全人格

思想认识：

人格是个体相对稳定和持久的、影响个体外显行为和内心状态的个性倾向和心理特征。它包括性格、气质、能力、动机、兴趣、人生观。人格有健全与不健全之分。健全人格的含义为：具有积极、健康、稳定的心态，外在行为与内在自我的和谐统一，人际关系和谐，价值取向正确，积极追求真善美的综合素养。

健全人格是社会生活和交往的重要心理品质和性格特征。当今社会，一个人的成功除了智力因素外，非智力因素占有很大的比重。人格是非智力因素的重要组成部分。对于一个生活在现代社会的人来说，是否具有健全人格比这个人的智力因素更为重要。因此，在青少年时期对学生的培养，除了智力培养外，健全人格的培养和塑造显得尤其重要。在青少年时期努力培养学生树立正确的世界观、人生观和价值观，使其具有远大的理想和信念，性格品质坚定，心理品质成熟，积极进取，健康向上，学会与人沟通，会使学生终生受益。学生步入社会后，在工作上会积极努力，拼搏进取，不怕困难和挫折，意志品质坚定；在生活上也会积极、健康、乐观、向上。善于与人沟通，人际关系和谐，成为受人欢迎的人。这样的人最终也会在事业上有所成绩，收获美满和幸福的人生。

作为学校的办学理念，学校在办学中应关注学生健全人格的培养和塑造，不能只重视教学效果，忽视学生的意志品质、心理健康、道德情操方面的培养。学校要进一步加强德育工作，在培养和帮助学生克服困难和挫折的过程中，培养学生坚定的意志品质和心理承受力；进一步完善心理健康教育，多进行心理健康讲座和心理咨询与辅导；不断拓展空间，提供各种实践活动的机会，培养和锻炼学生人际交往能力，学会与人沟通和交往。

教育的魅力在于潜移默化，润物细无声，人格的塑造更应如此。作为教育工作者，最重要的在于要言传身教，以自身的品行去影响和教育学生。教师在平时的工作中要注意细节上的点点滴滴，在学生最需要关心、爱护、帮助、培养、教育的时候，以自己真诚的付出和爱、以自身健全的人格与品行，感染学生、影响学生、塑造学生，使学生在润物细无声中形成健全人格。因此，教师的人格塑造同样重要。

（二）有关幸福教育

幸福教育的寓意是：以人的幸福情感为目的，使人在教育与受教育过程中分享幸福，并能创造幸福。教师幸福地工作、学生幸福地成长，是学校努力追求的价值目标。

思想认识：

在长期的教育实践中，人们提炼出了以幸福为目的的教育，许多志士贤人、思想大师对此有着明确的表述和系统的研究。例如，"人的任何一种追求，都是对于幸福的追求"，"没有幸福也就意味着失去了生命"，"一切健康的追求都是对于幸福的追求"。（［德］费而巴哈）"教育的主要目的在于使学生获得幸福，不能为任何不相干的利益而牺牲这种幸福"（［俄］乌申斯基）"教育，从其目的意义上说，就是培养人的生活能力，幸福能力。从其过程来说，它本身就应该是一种生活、一种幸福"。（刘次林：《幸福教育论》）"苏维埃文化教育的总方针……在于使广大中国民众都成为享受文明幸福的人"。（《毛泽东论教育》）"把中国特色社会主义事业不断推向前进，共同创造我们的幸福生活和美好未来！"（江泽民：《十六大政治报告》）

在研读教育史的过程中，我们很容易找到教育要以幸福为目的的观点。在研究人类社会发展的理想时，我们也很容易得出社会进程以追求幸福为目的的结论。人类研究教育如此美好的表述与理想追求，应该成为当今教育工作者创新教育、发展教育的重要课题，或全部实践重心所在。

学校办学育人，既要追求为社会的政治、经济、文化服务，也要追求为人的自身发展、提高人的幸福生活质量服务。教育在人的幸福与社会幸福之间要架起桥梁，要坚持幸福教育的原则，完善学校教育，树立教育的幸福观。教育要以生活为目的，生活要以幸福为目的。幸福是个人幸福与社会幸福的统一体，是通过享受幸福和创造幸福的实践达到的统一。

我校所提倡的幸福教育，是历史的幸福观（今天的幸福与未来的幸福相统一），是社会的幸福观（个人的幸福与社会的幸福相统一）。虽然幸福的教育从质和量方面，还是星光闪耀，还是声音如缕，但我校将以此为教育的理想与信念，并在实践中持之以恒地探索与创新。我们有理由相信，只要坚持开展幸福教育，就会使教育的幸福在清泉涌流中，最终蔚为汪洋。

三、和谐发展，优长育人解读

（一）有关和谐发展

思想认识：

和谐发展体现了马克思主义关于人的全面发展观。马克思主义认为：人的全面发展是个体体力与脑力均得到充分自由的发挥，个体情感得到充分发展，情感丰富、身心活泼、道德情操良好，对艺术美、社会生活美以及自然美充分追求并且有理解、鉴赏能力。这说明个体是能够充分、自由、全面地享有人类物质和精神文化成果的，说明人在体力、智力、情感、审美情趣诸方面是能得到和谐统一、协调一致的发展的。

和谐发展体现了可持续发展观。如果每个人都能充分发挥自己的特长，发展成一个完美的人，那么人类社会将变成一个和谐完整的统一体，形成一个有机整体。在这一有机整体中，人尽其才，物尽其用。和谐社会需要和谐发展的人，和谐发展的人是构成和谐社会最为重要的微观基础。

作为学校的办学理念，和谐发展包括两个方面：一是学校运行机制的和谐；二是师生发展成长的和谐。

学校运行机制的和谐是指党政工三位一体的运行机制达到和谐运转的水平，党总支、校行政、工会三个职能部门在学校的发展中发挥各自职能，管理有为，和谐统一，使学校向着良性方向运转和发展。

师生发展成长的和谐有四个层次：第一层次，个体身心的和谐；第二层次，人际交往的和谐；第三层次，社会文化的和谐；第四层次，与自然环境的和谐。

和谐培养最重要的是人格和谐。人是一个整体，一个完整的统一体，人的精神和身体息息相关，精神与身体的和谐，就是人格的统一与和谐。和谐培养原理要求全面发展身体和精神。这两个方面同等重要，互相依存。

（二）有关优长育人

思想认识：

优长育人理念的理论基础是多元智能理论。当代著名心理学家、教育学家，美国哈佛大学教授霍华德·加德纳博士经过大量研究和实验，提出每个人都具有至少八种智能：语言智能、数理-逻辑智能、空间智能、身体运动智能、音乐智能、人际交往智能、内省智能、自然观察者智能。原国务院副总理李岚清曾说："加德纳博士的多元智能理论，打破了传统智力理论，说明每个人在八种智能上所拥有的量参差不齐，组合和运用的方式亦各有特色，所以每个人都各有所长。"

多元智能理论从科学上证明了世界上没有两个相同的人。强烈要求教育必须突破工业时代"标准件"的培养模式，要求学校学会开发适应不同智能结构的有效课程方案，最大限度地为每个学生的个性发展创造机会。即要使每个学生都有"独胜"之处，具有创新品格。

作为学校的办学理念，优长育人包含的教育思想是，教书育人既要重视发展学生的智力实能，即知识与技能，更要重视发展学生的智力潜能，即潜在的优势的开发，要对学生的特长甚至是专长做适时的培养，即因材、因时施教。优，包括人发展的显性优势、潜在优势两方面，这是学生发展核心能力的基础条件。要通过教育培养，将其转化为学生的特长、专长，为一生的发展创造条件。

优长育人思想要求学校在办学过程中要面向全体学生，因材施教，努力让每个学生的潜能都有获得充分发展的机会。在技能培养上，要努力发展其特长甚至是专长。教育要以多元化的视角，发现学生的智能所长，通过适当的教育，强化他的长处，促进各种智能协调发展，达到提高整体素质的目的。加德纳有一句名言："每个孩子都是一个潜在的天才儿童，只是经常表现为不同的形式。"育人应当树立人人都能成功的学生观，学校里人人都是可育之才，每个学生都有自己的优势智能领域。学校和教师所关注的，不应是哪一个学生更聪明，而是一个学生在哪些方面更聪明。因此，我们的教育必须真正做到面向全体学生，努力发展每一个学生的优势智能，提升每一个学生的弱势智能，从而为每一个学生取得最终成功打好基础。

因材施教要求教师应根据不同的教学对象而采取不同的教学方法和教

学手段。在教育评价方面，应树立多元评价观。在评价的内容上，不应仅局限于智力，应当多元；在评价的方式上，不应只注重书面考试，应探索多维评价方式。评价内容的全面性与评价方式的科学性，才能使评价真正成为促进每个学生充分发展的有效手段。

四、"严、爱、成"解读

学校把"严、爱、成"作为办学宗旨。

（一）严

1. 就学校而言，"严"指从严治校

（1）对教师来说，从严治校指学校对教师的业务素养、思想品德、职业操守要严，要求要严，管理要严。

在业务水平上，学校定期请市区学科教学专家听课、评课，并把此作为教师考核的重要依据。分学科考核教师业务知识、分学科组织教师开展学科活动、进行班主任业务培训等。

（2）对学生来说，从严治校指学校对学生的思想品德、学习、劳动、锻炼等要求要严，管理要严。

（3）就学校各方面工作的开展和运转来说，学校各项规章管理制度要严，落实要严，执行要严。

从严治校是维护学校正常的教育教学秩序、提高学校教育教学质量的根本保证。

2. 就教师而言，"严"指严格自律、以身作则，从严施教

（1）严格自律、以身作则

教师是人类灵魂的工程师，是天底下最受人崇敬的职业。教师承担着教书育人的责任。作为教师，必须要严格自律、以身作则、为人师表，在专业知识、思想境界、素质修养等方面严格要求自己。学高为师，身正为范。学生从教师那里汲取的不仅是知识，更重要的是做人的原则。因此，严格要求自己，以身作则，为人师表，是教师职业要求使然。

（2）从严施教

教学方面，教师在知识的传授上要严谨，在知识的检查、落实上要严格，精益求精。教育方面，教师对学生要提出明确要求，严格校纪、班规，培养学生良好行为习惯，及时纠正学生的不良行为。要求要严、管理

要严。不成规矩，无以成方圆。对学生的严是对学生的爱。在学生成长的关键期对他们进行严格教育，是为了成就他们的学业和人生。

3. 就学生而言，"严"指严格自律，严格受教

学校的从严治校，教师的严格自律、以身作则，从严施教，共同促成对学生"严"的教育，形成"严"的教育氛围，学生在"严"的管理下，才能达到严格自律，从严受教，自觉接受教育，从而感受到教育所带来的快乐。

（二）爱

有爱的教育是健全的教育，是真正意义上的教育，爱是教书育人的核心。对学生"严"是出于对学生的"爱"。陶行知曾说："真教育是心心相印的活动。教育需要激情，需要全身心的投入与无私的奉献；教育需要诗意，需要洋溢着浪漫主义的情怀；教育需要活力，需要以年轻的心跳昂奋地工作；教育需要恒心，需要毫不懈怠地追求与探索。"

1. 就教师而言，"爱"指热爱学校、热爱事业、热爱学生

（1）教师要热爱学校。学校是一个集体，是教师成长和发展的平台。教师的发展离不开学校的发展，学校为教师的发展提供了良好的条件。没有学校的发展，教师的发展也要受到限制。

（2）教师要热爱事业。师者，传道授业解惑也。教书育人是教师的天职。教师对事业的爱体现在：对知识的不断学习与扩充，对教学的不断实践与摸索，孜孜以求，诲人不倦。教师在对事业的热爱中不断体会快乐、体会成功、体会幸福。这种幸福感会激发教师努力钻研业务，进一步提高自身素质和修养。

（3）教师要热爱学生。热爱学生是教师热爱事业的一个重要方面。青少年是国家的未来。"少年强则国强"。学生是未成年人，其世界观、人生观和价值观还未定型。学生在青少年时期受到的教育，会对学生的一生产生影响。对学生的教育如果没有爱，就谈不上教育。爱学生是教育学生的前提。没有爱就没有教育。

爱学生主要体现在尊重学生，关心学生的学习、生活、思想、情感，耐心教导学生，与学生平等交流，包容学生，多发现学生身上的闪光点等。

2. 就学生而言，"爱"指热爱祖国、热爱学习、热爱学校、热爱集体，

热爱师长

（三）成

"成"是教育的结果，也是教育的目的。

就教师而言，"成"指成就事业，成就人生。

就学生而言，"成"指成就学业，成功人生。

教育的最终目的是培养人才。对学生"严"、"爱"，才能使学生健康成长、成才，最终成就美好人生。教育是塑造人的事业。塑造了学生，也就塑造了自己；成就了学生，也就成就了自己。这是教师所追求的最高境界。

作为学校的办学宗旨，"成"要求：

1. 学校要主动谋求自身发展，并为教师和学生的终身学习和可持续发展创造条件。

2. 教师要不断追求自身专业发展，在工作中不断完善自我，为人师表，对学生进行"严"、"爱"教育，以达到成就学生的美好人生、并实现教师自身价值和成就事业与人生的目的。

3. 学生在学校和教师"严"、"爱"的教育下，严格自律，严格受教，努力学习，健康成长。以成就学业，成功成才。

作为学校的办学宗旨，"严""爱""成"三者是不可分割的统一体。"严"是教育的方式，"爱"是教育的核心，"成"是教育的目的。

五、"善、博、雅"解读

学校把"善、博、雅"作为育人目标。

善：育人由德至善，因德而善。博：广博精深。学习广泛涉猎而博，学有优长而精。雅：以美而雅，高雅修身，雅趣生活。

教育是培养人和塑造人的工程，培养全面发展的人是教育的最终目的。以真善美为育人之本，以德智体为发展之基，从行为习惯养成到道德情感培育，为国为家、为天下为父母，培养品学兼优的有用之才，是学校的办学宗旨。

与之相对应，我校提出"善、博、雅"的育人目标。要求教师以渊博的知识培养人，以科学的方法引导人，以高尚的人格塑造人，以优雅的气质影响人，把学生培养成为"善、博、雅"的人才。

（一）善

求"善"的道德教育。

"善"是中华民族的传统美德，是做人应达到的道德境界。

育人，就要教会学生做人。学生学会做人，才会学会学习、学会生活、学会做事。教学生学会做人，首先要进行善的道德教育。

作为教育内容，"善"指正己求善，指人要向善、修善、行善。自古"修身齐家治国平天下"就指出了善的不同层次的内容：不仅要完善自我人格，加强自我修养，做到独善其身，能处理好自己和他人的关系，更要兼济天下，服务社会，树立社会责任感，志存高远。

做人求善，就是要本着爱人、利人的态度对待和处理各种人际关系、社会关系。求善是人的社会性决定的，一个人在社会中生活，必须有利他的言行，群体才能接纳他、认同他、尊重他，这个人才有存在的价值。求善的最高目的在于进入人生的最高道德境界，成为至善之人。至善，是一种仁和圣的境界，是大公无私的境界。

教师也要具有为人类服务的精神，即追求善。求善不仅是教育教学的需要，而且也是其自身修养的需要。教师应懂得人格价值的尊严，尊重自身人格，尊重学生人格。只有深刻懂得了善恶的意义，了解道德生活的重要，懂得人生的矛盾，教师才能塑造美好、正直的心灵。

（二）博

求"博"的学问教育。

"博"是对求知提出的更高要求，学问的理想在于博。学习不仅要学得专，也要学得博。

"博"，指广博精深。学习广泛涉猎而博，学有优长而精。

要达到博学的目的，学生首先要具备求"真"的态度。真学问、真本领和追求"真"的精神和态度，才能达到博学。因此，教师传授的知识应该是规律性的知识，只有掌握了规律性知识，学生才能触类旁通，才具有真正的思维能力；逐渐培养学生学习的方法，让学生学会学习，才能做到举一反三，达到博学的目的。更重要的是，让学生享受学习，在学习中感受生命的活力，生活的乐趣和探究的乐趣，这才是达到博学的根本方法。

学生博学的前提是教师要具有精深广博的学问。因此，教师要具有如饥似渴的求知欲，多读书，广泛涉猎各类知识，不断扩大自己的知识面。

教师在真知面前要永远做一个孜孜不倦的追求者，时常感到自己的不足，永远用探寻的目光看事物。

（三）雅

求"雅"的综合教育。

"君子之修身，内正其心，外正其容。""雅"是一种修养，一种魅力。

"雅"是内在与外在的和谐统一，是内在积淀与外在表现的集中体现。一个人的"雅"表现为内涵修养丰富、外在气质优雅。只有内外兼修，然后达人，才能做到外表优雅、内涵儒雅、谈吐文雅、举止典雅、气质高雅。

对学生进行"雅"的教育，就是要培养学生内在与外在的和谐统一，使学生成为知识丰富、身体健康、品德高尚、气质优雅的集内涵与外在言行都一致的高雅的人。以美而雅，高雅修身，雅趣生活。

雅趣、雅言、雅行、雅境，都应该是雅教育的应有内涵。学生享受着优质的教育，让学生在典雅的环境中品得书香，闻得墨香，听得琴音，养得习惯，在高雅而丰富的兴趣活动中培育雅兴，熏陶雅行，让"雅"在潜移默化中融入学生的身心。"雅"教育是多元整合的融通教育，它不是只停留在传统的文化教育上，而是一种集传统、现代、中西结合的教育。在教育中，树立"雅"价值观，开发"雅"课程，创建儒雅课堂，在典雅和谐的文化氛围中，将学生培养成德才兼备文质彬彬的文雅之人。

对学生进行"雅"教育必须以教师追求"雅"、高雅修身为前提。教师应修身养性，做到内涵丰富，气质优雅。

六、百年品牌名校，人才培养学苑解读

作为学校的对外宣传口号，其寓意是：传达百年老校的光荣传统，追求品牌名校的社会声望；以人才培养获得社会认可，以学校的文化力打造书院式的文化学苑。

（一）有关百年品牌名校

1. 百年

北京市第十四中学始建于 1906 年，早年为畿辅学堂，1928 年改为私立燕冀中学，1951 年由北京市人民政府接管，命名为北京市第十四中学。1978 年学校被首批列入宣武区重点中学，2005 年被评为北京市普通高中

示范校。

学校历经百年，不仅表明学校有悠久的历史、优良的传统，也表明学校在社会的变化发展中能不断发展创新，始终坚持"育人"为本的理念，为国家和社会培养了大批人才。

2. 品牌

"品牌"一词诞生于市场。质量是品牌的生命，服务是品牌的重要支撑，保证优质的产品和服务才能使企业立于不败之地，这就是企业的品牌价值。品牌是企业的无形资产。

作为一所优质品牌学校，北京市第十四中学具有一定的影响力和知名度，得到社会的广泛认可。2008 年学校被《北京晨报》等六家媒体评为"北京市公众满意度最高的十佳中学"。北京十四中已经成为一个教育品牌，是学校的无形资产。能成为品牌学校，有几个因素：教学质量过硬，校风良好，师资队伍优秀，育人成果显著。学校高考成绩始终位于原宣武区第一阵营，曾连续 4 年出宣武区高考状元。作为学校的无形资产，维护北京十四中这一品牌，延续其品牌价值，使其产生更大的效应，是学校的责任。

3. 名校

北京市第十四中学取得过"北京市公众满意度最高的十佳中学"、"首都巾帼建功先进集体"等多项荣誉，是课程改革样本学校，北京市国际学生留学的开放学校。学校现任校长王建宗不仅有丰富的管理经验，而且也是一位学者型校长。曾先后在 5 所学校任校长，是北京市名校长工作室研究员和国家教育行政学院兼职教授。学校产生过北京市优秀化学特级教师陆禾，数学教师陶乃阁、刘连续，物理教师梁增玉、杨永培，化学教师杜芷芬等在业务及人品上都受到学生和家长的好评。目前在职的优秀教师有：北京市化学特级教师李佳、生物特级教师王伟光、北京市优秀教师赵万友等。名校孕育名师，名师造就人才，名校长和名师将促成学校更加有名。

（二）有关人才培养学苑

1. 人才

在知识经济时代，人才是推动经济社会发展的战略性资源，对人才的培养尤为重要。学校是培养人才的摇篮，培养符合社会发展需要的各级各类人才，是学校的根本任务。百年来，学校先后培养出近 6 万名毕业生。

其中有国家科技进步奖获得者王文钊、数学家王见定等一批知识分子，也有大批在各自平凡岗位上辛勤工作的普通建设者，他们都为社会作出了自己应有的贡献，为母校赢得了声誉。

2. 培养

对学生而言，学校培养的人应该是适应社会发展的需要，具有社会责任感、实践能力和创新精神的国家栋梁之才。对教师而言，学校培养的人应具有扎实的知识，精湛的教学技艺，为人师表，品德高尚。

对学生而言，学校要从教育、教学、管理等方面为学生发展成长创设良好的条件。对教师而言，学校要从教师职业道德和教师业务素质两方面对教师提出严格要求，创设条件，促进教师的发展。

3. 学苑

苑指学术、文艺荟萃之处，也可泛指园林、花园。学苑应既具有优美的环境，又具有浓郁的文化氛围，成为学术、人才的汇集之地。

在百年办学中，十四中深厚的文化底蕴和优良的传统培养了大批人才，学生在此学习生活，度过了自己一段最美好的青春岁月。成为家长和学生心目中的书院式文化学苑是学校追求的目标。

第三节　办学育人发展的总思路

学校坚持以人为本、科研兴校、实干兴校的办学宗旨，围绕干部、教师、学生、员工四个方面开展工作，其工作推进序列是：校长抓干部，干部促教师，教师、员工服务学生，学生在学校及家庭通力配合的教育作用下，主动发展，成人成才。

办学育人的发展思路：通过申报获得批准立项的部级课题"以人的发展为本的教育动力学研究与实践"的课题研究，为办学提供理论指导。通过学校运行机制的研究、教师专业发展的研究、员工优质服务的研究、学生自主学习的研究、家校合作指导的研究等，形成教育合力，通过在目标中工作、在研究中工作、在创造中工作、在实干中工作的办学行动体系，保证办学的绩效。

第三章　学校发展途径

途径指的是达成目的的方法，也指达到目标的过程。学校发展途径，是为学校各类人员的发展创造条件，提供方法指导，开辟路子，予以具体支持和帮助。在"以人为本"的发展观的指导下，学校的发展途径，日益集中在人的发展上。学校发展途径指向的"人"，包括管理人员、教师、员工、学生和家长。加强领导班子的管理专业化建设，教师队伍专业发展的建设，员工队伍的服务质量管理，学生全面发展的培养，家长与学校合作育人的指导，即是五条重要的办学育人的发展途径。

编写范例

第三章　办学育人发展途径

第一节　加强干部队伍的管理专业化建设

所谓管理，就是在特定的环境下对组织所拥有的资源进行有效的计划、组织、领导和控制，以实现既定的组织目标的过程。

学校管理涉及管理者和被管理者两个因素。这两个因素都是具有主观能动性的人。做关于"人"的工作是最为复杂的，要做好学校的管理工作，取得办学的时效性，首当其冲的任务，就是要加强管理者队伍的建设。

一、干部队伍建设目标

（一）总目标

干部要具有高尚的品德、业务素质过硬、组织协调能力强、甘于奉献、群众威信高、具有开拓创新精神和能力。在工作状态上，干部要做群众的楷模，对教育事业全情投入，具有较强的事业心和责任感。在工作作风上，干部要具有民主意识、团结协作意识、改革创新意识、廉洁自律意识。在工作水平上，干部要达到管理理念先进、管理水平高、胜任日常管理工作，措施得力，取得良好的效果。

（二）具体目标

加强干部队伍的管理专业化水平，要从德、能、勤、绩、廉五个方面的具体目标展开论述。

德：政治上，干部要具有较高的政治素质、坚定的政治立场、深厚的理论水平。思想上，干部要具有高尚的思想品德，对待他人要有宽广的胸怀和一颗贤良的心，能关心帮助群众，在群众中具有较高的威望。工作上，干部要具有较强的事业心和责任感，在遇到问题时，能站在一定的高度去思考问题和解决问题，具有大局意识和团结协作精神。

能：知识上，要具有扎实的专业功底和丰富广博的知识。能力上，要具有较强的驾驭全局能力、组织协调能力、开拓创新能力、观察分析能力、解决问题能力。

勤：在工作中要勤于学习，勤于思考，身体力行，密切联系群众，求真务实。

绩：认真履行岗位职责，高质量完成工作任务，工作有成效。

廉："公生明，廉生威"。遵纪守法，公平、公正的工作风格自然出明智之士，而严格的廉洁自律所产生的威信、威望，必然会形成坚实的群众基础。"无严而威"是做干部值得追求的境界。

二、达成目标的具体措施

（一）坚持党管干部原则

党总支要肩负起加强和培养干部队伍建设的重任。要在党总支的领导下，建设一支具有较强的战斗力和凝聚力，群众威信高、整体素质优良的干部队伍。

（二）从德、能、勤、绩、廉五个方面入手，加强学习和培养

以提高干部思想政治素质为重点，加强干部的政治业务学习。通过干部例会及专题会学习，提高干部的政治理论水平和素养，提升干部的思想境界和工作作风，加强干部的工作责任心和使命感，从而为提高干部的各种能力和水平，取得工作成效，确立群众威信打下坚实的基础。

（三）加强管理，严格监督，规范行为

为实现干部队伍建设的总目标和达到德、能、勤、绩、廉五个方面的具体目标，学校必须加强对干部的严格管理，对干部工作实行有效监督，规范干部的行为。要坚持干部述职制度，开展民主评议，并将评议结果及时反馈。党总支要坚持谈话制度，对中层以上干部给予及时的指导和帮助。要求干部在履行职责时坚持法治、情治、德治。法治指建立明确的岗位责任制和完善的管理制度，并进行严格管理。情治指关心群众生活，充分信任教职工，善于激励教职工。德治指干部自身的人格健全，严于律己，务实肯干，作风民主，办事公平，在群众中具有表率作用。

（四）后备干部培养

在后备干部的选拔、培养和使用上，要积极探索新的培养机制，努力搭建让他们展示才华的平台，使他们在工作实践中不断提高分析问题和解决问题的能力。

（五）为实现目标所做的实效性工作

1. 根据干部自身的能力特点，合理调整干部队伍。

2. 利用校长办公会和各种专题会的时机，组织干部进行政治、思想、理论方面的学习和教育。

3. 针对各部门的工作性质和特点，对干部提出有针对性的要求。

4. 坚持和完善干部年度考核制度、民主评议制度、反馈制度、谈话制度。

5. 每年至少安排 2 次以上全体干部工作会，专题研究总结各部门的工作经验和不足，并提出改进意见。

第二节 加强教师队伍教书育人的专业化建设

百年大计，教育为本；教育大计，教师为本。教师是学校的最大财富，是学校发展的主体，学校的发展离不开教师的全面发展。因此，学校必须要为教师发展创造条件，通过提升教师、促进教师专业化发展来提升学校的办学品位，促进学校的发展。

一、教师队伍基本现状分析

（一）基本现状

1. 教师总数

教师总数 233 人，男教师 62 人，女教师 171 人，男教师占全校教师总数的 27%，女教师占全校教师总数的 73%。

2. 年龄结构

专任教师中：50 岁以上 24 人，占总数的 10%；40-49 岁 50 人，占总数的 22%；36-39 岁 61 人，占总数的 26%；30-35 岁 59 人，占总数的 25%；30 岁以下 39 人，占总数的 17%。

3. 学历结构

专任教师中，本科学历 193 人，占总数的 83%；研究生学历 26 人，占总数的 11%；博士、博士后学历 2 人，占总数的 1%；大专学历 12 人，占总数的 5%。

4. 人才结构

专任教师中，市级学科带头人 3 人，市级骨干教师 4 人，区级学科带头人 7 人，区级骨干教师 32 人，区级希望之星 16 人，特级教师 2 人，合计 55 人，占总数的 23.6%，近 1/4。

5. 职称结构

专任教师中，高级职称 53 人，占总数的 23%；中级职称 103 人，占总数的 44%；初级职称 77 人，占总数的 33%。

6. 教师工作状况

认真履行岗位职责，较好完成各项工作任务。其敬业爱生、无私奉献、竞争进取的精神，给社会、家长、学生留下了深刻印象，有力地推动着十四中向更高目标发展。

（二）现状分析

教师队伍整体素质较高，各类人才结构比例更趋合理，教师发展空间较为宽广。但面对新的教育发展形势和新的课程改革，学校教师专业发展现状仍存在着一些较为突出的问题。表现如下：

1. 随着学校老教师、名教师的相继退休，学校年轻教师占教师总数的大多数，虽学历层次高、知识新，但缺乏足够的教学经验和专业指导，年轻教师专业技能普遍不足，亟待提高专业水平及素养。

2. 学校的发展机遇及教师专业发展的需要，迫切需要学校探索并形成适应社会发展需要、教育实际及学校发展现状的更为先进的管理理念和管理机制出台，使学校突破自身发展所遇到的瓶颈，获得质的发展与飞跃。

3. 随着学校名教师的相继退休，青年教师中具有较高教学水平、有一定影响力并能带领本学科教师在专业上获得发展的优秀教师还比较少。在学科带头人、骨干教师、特级教师、教育教学名师等方面数量不足，且学科分布不均衡，与北京市普通高中示范校的要求有一定差距。

4. 部分教师缺乏专业发展的意识和主动性，缺乏职业紧迫感和工作责任心。

随着社会对教育需求的普遍增长和对教育要求的普遍提高，以及教师队伍日益年轻化的现状，学校面临着大力促进教师专业化发展，提高教师专业发展水平的重要而艰巨的任务。学校必须把教师的专业发展放在学校发展的首位，通过多种途径培养青年教师，给他们提要求、做指导、定期考核，为他们提供各种有利条件。要在学校形成一种每一名教师都积极主动地发展自己专业技能的氛围，形成专业化教师群体。

二、学校教师专业化发展目标

（一）新一轮课程改革要求的教师基本素质

1. 合理的知识结构

新的知识经济条件下，课程教材的综合化、开放化，多门学科知识的相互渗透和融合，出现了许多边缘学科和交叉学科。因此，教师应根据教学需要完善自己的知识结构，拓展自己的知识视野。

2. 高尚的人格魅力

人们常说"教育是心灵的艺术"，一些教师能让学生终身记忆，重要的原因在于教师的人格影响。

3. 个性化的教学风格

教师要形成自己个性鲜明的教学风格，这种风格在他的全部教学实践和言语中，是可以感觉到的，有一个完整的教学体系、一种独立的与众不同的教学风范。

4. 和谐的师生关系

充分尊重学生的人格、情感，把学生当做一种"知识源"，并在活动中多给学生一点赏识、表扬、肯定和信任。

5. 可贵的创新精神

教师在教学活动中，教师的知识传播不是简单复制，而是对教材知识的一种再开发、再创造。

（二）学校教师专业发展的理念

1. 重学历提升更重实践积累。

2. 重教育理念更重践行能力。

3. 重个人发展更重团队和谐。

4. 重现在成绩更重未来发展。

（三）教师专业整体发展目标

教师专业整体发展目标应符合教师自身实际，是教师通过努力可以达到的目标。因此，它是具体的，具有可行性。学校具体从教师的知识结构、专业技能、专业情意三方面细化教师专业整体发展目标。

1. 知识结构

教师要具有宽广深厚的专业知识。教师的专业知识包括：普通文化知识、所教学科知识、教育学科知识。这三个方面应达到一定的水平并能相互结合和融通。

（1）普通文化知识包括人文社会科学知识、自然科学知识、现代科学技术知识。

（2）所教学科知识包括学科内容知识（与学科有关的事实、学科概念、原理、理论等）、学科教育理念、学科思想方法、学科思维特点、学科研究方法、学科发展的前沿概括。

（3）教育学科知识包括教育学、心理学、教育心理学、学科教育学

（学科教学论、学习论、课程论）、教材教法等知识。特别要关注建构主义理论和多元智能理论在教学中的应用。

教师不仅要具备以上三种知识，还要做到三种知识的灵活运用和融合，形成具有自己风格的专业知识结构。

2. 专业技能

教师的专业技能包括教学技能和教学能力两方面。

（1）教学技能

教学技能是教师引导学生进行学习，控制课堂气氛和学生注意力，使教学活动得以顺利完成的教学行为方式。

教师经常使用的教学技巧有：

①课题导入技巧：是教学进入新课题时创设问题情景的教学方式。课题导入技巧的目的：引起学生注意，激发学习兴趣，明确教学目标，建立知识间的联系，鼓励学生积极参与。

②讲解演示技巧：是教师使用语言和肢体启发学生思维、交流思想、表达情感的教学方式。

③提问听答技巧：是教师提出问题及应对学生回答的教学方式。提问听答技巧的目的：促进学生参与学习过程，解决学生学习状态，启迪思维，使学生理解知识、掌握知识、发展能力。

④运用技术技巧：是教师运用黑板、教具或现代化媒体手段，向学生展现教学内容，帮助学生理解、记忆，提高学习效率的教学行为。

⑤总结提炼技巧：是教师通过重复、强调、概括、总结等活动，对知识进行系统化巩固，并纳入学生认知结构的教学行为。

（2）教学能力

教学能力是教师达到教学目标，取得教学效果的能力。教学能力包括教学设计能力、教学实施能力、教学评价能力。

①教学设计能力，包括：

A. 确定教学目标的能力：教学目标的确定要符合学生实际、课程标准和教材要求，考虑教学条件和自己的教学风格。

B. 开发利用教育资源的能力：在新课程理念的指导下，选择课程资源、开发课程资源、使用课程资源是教师的权利，更是教师的义务。

C. 分析和组织教材的能力：主要体现在对教学重点、教学难点和教学疑点的把握上。

D. 编写教案的能力：教案是把教学设计"图纸化"。教学目标、教学要点、课的类型、教学方法、时间进程、板书设计、习题及其解答等，是编写教案的要点。教师教案应具有科学性、准确性、使用性、针对性和创建性。

②教学实施能力，包括：

A. 处理人际关系的能力：教师要建立一种民主、平等的师生关系，让每一个学生都能感受到尊严、存在的价值、成长的愉悦。

B. 组织管理教育教学能力：在教育教学中教师必须具备活动规划、活动决策、活动组织、活动控制的能力。

C. 理解运用信息能力：教师要具有一定的信息知识与操作技能，能够检索并获取信息，能够进行信息的应用与创新。

D. 教育教学研究能力：教师对自己的教学实践和周围发生的教育现象要有职业敏感度和探索的习惯与欲望，有科学研究意识，并掌握科学研究的方法。

③教学评价能力，包括：

A. 设定评价内容和评价目标的能力：评价学生是为了促进学生的全面发展。对学生学习的评价，既要关注结果，更要关注过程及学生在过程中发生的变化以及获得的发展；既要关注学习水平，更要关注学生在实践活动中的情感与态度。作为教师，要根据新课标要求，将课程标准与教学实际结合，提出明确的、可操作的评价目标和评价内容。

B. 选择评价方式和收集评价资料的能力：评价方式有纸笔测试、访谈、问卷、综合素质评价。学生提供的评价资料有作业、小测验、学生撰写的论文、实验报告、活动过程记录等。这些原始资料都可以表明学生的学习状况，可以作为对学生进行客观真实评价的依据。

C. 教学实践后的反思能力：教师要认真总结并仔细分析自己在哪些方面取得了成功，在哪些方面还需要改进。自己的教学是否符合学生的实际，是否有效地促进了学生的发展，是否达到了最佳的教学效果。

D. 课堂管理与调控能力：通过反思，教师应能找到教学中存在的问题，并能对教学活动进行自觉主动的调节和修正。

3. 专业情意

在布鲁姆的教育目标分类中，教师的专业情意分为专业理想、专业情操、专业性向和专业自我。

（1）专业理想：教师的专业理想是教师成为一个成熟的教育教学工作者的向往和追求。教师要干好教育事业，首先要有强烈而持久的教育动机，有很高的工作积极性。其次要有事业心和责任感，要热爱事业、热爱学生。

（2）专业情操：教师的专业情操是教师对教育教学工作带着理智性的价值评价的感情体验，是教师对教育功能和作用的深刻认识而产生的光荣感和使命感，是教师对职业道德规范的认同而产生的责任感和义务感。

（3）专业性向：教师的专业性向是教师成功从事教学工作所具备的人格特征。表现为有见识，有献身精神，有敏锐的洞察力和分析能力，有独立性。

（4）专业自我：随着教师专业化的发展，在教师专业素质的情意领域，人们越来越重视教师的自我意识或自我价值。教师的专业自我是教师个体对自我从事教学工作的感受、接纳和肯定的心理倾向。

总之，专业情意是教师对教育事业的深刻理解，对职业道德和职业规范的认知认同程度，对工作群体的向心力和奉献精神。教师要努力做到：热爱教育事业，珍惜教书育人工作，敬业爱生，乐于奉献。教师要增强教育的使命感，确立正确的教育观、学生观、职业观、价值观，增强文化底蕴，塑造人格魅力。教师要用高尚的教师职业道德和良好的公民道德行为去影响教育学生，做到既教书育人，又教育学生成为有责任感的社会公民。教师要尊重并平等地对待每一个学生，建立起良好的新型师生关系。教师不仅要教学生认识社会和自然，更要帮助学生认识自我，培养学生"自尊、自信、自强、自立"的良好品质。教师要加强合作意识，按时参加集体备课、教研组业务学习，具有在工作中形成团体合力的热情与奉献精神。

（四）教师专业个性发展目标

1. 成长教师：指处在从合格大学生、合格研究生到合格教师转变阶段的新教师。这一阶段是教师初步形成教学能力的时期，在教学中比较侧重如何讲授，难以顾及学生，对学生的学习和心理研究往往不够。

完成这个阶段新教师培训的形式是，学校选择骨干教师对新教师进行学科教学和班主任工作带教，按合同要求开展传、帮、带的培养工作。

主要标志：在 1 年到 2 年内基本熟悉学校教育教学常规工作，有教育责任感，热爱学校，热爱学生。

2. 成熟教师：主要指教龄 3—10 年的青年教师，是从合格教师到成熟教师阶段转变的教师。这个阶段是教师教育教学能力提高最快、逐步走向成熟的时期。在教育教学中能够凭借自己的经验或直觉应付自如，有效地处理问题。处在这个阶段的教师要解决三个问题：

（1）拓展三个层次的知识面。

（2）提高教育科研能力。大部分教师有科研意识，但科研能力不强，在教育教学实践中发现问题、提出问题的能力较差。

（3）提高教育改革意识与能力。只有在工作中能够不断发现问题、提出问题，对自己的经验进行批判性思考，探索新思路、新方法，创造性地开展工作，才能超越自我，更加成熟。

完成这个阶段教师培训的形式是：采取师徒双向选择、自愿结对的形式，在师德修养、教育理论、教学实践、教育科研、学生管理等方面进行带教。

主要标志：掌握初中或高中 3 年全部的教材内容和教学要求，学科专业知识较为扎实，能运用教育的基本原理和理论去指导教育教学实践；积极、踊跃参加市、区、校教学评优课活动。

3. 成功教师：主要指教龄 10 年以上的教师，是完成从成熟教师到骨干教师阶段转变的教师。这个阶段教师的特点是：知识深、广，珍惜一切学习提高的机会，关注教学目标的实现，关注学生在课堂上对教师讲授及提问的反映，关注对学生的引导，关注和研究学生的心理、学习需要、学习方法。在教育教学上表现为成熟化。随着经验的积累，他们能够将教育理论与在实践中学习到的优秀经验内化为对教育真谛的深刻理解，形成正确的教育观念，并以此指导自己的教育行为。教师的个性品质与健全人格也在教育活动中磨砺而成。这个阶段有两个发展期，前期发展为区骨干教师，后期发展为市级骨干教师乃至名特教师。

4. 骨干教师：主要指教龄在 10—15 年的中年教师。他们在区、校发挥着支撑作用、表率作用、影响作用、指导作用。处在这个发展期的教师要解决四个问题：

（1）进一步强化专业意识，认识教育的本质，提升对教育的使命感和神圣感。要积极带头自觉贯彻党的教育方针、政策和法规。

（2）在教师中要发挥表率作用，找到对教育事业的认同与情感上的共鸣。

（3）在新课程的实施中积极开展研究，影响、激励其他教师。

（4）在教师中发挥指导作用，在教育教学和科研上带动其他教师集体提高，形成良好循环。

学校选派（聘请）校内外富有教育教学经验的教师或专家担任导师，在理论学习、教育科研、课堂教学、班级管理等方面进行指导。

主要标志：学科教学和班主任工作形成自己的风格，实绩明显；有较强的教科研能力和相应的研究成果；有较强的指导青年教师的能力，所带青年教师成长迅速，参加市区评优课并获奖；班主任工作出色；个人在区内外有一定的知名度，被评为区级以上骨干教师、学科带头人。

5. 名特教师：主要指教龄在 15 年以上的教师。这个阶段教师的特点是：知识转深化，教育目光远大，有前瞻性，能够站在社会发展的角度思考教育问题，发表有一定分量的教育论文和教育专著，教育教学上有自己鲜明的风格和教学模式。

主要标志：形成学科教育特色；优秀的教科研成果得到推广；在北京市有一定的知名度，实际教学效果在同类学校处于明显优势；教育思想或教学风格在青年教师身上得到延续，留下一批宝贵的资料（课堂教学实录、教育教学论文或总结回忆录）。我国教育的振兴特别需要一批有远见卓识的教育家。

三、学校遵循的教师专业发展思路与原则

坚持"教师为本"、"行动为本"、"学校为本"的教师专业发展原则。

（一）教师为本：即尊重教师的主体精神，满足教师自主发展、自我提高的心理需要，引导教师自主确立自己的努力目标，找到适合自身发展的有效途径。

（二）行动为本：即坚持理论和实践紧密结合，通过"自我反思、同伴互助、专业引领、强化实践"等活动，以课堂教学改革和教育科研为载体，引导教师在不断探究与解决问题的过程中，促进教师自身专业的可持

续发展。

（三）学校为本：即立足本校实际，以研究教育教学中出现的实际问题为出发点，以改善教育教学实践为目的，在实践中培养和优化师资队伍。

四、学校明确的教师专业发展保障与措施

（一）建立合理的教师激励、聘用机制

1. 每学年结合市、区评先活动，表彰先进教师，树立先进典型。

2. 每学年进行 1 次学生问卷调查，表彰奖励师德高尚、职业道德优良的教师，严肃处理行为有悖职业道德规范的教师。

3. 建立职业道德考核制度，把对教师职业道德的要求与岗位职责挂钩，师德状况纳入教师工作考核和奖惩之中。

4. 通过学校推行的"一评三考"制度，根据考核结果，确定每年的考核等级，优秀的不分职称都可以确定为 A 级，不合格教师可以实行高职低聘、低职不聘或者转岗他用。让用人机制充满活力。

（二）切实加强师德师风建设

以《中小学教师职业道德规范》为标准，以各种学习、讨论、演讲、评比为形式，以弘扬先进为导向，树立"以德立身、以身立教"的良好形象，增强教师人格魅力。坚持人本管理，全方位营造尊重、理解、沟通、信任、和谐的良好氛围，把学校建设成广大教师的精神家园和事业乐园。

（三）建立、健全校本研修、校外培训的专业发展制度

学校根据新课程实施和教师专业发展的需要，立足校本研修，组织教师参加各级培训研修活动，制订学校教师年度培训计划，确保教师专业培训有序进行，促进教师专业发展。

1. 加强教研组、备课组建设，探索学校研修活动的新形式，组织教师学习教育理论，开展专题讲座和新课标研读等活动。通过互相交流学习，发挥团队合作精神，通过同伴互助，共同促进成长。教研组坚持隔周 1 次集体活动，每学年要组织 2—3 次的全区公开课或教学研究课的研讨活动。备课组每周集体活动 1 次，每次活动要有计划、有内容、有主讲。建立"说课制度"，通过教师间的对话反思教学，提高教学的实效性和教育教学的质量。

2. 开展课题研究，组织教师参加市、区、校各级教育科研课题研究，更新教育理念，关注课堂生态，提高课堂教学的有效性，探索新课程实施策略与方法，做到人人有课题、年年有论文，真正推动教师专业成长。

3. 每学年有计划、有重点选派优秀教师和骨干教师参加市区各级各类的培训班和研修班，并扩大培训效果的辐射范围。要求参加校外培训活动的教师回校后要及时整理活动内容或撰写心得体会，并在相关范围内传达。

4. 学校积极内引外联，聘请校外专家学者、本校骨干教师、学科带头人开设讲座，引领教师不断建立发展新的教育理念。每学年安排1—2次。

5. 加强骨干教师和青年教师培养，组织骨干教师和青年教师参加业务考核、基本功大赛和评优课评比。用"任务驱动"的方式，实行"新老教师结对方案"，指导教师在教学、教研、评比中有新的突破与发展。确保骨干教师的带头作用和新教师创新精神相结合，促进教师专业共同成长。

每学期学校举行1次"新课程实践活动"，为教师提供相互学习、交流、研讨的机会；每学年举行1次对外公开教学活动和校内优质课评比活动，为优秀教师展示研究成果；每学年举行1次青年教师基本功大赛，为青年教师的成长搭建舞台。

6. 加强师德建设、班主任培训工作。加强教育理论的学习，转变教育观念，加强师德专题教育，开展学习先进典型活动，评选学校优秀班主任，以先进榜样激励教师。

（四）引导教师认真制定自身专业发展规划

引导每一位教师客观分析目前自身专业发展优势和薄弱环节，然后在自我发展和学校发展的共同要求下，在客观分析研究自身专业发展可能的基础上，认真进行专业发展目标的规划。规划时限为3年1个周期，具体从理论学习、课堂教学、课题研究、论文撰写、现代教育技术、业务竞赛和拟争当何类骨干教师等方面做具体阐述，并制订完成目标的具体措施。

（五）注重考核评价，促进教师专业又好又快发展

学校对教师专业发展规划目标达成情况分年度进行指导和考核。先由每位教师对落实情况进行自评，再由同学和教师互评，再由学校考核领导小组进行综合考核评价。确定考核等级，考核结果一定与职称晋升、绩效工资、奖惩挂钩。建立教师专业发展记录袋制度，科学记录教师专业成长

过程，完善教师发展性评价。

（六）加大经费投入

教师专业发展必须要有物质上的保证。学校将加大教师参加教育科研活动、专业培训的经费投入。结合教育科研、教学活动需要，为教师购买学习资料，增加环境设施的投入等。选派教师参加各级各类外出学习，帮助教师拓宽学习领域，更新知识。对在教育科研、教书育人、论文撰写等方面成绩突出的教师给予一定的奖励。

（七）应达到如下预期效果

1. 今后 3—6 年任课教师 100% 以上达到本科学历，新进教师原则上必须具备研究生以上学历。适当调整男女教师比例，特别要增大高中男教师的比例。

2. 教师学习专业化知识、提高专业化技能的自觉性有明显提高，能够产生比较强烈的自我提高欲望。为教师终身学习与发展，创造良好的开端。

3. 形成一支有一定影响力的校级、区级、市级和国家级的优秀教师梯队。学校骨干教师队伍在数量上和层次上要有明显的提高。北京市骨干教师以上的名师要突破 10 人以上，1—4—1 骨干教师要突破教师总数的 30%。学校各学科发展均衡，都拥有自己的学科带头人和骨干教师队伍。

4. 涌现出一批研究型和专家型的教师，在校本课程构建、校本课程实施、课堂有效教学、通用技术教育、体育艺术教育、班主任管理、课题研究等方面有专长的特色教师。

5. 积极开发校本课程，一方面鼓励教师结合自己的特长和学校内及周边资源创造性地使用教材，另一方面启动学校校本教材的编写工作，开发综合实践活动课程，完善学校研究性学习课程，形成学校的课程建设特色。

6. 以先进教育管理理念和教育教学理论为指导，通过教师队伍的发展，保障学校办成"百年品牌名校，人才培养学苑"的在市区内享有一定知名度和美誉度的示范性学校。

为促进教师的专业发展，学校成立了教师专业发展委员会（以下简称"专委会"），由学校 2 名特级教师和 3 名高级教师组成。专委会在促进教师专业发展方面所做的规划如下：

五、教师专业发展委员会工作规划

（一）专委会的性质

专委会是在校长办公会直接领导下，对学校教学工作进行督导的机构。专委会的工作是坚持督教与督学并重、监督与指导并重、督导与服务并重。承担学校教师专业发展（侧重教学）的引领、评估、检查、监督机构。

（二）专委会的职权范围

1. 研究学校教育教学问题，对学校教学工作提出建议。

2. 配合学校领导指导学校教育教学工作，对学校课堂教学进行检查评估。

3. 促进教师专业化发展，对教师课堂教学中存在的问题提出改进意见。

4. 及时组织交流教学信息，对学校有特色的课堂教学进行推广。

5. 对有发展潜力的青年教师，请名师或专家一对一指导。

（三）基本理念

教师专业化是指教师以合理的知识结构为基础，具有专门的教育教学实践能力，并能有效地、创造性地解决教育教学领域中的问题。教师的专业成长过程就是教师素质的提高过程。

教师是从事教育教学工作的首要校本资源，我们要充分利用和发挥这一重要教育资源，通过教师自我反思、同伴互助，达到共同提升之目的。使教师群体朴素的教学实践、教学研究成为促进教师专业持续发展、能力不断提升的有效途径。

（四）基本原则

1. 专业引领与自主发展相结合。

2. 理论研究与实践探索相结合。

3. 计划指导与灵活开放相结合。

（五）工作目标

通过对教师的专业引领、评估、检查、监督，促进教师专业化发展，进而促进学生学习方式的转变，提高课堂教学质量，促进学校学风建设，提升学生学习成绩。探索教师专业发展的经验与规律，为北京市第十四中学培养一批优秀骨干教师，促进学校教育教学均衡发展。

（六）工作途径

为配合学校教学工作提出的"成长、成熟、成功"的教师成长三步骤，专委会制订工作途径如下：

1. 调研：对课堂教学的实效性的研究，对学生综合能力培养的研究。

2. 分析：专家听课情况，教师课后反思，教研组会总结情况，教师队伍状况。

3. 研究：说课—上课—评课—改课。

4. 培训：成立学科专家指导小组，对我校中、青年骨干教师采取有针对性、多种途径的帮助和提高。

5. 跟踪：对某些课程和教师进行随机指导和定期指导。

（七）具体工作

1. 每学年组织市级或区级专家到校听课，对教师的课堂教学情况进行评估，专委会全程跟踪，将情况汇总，上报学校，作为教师考核的重要依据。

2. 综合市区教研员和学科专家听课评比分数，对教师的专业水平、教学技能、教师素养、教学理念进行评价指导。

3. 将专家评估进行分类整理，对学校课堂教学情况作出实事求是的分析，各教研组进行认真交流讨论，并在全体教师会上进行汇报。

4. 每学年组织有特色的课堂教学的推广展示，并进行专家点评，结合学校实际组织专家指导讲座。

5. 对课堂教学存在较大问题的教师进行个别谈话、指导和帮助，并对改进结果进行跟踪。

6. 针对各教研组的教研专题及教研方式，进行定期追踪指导和随机指导，并与学校教科研室配合，将成熟的课题参与到市、区课题研究中。

7. 对各教研组师资水平和教师业务能力进行全面分析，为优秀教师搭桥引路，使他们能多参加市、区的教科研活动，开阔思路，不断创新。在此基础上为学校培养更多的学科带头人、骨干教师和希望之星。

第三节   加强服务育人的员工队伍建设

员工是学校工作中的一支特殊群体，是学校办学育人中不可或缺的重要组成部分。员工既是育人者，也是服务者。作为育人者，员工用自己在工作中的管理和服务一样践行着对学生的引导和教育，员工的言行代表着教育者的形象。作为服务者，员工不直接参与教育教学一线工作，但承担着为教育教学一线服务的重任。员工的服务水平和质量，直接关系到教育教学工作是否顺利完成以及完成的质量。从这个意义上说，员工是学校可持续发展的一支重要保障力量。因此，学校必须重视和加强员工队伍建设。

一、总目标

通过对员工的管理和培训，把员工队伍建设成一支具有较高的职业道德操守和品行、思想素质高、业务素质强、爱岗敬业、无私奉献、积极进取、健康向上、服务意识强的教育工作者群体，进而为教育教学工作提供最优质的服务，为学校发展提供强有力的保障。

二、达标措施

（一）严

员工虽然不在教育教学一线工作，但员工是教育工作者，同样担负着育人的责任，而且员工的服务水平和质量直接影响到教育教学工作的进行。因此，员工的职业精神和职业素养必须体现出一名教育工作者应有的境界和水平。员工的一言一行、一举一动，同样关乎着学校的形象和声誉，教育工作者的形象和声誉，对学生会产生影响。因此，学校必须对员工进行严格管理，保证员工在工作态度、工作质量、工作效果等方面，符合学校的要求与规定。

学校对员工的严格管理首先体现在要严格执行学校的各项规章管理制度和岗位职责，做到要求有章可循、管理有法可依。为此，学校要组织员工认真学习本部门的规章制度和岗位职责，明确自己的工作责任和义务，在工作上严格要求自己，严格自律。严格执行规章管理制度和岗位职责也便于对员工的工作进行考核，从而表彰先进，认识不足，进一步完善员工的工作。

严格管理还体现在要加强员工职业道德建设。学校要专门组织员工学习《中小学职业道德规范》、《教师法》等教育法律法规，利用全体教职工大会、员工会及各种时机，在员工中进行职业道德教育和培养，表彰先进典型，在员工中树立以为师生提供优质服务和为一线服务无怨无悔、默默奉献为荣的风气和思想境界，不断提升员工的职业道德素养和品质。

学校对员工的工作要求是：工作规范再严一些，服务师生再好一些，工作承担再多一些，工作改进再经常一些。

（二）爱

学校对员工的爱体现在关心员工的工作和生活。

在工作上，各部门领导要经常与员工沟通交流，把与员工谈心列入干部的工作计划之中，了解员工的工作状况，及时解决员工在工作中遇到的问题。对员工工作进行指导，组织员工互相学习、取长补短。定期给职工提供外出学习、培训的机会，提高他们的业务素质。在员工中要开展丰富多彩的活动，使员工以美而雅，高雅修身，雅趣生活。

各部门领导还要多了解和关心员工的生活，有困难在力所能及的情况下帮助解决。

员工对学校的爱将体现为对工作的高质量追求和为师生服务的无怨无悔、默默奉献。

（三）成

员工工作必须有成效。成体现在工作质量上要高，工作效果上要好。员工工作涉及学校管理、教育、教学等各方面工作，员工服务水平的高低和服务质量的好坏直接关系到学校工作的正常运行。因此，学校要求员工必须要以良好的精神风貌、积极的工作态度、优质的工作水平为师生服务，工作要有成效，要让师生感受到，员工队伍是一支思想境界高尚、敬业精神强、服务水平高的优质育人队伍。

三、为实现目标应做的实效性工作

（一）每学期组织 1 次员工学习《中小学职业道德规范》和《教师法》等教育法律法规。

（二）组织员工定期学习学校规章管理制度和各岗位职责，明确工作职责。

（三）每学期召开1次员工工作讲评会，总结工作经验和不足，表彰先进，鼓励员工向先进典型学习。

（四）支持员工学习相关教育教学理论和发展现状，使员工了解教育教学一线工作，从而更好地为师生提供服务。

（五）支持员工必要的外出学习和培训，保障其学习时间和经费。

（六）将与员工谈心工作列入干部学期工作计划。干部要经常与员工交流沟通，了解他们的思想工作学习生活情况，有困难及时帮助解决。

（七）每学期单独为职员工人组织外出活动，互相交流思想，放松身心。

（八）对新参加工作的员工进行职业道德教育、岗位职责教育和校史教育，帮助他们尽早胜任本职工作。

第四节　培养学生全面发展，学有优长

一、目标制订的依据

（一）依据学校办学育人的总目标，即通过发展，使北京市第十四中学成为"西城区全面育人优质品牌学校、北京市特色办学示范学校、在国内外不断扩大影响力的知名学校"。

（二）学校办学育人的核心理念，即"继承发展，固本开新；健全人格，幸福教育；和谐发展，优长育人"。

（三）学校育人目标，即"善、博、雅"。

二、学生发展进步总目标

把学生培养成德智体美劳全面发展，学有优长的合格中学生；把学生培养成遵纪守法讲公德，诚实守信有自律、自尊、自强，有社会责任感的合格公民；把学生培养成身心健康，有创新精神和实践能力的合格社会人（未来职业者）。

三、具体目标及措施

（一）提升学生的思想道德素养，育人由德至善，因德而善。培养学生高雅修身、雅趣生活的人文素养。

措施保障：

1. 通过科学而严格的日常管理制度育人。学校始终把养成教育作为提升学生思想道德素质的基础德育工作，加强日常行为规范教育，严格日常行为管理，不断完善各项考评制度，做到考评更加科学量化，及时公布结果，正向引导，正面激励。

2. 通过目标引领育人。围绕学校提出的办学宗旨"严、爱、成"，育人目标"善、博、雅"，以及学校倡导的"十无、两声"的培养目标，充分发挥学生的主体作用，让学生参与学校教育管理评价和活动设计等工作，逐步教育引导学生正确认识自己、认识他人、认识规则，让行为习惯内化为自觉的行动。

3. 通过丰富多彩的校园文化活动育人，在活动中践行学校育人目标。

（1）将升旗仪式、军训、14岁迈好青春第一步、18岁成人宣誓仪式、青年志愿者、扶贫助困等一系列德育活动制度化、规范化。

（2）充分利用学校网站、宣传栏，发挥"光荣榜"、"教训窗"、"品德录"、"道德标"的作用，实现我校德育工作公开化、规范化，扩大学校的社会影响力，提高学生的自我约束力。

（3）加强班级文化建设，在校园各种示范班、特色班申办的过程中，在每年1次的班训、班徽、班歌比赛活动中，在校园电视台建设活动中，发挥学生主体作用，为有特长的学生搭建展示平台。

（4）将清明节、端午节、中秋节、重阳节固定成为中华传统美德教育内容，通过追溯历史、怀念先人、吟作诗词、实际体验等系列活动，培养学生高雅的生活情趣。

（5）突出"五四"、"一二·九"、国庆日、校庆日等纪念活动，增强学生的爱国、爱校情怀教育，落实学校提出的"爱与责任"教育。

（6）借助学校国际办学的契机，加强学生国际视野的爱国情怀教育，在继承中国优秀传统文化的同时，注重多元文化的吸收，与来校参观学习的各国学生和谐相处，成为大气大度、具有广阔国际视野的中国书生。

（7）加强对学生干部的培养，充分发挥学生会、团支部在各项德育活动中的模范带头作用。继续进行"少年团校"、"青年党校"、学生干部领导力培养班、校长德育大课堂等培训制度，加强党团知识的教育，树立正确的世界观、人生观和价值观，做到制度化、规范化。并通过青年党校的培训，每年推荐1-2名优秀学生发展进入党组织。

（二）引导激励学生学习广泛涉猎，学有优长，做知识广博精深的学子。

措施保障：

1. 根据德育大纲，利用各学科的优势和特点，充分挖掘学科德育资源，任课教师全员渗透德育工作。将"导师制"更加制度化、规范化，增强德育工作的合力。

2. 继续开展三好学生、"风华骄子"的评选，拟开展十佳学生、十佳特长生的评选，表彰先进，树榜样，鼓舞人，影响人，教育引导学生端正学习态度，激发学生的求知欲，勇于克服学习中的困难。

3. 通过组织定期的学法交流、学业规划与指导，参与市区各种学科竞赛，大力表彰竞赛优胜者等活动，引导学生探索并形成适合自己的、科学的学习方法，提高学习效率。

4. 通过参加市区科技节、举办学校科技节竞赛和展示、开展的跨校选修、研究性学习等活动，培养学生对学习过程和结果经常进行总结和反思的习惯，善于发现问题，并努力寻求解决问题的办法的良好学习习惯，培养学生的探究意识与创新精神。

5. 充分利用北京市"翱翔计划"的平台，积极争取为更多的学有专长的学生铺设通向成功的道路。

6. 积极组织学生进行体育锻炼和体育竞技（市区校运动会、篮球赛、拔河比赛、跳绳比赛等）活动，完善优秀运动员选拔机制，组建1支在市、区级比赛中有一定影响的体育运动队；指导艺术团正常开展训练活动，在管弦乐团、舞蹈队、合唱团、网络协会、文学社等方面形成自己的特色，丰富校园文化生活，进行高雅文化的教育熏陶。

（三）教育培养学生成为具有正确价值观、富有社会责任感、具有独立思想和行为能力的现代公民。

措施保障：

1.建立以学校心理健康辅导中心为龙头，以年级组长、班主任队伍为辅导核心，以年级教导员为纽带的心理健康教育辅导网络，发挥心理咨询室、活动室、心理健康辅导、学生心理健康检测的作用，开展各类心理健康教育专题讲座，继续举办学校每学期1次的心理文化周活动。承担心理健康研究课题，全面建立学生心理健康档案，总结经验，全面推广。

2.加强文明修身教育、公民道德教育和法制教育，把学生培养成为热爱社会主义祖国、具有社会公德、文明行为习惯、遵纪守法的好公民。开辟法制课堂，通过开展学法、知法、守法竞赛，提高学生遵纪守法意识。

3.在广泛听取学生意见的基础上，确定我校较为固定的社会实践活动基地，继续开展各种社会实践、社区服务、志愿者服务等活动，将社会实践活动课程化，使学生在实践中了解社会、了解家乡，自觉形成实践观和劳动观，建立奉献社会的意识。通过社会实践，达到让学生"在实践中体验，在体验中感悟，在感悟中完善，实现自我教育"的目的。

4.依托宣南文化博物馆丰富的课程资源，与宣南文化博物馆建立长期的合作关系，在高一、高二年级学生中招募志愿者，利用业余时间到博物馆做义务讲解员，为社会服务。

（四）提升学生核心竞争能力，为学生未来的职业发展、幸福人生做好充分准备。

措施保证：

1.依托校长开办的"中学生德育大课堂"课程，将道德教育建立在充分尊重每一个学生的人格、唤醒每一个学生主体意识的基础上，将道德教育与社会未来职业发展与需求有机结合，使学生明确社会需求，自主确立发展目标，不断校正行动方案，在自主体验社会活动过程中，逐步自我完善，为今后成功步入社会，寻求职业发展做好前期准备。

2.依托校长开办的"中学生领导力的开发与培养"，注重学生潜在优势的开发，并做适时培养，为学生一生发展创造条件。在校园生活中，为这些品学兼优、能力强、有带动力和影响力的学生干部提供参与学校教育管理工作的机会，使他们在实践中运用所学知识，提高能力，服务学生、服务学校、服务社会。

3.继续开展学校"文明修身教育"、"心理健康教育"、"学业规化与职业规划教育"，通过心理咨询、心理调适、讲座、专家引领等系列活动，使学生拥有健康的体魄和心理，拥有健全的人格，拥有坚定的恒心、毅力，能够自尊自信，善于悦纳自我，能控制和调节自己的情绪，能积极应对挫折。

四、学生全面发展目标评价方法

（一）坚持实事求是的原则。从学生实际出发，用全面、发展的观点看待学生，实事求是地分析学生优缺点，防止片面性。

（二）实行民主评定的方法，民主评价依托三个方面：

1. 充分发挥"北京市高中综合素质评价"平台的作用，初中仿照高中综合素质评价内容，建立北京市第十四中学初中学生综合素质评价，对学生实施时时的记录，科学、准确、全面地反映学生在思想道德、学业成就、合作与交流、运动与健康、审美与表现、个性发展六个方面的实际情况。通过科学的评价，可以使学生在学习过程中不断体验进步与成功，认识自我，建立自信，促进学生综合素质的全面发展。

2. 充分发挥班主任在考核评价中的作用，在评语中要指出优点、缺点、努力方向，以表扬为主。

3. 依托《北京市第十四中学学生思想道德品质评价标准》，在学生自评、互评、小组互评、家长评议的基础上，学生整改后再自评。通过评价，使学生明确不足，制定整改方案，日趋完善自我。

（三）学生的操行等级可分别评为优秀、良好、及格、不及格四个等级。

优秀（85分以上）：对评定内容规定的诸方面都做得好，或在某些方面有突出好的表现。

良好（75—84分）：对评定内容规定的诸方面基本能做到。

及格（60—74分）：对评定内容规定的大部分基本能做到，或在某些方面做得不好，有严重缺点，或虽有错误，但已改正。

不及格（60分以下）：对评定内容规定大部分不能做到，或在某些方面有严重错误，或有违法和轻微犯罪行为，且不接受教育，无改正表现。

第五节　加强家校合作育人的指导工作

家庭教育是基础教育系统重要的组成部分，是学校教育与社会教育的基础，又是学校教育的补充和延伸。为了适应当代社会对家庭教育的需要，家长必须认真学习现代家庭教育理论，转变家教观念，提高家教水平。家长学校则肩负着宣传党的教育方针和现代家教理论，帮助家长转变家教观念，提高家教水平，协调学校教育、家庭教育和社会教育的任务。为坚持学校教育、家庭教育同步发展的方针，积极宣传党的教育方针政策，传授科学的家庭教育知识和方法，我校将通过《家长指导合作目标》等系统的家校合作的统领工作，提高学校的育人效益。

一、家校合作工作目标

充分发挥教育部门教育学生、指导家长的功能，努力构建家庭教育指导工作体系，加强家长学校骨干教师队伍建设、教育指导内容建设和管理评价体系建设，使家庭教育工作沿着科学化、系统化、规范化的方向发展，与学校教育、社会教育同步进行，并促进学校教育改革进一步深化。家校合作的分解目标如下：

（一）初中学生家长的指导目标

1. 初一年级以尽快适应初中生活为主要内容，让家长了解中学生的特点及要求，同时了解这个时期的学生在生理、心理上的特点及相应的教育方法。

2. 初二年级以青春期教育、自律性教育和心理健康教育为主要内容，让家长知晓这一时期青少年比较容易出现的心理问题。这些心理问题不同于一般的思想品德问题，需通过有效的心理教育方法加以解决。

3. 初三年级以升学和择业指导及综合素质教育为主要内容，让家长学会对子女进行升学和择业的指导与选择。在指导过程中，家长充分了解孩子的个性特长、志向发展及学习等情况；了解各类学校和职业的知识和信息；在尊重孩子支援的前提下，帮助孩子进行分析比较，学会选择。

（二）高中学生家长的指导目标

1. 高一年级以尽快适应高中生活为主要内容，让家长了解高中与初中的异同点，同时了解这个时期相应的教育方法和策略。

2. 高二年级以任职策略、信息处理、信息整合和非智力因素教育为主要内容，让家长了解学生这一时期比较容易出现的心理问题，以及协助或帮助解决的方法。

3. 高三年级以升学与择业指导和学习、考试心理辅导为主要内容，让家长学会对子女进行升学和择业的指导与选择。在指导过程中，家长要充分了解孩子的个性特长、志向发展及学习等情况；了解各类学校和职业的知识和信息；在尊重孩子意愿的前提下，帮助孩子进行分析比较，学会选择。

二、家校合作主要工作任务

结合新时期学校教育和家庭教育出现的新情况、新问题，及时进行家教指导工作；进一步关注特殊学生（有不良行为习惯、有违法苗头与倾向、学习困难等）、特殊家庭（父母离异、单亲、特困等）和流动人口子女的家庭教育指导，进一步办好特色家长学校。具体工作任务如下：

（一）建立初、高中各年级的家长学校，并落实此项工作的分管领导、责任部门和人员。

（二）建立稳定的家长学校指导教师队伍，人员构成以本校班主任为主，广泛吸纳关心、热心于家庭教育指导工作的科任教师、学生家长和有关专家学者，保证人员的高素质和队伍的稳定性。

（三）普遍了解每届新生的家庭基本信息，家长教育子女的基本情况，做到了解情况、了解基础，便于有针对性地制订家长学校工作计划和教学计划。

（四）家长学校每学期（或学年）要制订工作计划和教学计划，并按计划保证家长接受指导的时间、内容和质量。在整体提高家长自身素质和教育子女水平的同时，进一步关注家长、学生及其家庭的特殊性指导和层次性指导，并制订分层、分类型开展家庭教育指导的工作计划。

（五）家长学校原则上按照初中、高中学生家长指导目标安排教学内容和教学课时，也可根据家长教育子女的实际水平选取适当的教学内容。

（六）学习形式以自学为主，集中学习为辅；指导教师以校内为主，聘请为辅。指导形式和活动方式可采取专家讲授、教师指导、情境对话、问题模拟、亲子活动、知识竞赛等。

（七）教与学的任务完成情况要及时进行考评，督促教师辅导到位，督促家长学习到位。使家长掌握所学习的内容，学会引导与启迪、交流与合作、发现与行动、提升与发展的目标。

（八）主动征求家长、学生和教师的意见，形成多向交流与反馈渠道，并对反馈内容进行系统整理和分析，针对问题提出有效的教育指导行动策略。

（九）注重工作过程资料的收集与整理，建立健全档案管理工作，以记录工作全过程，便于各阶段及时调整工作策略，提高工作实效。

第四章　部门目标分解及任务

关于部门目标分解及任务

目标分解就是将总体目标在纵向、横向或时序上分解到各层次、各部门以致具体的人，形成目标体系的过程。目标分解是明确目标责任的前提，是使总体目标得以实现的基础。进行目标分解时要遵循以下要求：

一、目标分解应按整分合原则进行。也就是将总体目标分解为不同层次、不同部门的分目标，各个分目标的综合要体现总体目标，并保证总体目标的实现。

二、分目标要保持与总体目标方向一致，内容上下贯通，保证总体目标的实现。

三、目标分解中，要注意到各分目标所需要的条件及其限制因素，如人力、物力、财力和协作条件、技术保障等。

四、各分目标之间在内容与时间上要协调、平衡，并同步发展，不影响总体目标的实现。

五、各分目标的表达也要简明、扼要、明确，有具体的目标值和完成时限。

常用的目标分解方法有两种：

一、指令式分解。指令式分解是分解前不与下级商量，由领导者确定分解方案，以指令或指示、计划的形式下达。这种分解方法虽然容易使目标构成一个完整的体系，但由于未与下级协商，对下级承担目标的困难、意见不了解，容易造成某些目标难以落实下去；更由于下级感到这项目标是上级制定的，因而不利于下级积极性的激励和能力的发挥。

二、协商式分解。协商式分解是上下级对总体目标的分解和层次目标的落实进行充分的商谈或讨论，取得一致意见。这种协商容易使目标落到实处，也有利于下级积极性的调动和能力的发挥。

不论用哪种方法，在具体分解时都应采取逐层分解的方法进行。即先将一级目标（总体目标）分解，并将实现一级目标的手段作为二级目标，以此类推，一级再一级地分解下去，从而形成一个"目标——手段"链。同时，自上而下又是逐级保证的过程，力求将各级目标的实现落实到实处。

目标分解的形式主要有两种：

一、按时间顺序分解，即定出目标实施进度，以便于实施中的检查和控制。这种分解形式构成了目标的时间体系。

二、按时间关系分解，其中又包括以下两种：

（一）按管理层次的纵向分解，即将目标逐级分解到每一个管理层次，有些目标还可以一直分解到个人。

（二）按职能部门的横向分解，即将目标项目分解到有关职能部门，这种分解方式构成了目标的空间体系。如果一个管理组织的目标能按时间关系和空间关系同时展开，形成有机的、立体的目标系统，就会使各级管理人员和每个人对目标的整体一目了然，也能明确各部门或个人的目标在目标系统中所处的地位，而且，会有利于调动人们的积极性、主动性和创造性，促进学校的发展。

最后，在目标分解之后，还有一个十分重要的工作，就是要对任务作出明确表述，使目标及任务形成一个完整的行动方案。

编写范例

第四章　部门分解目标及任务

第一节　德育目标及任务

德育目标制定的依据是：

办学育人总目标：通过发展，使北京市第十四中学成为"西城区全面育人优质品牌学校"、"北京市特色办学示范学校"、在国内外不断扩大影响力的知名学校。办学育人的核心理念：继承发展，固本开新；健全人格，幸福教育，和谐发展、优长育人。学校办学宗旨：严、爱、成。学校育人目标：善、博、雅。

根据以上依据制定学校德育工作目标及完成任务的相关措施，力争学校德育工作在不断创新中形成特色，获得发展。学校德育工作目标体系如下图所示：

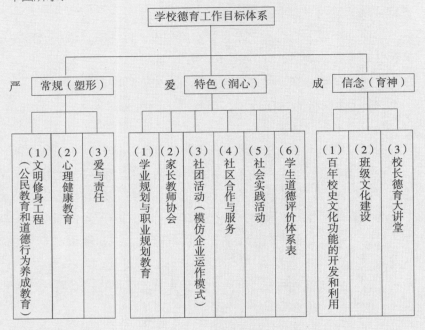

一、"严"的教育

"严"的教育是学生从他律到自律、从自律到自觉、从自觉到积极的过程（爱在其中，成是必然）。

（一）养成教育

养成教育的前提是学校要有一套科学而严格的日常管理制度，对学生的日常行为提出明确要求，便于学生规范自己的言行。《中学生日常行为规范》《学生一日常规要求》、学校制定的《日常管理量化评比制度》是学校对学生日常行为进行规范和量化的规章制度，学生必须严格遵守。学校倡导"十无、两声"的培养目标，目的是充分发挥学生的主体作用，让学生在自我认知及管理评价中，达到从"要我这样做"到"我应该这样做"的转变，使学生将良好的行为习惯内化为自觉的行动。

学校加强班级文化建设，开展"流动红旗"班评比，争创文明礼仪示范班、书香特色班、卫生免检班、国歌班等特色班，进一步培养和养成学生良好的行为习惯。

（二）思想道德教育

利用主题班校会、升旗等多种大型活动仪式的力量，从细节上熏陶、感染学生，对学生进行爱国、爱校等思想品德教育。利用王校长讲授的"中学生德育大课堂"，对学生进行思想道德教育。通过课堂互动、课后作业等形式，让学生自主确立发展目标，自行确立行动方案，自主体验活动过程，自我评价自己的观点和行为，使德育成为外在价值引导与内在自我构建相统一的教育体系。

学生的内在自我构建是通过自我评价来完成：第一个层次是学生独立对自己的言行作出评价；第二个层次是学生在综合同伴、教师、家长对自己评价的基础上，再一次作出自我评价。

对学生的思想道德评价通过《北京市第十四中学学生思想道德评价指标体系表》（见附件1）来完成。此表每学期测试1次，学校将记录学生的道德发展状况，并以此作为管理决策的依据。

（三）将《学生德育手册》改为《学生成长指南》

2009年，我们把学校的《学生德育手册》改为《学生成长指南》，旨在从观念上彻底摒弃道德灌输，真正体现德育过程的主体性。道德灌输有悖于德育过程的本质，容易导致学生对学校德育的排斥与逆反心理。德育过程的主体是学生，只有调动学生对德育活动过程的兴趣，激发他们的内在动机，才能使学校的德育过程成为外在价值引领与学生自我价值建构相统一的过程，实现德育过程从他律到自律的实质性转变。

（四）在德育实施途径上倡导体验教育，创建道德体验空间

"教学如果不调动学生的兴趣就是在打冷铁"早已成为人们的共识，这一原理同样也适用于学校德育。学校要长期贯彻落实的"光荣榜"、"教训窗"、"品德录"、"道德标"，就是要努力为学生营造道德情感体验的心理空间和物质空间。因为德育只有调动和激发了学生的情感，才能使学生实现道德移情，进而改变道德行为。

二、"爱"的教育

"爱"的教育重在日常的点点滴滴，贵在持之以恒，它更是爱的浸润，更为务实。活动只是形式与载体。

"爱与责任"教育是学校德育工作的最重要组成部分。学校德育工作将在继承学校优良传统的基础上，全面展开"爱与责任"的教育，使每个学生的爱心与责任心明显加强。"爱与责任"教育要通过"递进式"展开。

"爱与责任"教育即"八爱"、"八责"教育。

八爱即爱自己，惜生命；爱父母，重感恩；爱他人，会交往；爱集体，重合作；爱社会，守法律；爱祖国，树理想；爱自然，护环境；爱和平，容世界（国际包容、国际理解力）。

八责即对自己负责、对家庭负责、对他人负责、对集体负责、对社会负责、对国家负责、对人类负责、对自然负责。

进行"爱与责任"教育的具体措施是：建立以课堂教学为主渠道的教育途径，即"课堂教学主动渗透、课外活动延伸补充、日常生活熏陶感染、社会实践拓展"的全方位、立体式的教育工作模式。

（一）利用课堂主渠道，结合各学科教学渗透德育教育，推行导师制，努力完成德育目标

学校的教育工作很难进行"切豆腐"式的划分，学校没有一项工作是单独的智育工作或德育工作，它们都是以育人为旨归，都是为了促进学生的德、智、体、美、劳全面发展。如果人为将它们拆分，就割裂了教育的整体性，淡化了每一个教育工作者理应担负的教书育人的职责。因此，德育管理必须重建人人参与、人人尽责的全员德育机制，淡化德育的"工作意识"，强化"目的意识"。具体可采取以下措施：发挥教师团队的育人作用，建设班级教师集体，建立班级教师导师责任制。继续尝试进行班主任制与导师制并行的管理方式，强化教育时效性，强化全员育人。学校推出导师制的管理方式，不仅强化了纯粹的任课教师的育人职责，同时也调动了全体教师参与教育与教学管理的积极性。学校在德育管理中应加强对全校德育的领导和协调，特别加强对各学科在教学过程中德育的渗透。

从来就不存在"没有德育的教育"。针对过去一些德育课程不受欢迎的现象，学校进行了课程德育创新的实践与研究，将在基础教育课程改革

的背景下有序推进隐性课程与显性德育课程并进。一方面，在常规的德育课程中，教师要探索学生喜欢的教学方式，将新的课程理念与教学实践有机结合，以德育为己任，肩负起学科教学的重要使命。另一方面，以课堂教学为主渠道，树立"大德育观"，教师在制定教学目标、进行课堂教学中，必须从学科特点出发，有效利用显性德育内容，合理开发隐性德育因素，通过课内外结合的形式，使学科德育有效落实在各门课程的学习之中，引导学生形成符合社会规范的价值观念和良好道德行为。

为了实现以上目标，学校每年进行1-2次"教学中渗透德育教育"的研讨会并进行校本研究。通过研讨和研究，教师在教学中已经开发出了一个个较成功的案例。这些课案的实施，激发出了学生的爱国热情，民族自尊心、自信心和自豪感，使学生深刻体会到"祖国的利益高于一切"，明白做为一名共和国公民的责任。同时在以后的校本研究中，像这样的案例将要不断挖掘，并通过班主任论坛和课改年会进行全校教师交流共享。学校也将在北京市教院专家理论指导下，用1-3年的时间，将各学科案例整理编辑成册。开始也许只是"星星之火"，但各学科教学中潜移默化、春风化雨式的德育渗透，必将会形成"燎原之势"。

（二）利用主题教育活动，将"爱与责任"教育向课外延伸

学校将对每年的主题教育活动进行科学、系统的设置，力争在综合实践活动课程的标准下使其规范化、系统化。学校将开展针对性强、有内涵、能真正滋润人心田、师生共鸣的"爱与责任"的教育活动。

1. 以班为单位，开展以"中华传统文化"为主题的文化教育活动。如可将班级文化活动系列化。

（1）4月的校园内清明祭扫活动。对先人进行感恩、缅怀、尊重，教育学生学会感恩。

（2）5月的端午节纪念活动。在包粽子、扎菱角、奠屈原的活动中激发"爱与责任"教育。

（3）9月的中秋节活动。主要内容为传承中华民族传统文化，培养学生的"善、博、雅"，形成高雅的校园文化。

（4）10月的重阳节活动。主要对学生进行弘扬中华传统美德教育，尊老敬老、以实际行动奉献爱心。

2. 开展以"突出班级文化"为特色的教育活动。如每年1次进行下列

活动：

（1）"班级文化秀"活动。班训、班徽、班歌比赛活动，发挥学生的主体性，为学有特长的孩子搭建展示平台，也凝聚了班集体。

（2）"秀秀我们的老班"活动。增进师生感情，促进学生的感恩教育，激励教师爱岗敬业，模范执行师德规范。

（3）突出"五四"和"一二·九"纪念日等纪念活动，增强对学生进行爱国情怀教育。未来3年区教委布置各校将继续抓住各种纪念日、节日，对学生进行"我和我的祖国"主题教育活动，但核心词仍是"爱与责任"。

重视隐性课程，实现德育内容生活化。让学生从关注身边的道德细节入手，营造优秀的学校文化，创设良好的校园环境，充分发挥环境育人、文化育人的作用。

（三）利用市区提供给学校的社会大课堂资源，开展创新型德育活动，构建特色校本课程

学校将树立现代德育观念：重共性，也重个性；重集体，也重个人；重正确性，也重可接受性；重学校内活动，也充分利用社会大课堂；遵循信任原则、尊重原则、理解原则，在德育中强调体验、沟通、建构、激活和层次递进，还学生管理权、组织权、检查权和评价权；建设学校文化，实现文化育人；实行主体性德育。

依托宣南文化博物馆丰富的课程资源，学校开发"宣南文化"校本课程并实施，已有12名教师授课，4校27名学生实现跨校选修。宣南地区历史悠久，"禁烟动议源于宣南"；"戊戌变法、兴办新学、以图兴邦"是居住在宣南地区的仁人志士最先提出和发动的；辛亥革命后，宣南报业兴盛，先进思想如潮。这些都是"宣南文化"校本课程中爱国、爱乡土文化的教育资源。目前学校高二文科班已将部分课堂教学转向了宣南文化博物馆。

在此项目开发中教师按照新课标要求，强调学生自主学习、动手实践、合作交流。学生反映很好，也得到了上级的肯定。对这项工作的后续工作思考如下：

1. 为让更多学生参与，分享祖国历史与建设成就，下学期开学，将在高一、高二学生中招募志愿者，利用业余时间到宣南文化博物馆进行义务

讲解（双语），为参观者（尤其是我区中小学生）提供服务，与博物馆建立长期合作机制。

2.继续开发利用这一资源，建设学校综合活动校本课程。让更多教师、更多学生把课堂延伸到馆内，做深层次研学活动，促进宣南文化的发展与保护。在综合实践活动的课程设置和开发上，借鉴北京师范大学檀传宝教授的"欣赏型德育"的理念。

苏霍姆林斯基曾在对学生进行爱国主义教育活动中，用"在地图上旅行"的方法，让学生亲自找材料、亲自讲演，介绍俄罗斯首都莫斯科的市政建设、名胜古迹、自然风光。这样的教育比直接教育学生要爱国真实得多，教育的效果更好。这是用美的形式在进行德育。这就是"欣赏型德育"活动模式。

借鉴这一模式，学校将继续开发"宣南文化"校本研学课程，并开发校史文化功能，建设自己的校史馆和校本教材，让学生德育"有根"，在继承的基础上发展创新。学校将把此类主题教育活动向北京市范围内延伸，如走进国家大剧院，走进国家图书馆新馆，走进北大、清华等。"走进"活动在设置上按"背景分析——体验实践——反思交流"的课程模式完成，学校将根据年级、学段特点，采取系统的、循序渐进的、立体化推进的模式，力争在潜移默化中帮助学生完成伦理道德、理想信念、价值追求的内化。

学校将注重对活动的总结与提升。活动后组织学生进行交流和讨论，增强学生对活动意义的理解。同时，教师在总结的过程中要充分发挥主导作用，善于抓住机会，帮助学生深化内心体验，提升活动课程的境界与价值。

《北京市第十四中学综合实践活动设置表》（见附件2。）

三、"成"的教育

"成"的教育即搭设各种平台，促进学生成人成才，并为学生成功奠定坚实基础的教育。

学生的成长成才成就人生，无不渗透着"严"的管理和"爱"的浸润。学校要发挥百年育人的优良传统，挖掘德育资源，将主题教育与常规教育相结合，传统教育与时事教育相结合，阶段教育与系列教育相结合，学校教育与家庭、社会教育相结合，让学生参与策划、自主实施，丰富四大系列德育活动，使德育活动和德育课程形成具有特色的体系，让师生在活动和课程中体验德育内涵，促进身心发展，为成人成才成功奠定基础。

系列一：以"爱"为基本要求，继承和弘扬中华民族优良道德传统的"做十四中人"教育系列。如开发校史文化、树立"我以校荣，校为我荣"的观念；展开班级竞赛，模范遵守校规校纪；走进社区、服务社区，我为社区做贡献；参观名人故居，探访"宣南文化"；以诚信、诚实等话题展开讨论，召开主题班会等。

系列二：以理想与现实为切入点进行的成人、成才、成长在十四中的教育系列。如高一年级军训，让学生经受洗礼，体验对国家和社会的责任。高二年级综合实践活动，与同学交流体会、建立友谊，与老师沟通理解学校，与家长沟通关心父母，与社区沟通了解社会。高三年级与往届毕业生座谈，帮助他们进行学业规划与职业规划；成人冠礼仪式，毕业纪念光盘发放仪式，让学生体味成长的快乐，回味成熟的历程、感受成人的责任、憧憬成功的喜悦。

系列三：以建设学生社团、丰富社团活动为重点的丰富校园文化生活的"活跃在十四中"教育系列。业余党校吸引学生将人生信念确定为对共产主义的追求；篮球赛、诗歌朗诵会、演讲比赛、校园歌手大赛等成为校园文化生活中的重要组成部分；校园电视台、管乐团、舞蹈队、网络协会、文学社、田径队等活跃在学生群体之中。学生们在社团中矫健的身姿，在活动中积极参与的笑脸，都是老师们德育工作成果的完美体现。丰富的社团活动既提高了同学们在校园中学习生活的参与能力，更使一批学生的特长得到发展。

系列四：以关注身心，陶冶性情、提高修养、协调发展为目标的"走向成功在十四中"教育系列。在课程建设中充分挖掘社会和社区、学校的德育资源，按学生关注程度开设德育课程，让名人、科学家、教师、家长、社区普通劳动者、社会各界关心教育人士、学生自己走上讲台，讲述生活中的琐事，成长中的真情，成功背后的坎坷，于平凡处见真情，突出做人的平凡与伟大，在潜移默化中引导学生形成健康个性和正确的世界观、人生观、价值观。聘请法制专家、教师、社区干部、定期为学生进行法制教育、社区讲座。定期针对学生情况聘请专家进行心理讲座、心理咨询、心理健康指导，对学生心理健康情况进行测评，电话咨询、网络咨询，指导学生进行心理调节，正确认识自我，保持良好心态。结合校园网建设进行的网络道德教育，结合体育冬锻进行的学生冬季定向越野比赛，结合艺术教育进行的高雅艺术活动，艺术节、合唱节、体育节、科技节等都为学生们施展才华，全面发展、快乐成长提供了空间，更为学生迈向成功奠定坚实的基础。

四、加强德育队伍建设

高素质的德育工作队伍是全面落实未成年人思想道德建设任务、改进和创新中小学德育工作的基本保证。学校将加强德育队伍建设，培养和选拔优秀教师做德育管理工作。在培训、职称评定、评先、奖励等方面对德育队伍实行政策倾斜。坚持教师继续教育和培训，坚持优秀一线教师轮岗制度和副班主任培养制度。

五、加强德育科研建设

注重德育理论研究与实践探索并进，在德育热点、难点、前瞻性问题的研究上实现新突破。提倡教师进行教育行动研究：以学校为现场，以学生为关注中心，以立足教育实践为基础，指向学生发展。以科研促教改，靠科研创学校特色。成立班主任研究会，以同伴互助形式加强学校德育工作。

总之，高质量的德育应该体现 21 世纪社会发展的特点。学校德育工作必须依托百年育人文化传统的丰厚底蕴，探索自己的德育特点，构建科学规范的德育体系。完善德育管理网络，以德育实效性为目标，以德育课程改革为途径，以班主任队伍为德育工作的主力军，采取科学的德育工作评价方法，对学校德育施行目标管理，全员、全程、全方位地加强德育工作。在批判中继承，在创新中发展。

附件 1　北京市第十四中学学生思想道德评价指标体系表

一级指标	二级指标	三级指标	等级分值			实际得分				
			一	二	三	独立自我评定	学生同伴评定	教师评定	家长评定	再次自我评定
A1.政治思想素质25分	B1.爱国爱社会主义8分	C1.每天坚持收看新闻，阅读报纸，关心时事。	2	1.5	1					
		C2.学好各科文化知识，能够正确认识国情，正确处理个人利益和集体利益的关系，爱集体，爱祖国，做对社会有用的人。	2	1.5	1					
		C3.尊重国旗、国徽，高唱国歌，升旗时态度庄严肃穆，不做有损国格和国家利益的事。	2	1.5	1					
		C4.积极参加社会实践活动，关心学校发展，关心社会，关心家乡建设，有社会责任感。	2	1.5	1					
	B2.爱党团组织5分	C5.积极参加党团基础知识学习，努力争取加入党团组织。	2	1.5	1					
		C6.积极参加团队活动，并在活动中起模范带头作用。	3	2	1					
	B3.爱劳动爱集体6分	C7.热爱劳动，认真完成班级值日，积极参加学校和社区公益活动，并在活动中发挥作用。	3	2	1					
		C8.关心集体，维护集体利益，正确处理个人与集体的关系，不因个人原因影响集体荣誉。	3	2	1					
	B4.科学人生观6分	C9.热爱科学，追求真善美，积极参加学校科技活动，反对邪教和封建迷信。	3	2	1					
		C10.勤奋学习，立志成才，有正确的世界观和人生观。	3	2	1					
	B5.团结互助5分	C11.乐于助人，富有爱心，在互助活动中表现积极。	2	1.5	1					
		C12.同学之间发生矛盾时，互谅互让，多做自我批评，妥善化解。	3	2	1					

一级指标	二级指标	三级指标	等级分值			实际得分				
			一	二	三	独立自我评定	学生同伴评定	教师评定	家长评定	再次自我评定
A2.道德素质28分	B6.孝敬师长6分	C13. 感恩父母，关心、体贴、孝敬父母，主动承担力所能及的家务劳动，主动为父母分忧解愁。	3	2	1					
		C14. 尊敬师长，服从管理，主动与师长交流思想，沟通情感。	3	2	1					
	B7.遵守公德7分	C15. 有较强的环保意识，自觉维护学校、社会的环境，积极参与学校、社会环保活动。	2	1.5	1					
		C16. 遵守公共秩序，爱护公共财物，讲究公共卫生，维护公共安全。	3	2	1					
		C17. 尊重他人的隐私，尊重他人的荣誉和人格。	2	1.5	1					
	B8.诚实守信5分	C18. 与人交往讲诚信，待人热情诚恳，表里如一，不弄虚作假。	3	2	1					
		C19. 自觉维护个人和集体的信誉，遵守承诺。	2	1.5	1					
	B9.见义勇为5分	C20. 为人正直，富有正义感，有明确的是非观念，敢于主持公道。	3	2	1					
		C21. 同学有困难时，能提供力所能及的帮助。	2	1.5	1					
	B10.遵守纪律6分	C22. 自觉遵守班级、学校的各种规章制度。	3	2	1					
		C23. 在学校各项活动中，自觉遵规守纪；在平时能够及时劝阻、监督、帮助违纪的同学改正错误。	3	2	1					

一级指标	二级指标	三级指标	等级分值			实际得分				
			一	二	三	独立自我评定	学生同伴评定	教师评定	家长评定	再次自我评定
A3.法纪素质22分	B11.遵守法规8分	C24. 认真学习法律、法规知识，自觉遵守法律、法规。	2	1.5	1					
		C25. 自觉抵制违法乱纪行为，抵制黄、赌、毒，不进网吧等不利于青少年成长的场所。	2	1.5	1					
		C26. 协助学校、社会有关部门调查处理违纪、违法犯罪行为。	2	1.5	1					
		C27. 自觉履行法定义务，能够运用法律武器保护自己，有较强的安全意识和自我防范意识。	2	1.5	1					
	B12.民主意识8分	C28. 珍惜民主选举权利，正确行使民主权，积极、认真参加学校的各种民主选举。	2	1.5	1					
		C29. 积极参与班级民主管理，遇事能够积极发表自己的见解，认真听取和尊重别人的意见。	3	2	1					
		C30. 能够通过正确的渠道、恰当的方式方法，反映处理自己、班级、学校的问题。	3	2	1					
A4.心理素质25分	B13.情绪性格5分	C31. 谦虚谨慎，活泼开朗，积极进取，在各种集体活动中，能积极展示自我。	2	1.5	1					
		C32. 能正确认识自我，能用正确的方式，较好地调节自己的情绪，敢于展开批评与自我批评。	3	2	1					
	B14.意志品质6分	C33. 意志坚定，能以良好的心态经受挫折，面对逆境，正确处理个人与社会的关系。	3	2	1					
		C34. 勇敢顽强，做事果断，有耐心，有主见，持之以恒。	3	2	1					

一级指标	二级指标	三级指标	等级分值			实际得分				
			一	二	三	独立自我评定	学生同伴评定	教师评定	家长评定	再次自我评定
	B15.创新精神8分	C35. 有自信心，有创新精神，勇于探究未知领域。	2	1.5	1					
		C36. 勤于思考，善于运用所学知识解决实际问题。	3	2	1					
		C37. 能运用科学方法学习，学习、工作效率提高。	3	2	1					
	B16.身心健康6分	C38. 了解、掌握性生理，性道德的基本知识，不做有损身心健康和社会道德的事情。	2	1.5	1					
		C39. 认真上好体育课，积极参加体育锻炼，无吸烟、酗酒等不良嗜好。	2	1.5	1					
		C40. 男女同学正常交往，能正确处理个人感情问题。	2	1.5	1					

自评总分：_____；学年奖励加分：_____；学年违纪扣分：_____；

学年总分：_____；操行等级：_____。

（满分 100 分；85 分以上优；75-84 分良好；60-74 分合格；60 分以下为不及格）

操行评语：

班　长：_____

班主任：_____

家　长：_____

附件 2　北京市第十四中学综合实践活动设置表（高中　年度表）

分组 项目	高一年级			高二年级			高三年级		
	课题	学时	学分	课题	学时	学分	课题	学时	学分
研究性学习	另见教学安排			另见教学安排			另见教学安排		
社区服务与合作	1. 每学期利用假期走进社区 1 次（3 天，时间 2 月和 7 月） 2. 每个假期 1 次走进家长单位实习 2 天，1 天随自己家长，1 天交换为随同学家长			1. 每学期利用假期走进社区 1 次（3 天，时间 2 月和 7 月） 2. 每个假期 1 次走进家长单位实习 2 天；1 天随自己家长，1 天交换为随同学家长			1. 1 月寒假期间走进社区 1 次		
社会实践活动	1. 8.10–8.21 军训 2. 9 月入校教育—校史文化，爱校教育 9 月开学典礼、目标教育 3. 10 月学校体育文化节（美育和意志品质教育） 4. 1 月安全法制教育进校园讲座及演习 5. 3 月风华骄子评选活动 6. 4 月春游学生实践活动（课程目标设定相对简单，感受体验交流） 7. 5 月心理文化周活动和红五月艺术节 8. 5 月走进博物馆，进行开阔视野、分享祖国建设成就、激发民族自豪感教育 9. 6 月走进国家图书馆新馆，启动"书香校园"书博会活动			1. 9 月开学典礼，目标教育 2. 9 月下旬假期综合实践活动交流会 3. 10 月学校体育文化节（美育和意志品质教育） 4. 1 月安全法制教育进校园讲座及演习 5. 3 月风华骄子评选活动 6. 4 月春游学生实践活动（课程目标设定相对复杂，完成活动报告，合理化建议等） 7. 5 月心理文化周活动和红五月艺术节 8. 5 月走进北大立志教育 9. 6 月走进国家图书馆新馆，启动"书香校园"书博会活动			1. 10 月坚持主题班会和学校体育文化节 2. 1 月与校友座谈会，了解大学专业，解决学习困惑 3. 1 月安全法制教育进校园讲座及演习 4. 3 月高三成人仪式，进行"感恩与责任"教育 5. 4 月一模总结，树立自信的主题教育 6. 6 月高考前毕业典礼		

项目 \ 分组	高一年级	高二年级	高三年级
其他活动	1. 心理健康教育个人测试建档（每学年 2 次） 2. 十四中学生思想道德评价指标体系表（每学年 2 次） 3. 请专业机构进行学业规划与职业规划指导（初步了解）	1. 心理健康教育个人测试建档（每学年 2 次） 2. 十四中学生思想道德评价指标体系表（每学年 2 次） 3. 请专业机构进行学业规划与职业规划指导（自我规划研究）	1. 心理健康教育—考试解压调试 2. 十四中学生思想道德评价指标体系表（第一学期 2 次） 3. 请专业机构进行学业规划与职业规划指导（大学志愿选择）
总体评价			

北京市第十四中学综合实践活动设置表（初中 年度表）

项目 \ 分组	初一年级			初二年级			初三年级		
	课题	学时	学分	课题	学时	学分	课题	学时	学分
研究性学习	另见教学安排			另见教学安排			另见教学安排		
社区服务与合作	1. 寒假、暑假的社区社会实践活动（每年 2 月、7 月）			1. 寒假、暑假的社区社会实践活动（每年 2 月、7 月）			1. 寒假的社区社会实践活动（每年 2 月）		
	2. 学雷锋活动月：少先队、团委组织到社区进行服务活动（每年 3 月）			2. 学雷锋活动月：少先队、团委组织到社区进行服务活动（每年 3 月）			2. 学雷锋活动月：少先队、团委组织到社区进行服务活动（每年 3 月）		
	1. 8.25—8.28 新生入学教育			1. 9 月开学典礼，目标教育			1. 9 月开学典礼，目标教育		
	2. 9 月入校教育—校史文化，爱校教育；少先队建队大会			2. 9 月下旬假期综合实践活动交流会					

分组 项目	初一年级	初二年级	初三年级
社会实践活动	3. 10 月学校体育文化节（美育和意志品质教育）	3. 10 月学校体育文化节（美育和意志品质教育）	2. 10 月学校体育文化节（美育和意志品质教育）
	4. 11 月"阳光体育"冬锻启动	4. 11 月"阳光体育"冬锻启动	3. 11 月"阳光体育"冬锻启动
	5. 12 月冬锻验收活动	5. 12 月冬锻验收活动	4. 12 月冬锻验收活动
	6. 12 月学生"迎新年"联欢会	6. 12 月学生"迎新年"联欢会	5. 12 月学生"迎新年"联欢会
	7. 1 月安全法制教育及避险演习	7. 1 月安全法制教育及避险演习	6. 1 月安全法制教育及避险演习
	8. 2 月"与家长共读一本青春书"寒假读书活动	8. 2 月"与家长共读一本青春书"寒假读书活动	
	9. 3 月"走进故宫，感受历史文化"社会实践活动	9. 3 月"走进故宫，感受历史文化"社会实践活动	7. 3 月初三年级"百天冲刺中考"誓师大会
	10. 4 月春季社会实践拓展活动	10. 4 月春季社会实践拓展活动	
	11. 5 月"青春之美"主题班会	11. 5 月"青春之美"主题班会	8. 5 月一模总结，树立自信的主题教育
	12. 5 月心理文化周和红五月艺术节	12. 5 月心理文化周和红五月艺术节	9. 5 月心理文化周和红五月艺术节
	13. 6 月"离队建团"仪式		10. 6 月初三毕业典礼
	14. 7 月假期安全教育	13. 7 月假期安全教育	
其他活动	1. 心理健康教育个人测试建档（每学年 2 次）	1. 心理健康教育个人测试建档（每学年 2 次）	1. 心理健康教育——考试解压调试
	2. 十四中学生思想道德评价指标体系表（每学期 2 次）	2. 十四中学生思想道德评价指标体系表（每学期 2 次）	2. 十四中学生思想道德评价指标体系表（第一学期 2 次）
	3. 请专业机构进行学业规划与职业规划指导（初步了解）	3. 请专业机构进行学业规划与职业规划指导（自我规划研究）	3. 请专业机构进行学业规划与职业规划指导（未来职业定位）
总体评价			

第二节　教学目标及任务

一、高中教学目标及任务

（一）高中教学现状分析

1. 教师队伍现状分析

学校有百年的历史、优良的传统。经过一届届老教师精神的传承，目前教师队伍年轻，有朝气，肯于吃苦，在各教研组和教育教学管理岗位上发挥着重要作用，保证了学校的教学质量一直稳居原宣武区前 3 名。学校12 个教研组，基本上能够保证教研活动的时间和质量，有 50%—60% 的教研组在西城区乃至北京市有一定的影响。近年来，随着老教师的退休，50% 的教研组是新教研组长（教研组长任职年限不满 3 年），这种态势有可能继续扩大。教师队伍存在着结构性缺编，造成每个年级都会有相对薄弱的学科，影响学校的整体发展实力。

2. 教学管理现状分析

在主管校长的领导下，从教务处到教研组，从备课组长到任课教师，在教学过程的管理、课程的管理上畅通、有效，管理综合水平在西城区属上乘。在管理效能上有待提高，一些事物性的工作有时会影响教师的学习充电和教研。

3. 办学环境分析

学校辅助办学资源、设施不够充足，实验室、专业教室紧缺，现有设备适应不了新课程的需求，学校发展受到了制约。2009 年 10 月新校址的投入使用，是学校难得的发展机遇。由于学校良好的社会声誉，学校的建设得到教委和区政府的关注和支持，办学环境得到较大改善。

4. 教学质量分析

学校高考综合成绩稳居全区前三甲之列，有些学科有向更高目标冲击的竞争力。但有的学科也面临着很大的挑战，形势不容乐观。问题是这些教研组实力不足，急需调整提高。学校以管理严格著称，学生的学习负担较重，乐学、善学的学生比例较低，学习比较被动，还没形成良好的学风，这也是直接影响学习质量的因素之一。

（二）6年质性目标描述

根据学校发展规划及校长任期目标责任书的总体规划，以科学发展观为主导思想，从完善管理运行机制，打造一支结构合理、师德高尚、业务精良，善于团结协作的教师队伍入手，实现学校的育人目标。以国家和各级教育行政部门颁发的办学法规政策为依据，以提高办学育人质量为中心，组织实施有效的管理。以新的课程改革为契机，一手抓学生学习方式的转变，通过全校性的宏观学法指导和任课教师课上的具体指导，以及分层次的通过导师制实施的个别指导，解决学生的思想和方法上的问题；抓住新校址建设的契机，无论是图书馆、还是实验室的建设，都要立足于给学生提供更多的自主学习、自主研究的空间，营造适合师生共同发展的环境和氛围，以及良好的物质条件。另一手抓教师教学方式的转变，积极引导教师注重课堂设计，激发调动学生学习的积极性，扭转学生中普遍存在的厌学情绪，提高课堂教学的时效性；抓教研组对教学内容结构的优化调整，到2011年基本建立适合我校生源特点的课程体系；抓好校本课程的开发，到2014年基本形成学校的课程特色。与德育、科研形成良好的协调机制，和谐共生，共同发展。

（三）具体目标描述、任务和分解

1. 教学运行管理机制的建设

（1）2010年9月前，在原有制度的基础上，完善适合新课程的管理制度。

（2）2011年前形成比较固定常规的教学任务表，使教师、备课组长、教研组长、教学管理人员有计划地实施和履行自己的职责，给个人和教研组留出发展的空间和时间。

（3）2011年前初步建成基于互联网的教学管理平台，实现在新课程下对教务、教学的有效管理。2014年年前完善此平台，实现师生互通、家校互通、管理评价等功能，使其成为我校管理的特色，并在全市乃至全国有一定影响。

2. 教师队伍的建设

（1）完善教师队伍培训的常规机制。2年1次的教师基本功比赛和师徒挂钩助优计划，充分利用继续教育和带薪脱产培训的机会，以及一切可利用的社会资源培训骨干，开阔教师的眼界，更新观念。

（2）完善教师队伍的管理制度。形成从主管校长到教学主任再到教研组长和备课组长，直至教师的逐级分层管理运行机制；坚持听课制度和定期的教案检查；坚持三维评价模式，即领导评价、同事互评、学生评价，实现客观、公平的评价。

（3）优化教研组建设。2011年年底前，各教研组的人员结构（年龄、性别、人数）达到合理水平，各教研组区级以上骨干教师、希望之星、学科带头人至少达到2~3名；2014年年底前，50%的教研组要形成区级希望之星、区级骨干教师、区级学科带头人、市级骨干教师和市级学科带头人这样的分层次的骨干教师队伍。

（4）2011年年底前基本形成必修、必选、选修、校本课程有序实施的课程体系和有特色的学科特色活动团体，形成我校的课程特色。2014年年底前课程建设在市区形成一定影响。

3. 教学环境建设任务及目标

（1）思想认识

以新的课程改革为契机，一手抓教师的教学观念的更新和教学方式的转变，以激发调动学生学习的积极性，扭转学生中普遍存在的厌学情绪，提高课堂教学的时效性；一手抓学生学习态度和学习方式的转变，通过全校性的宏观学法指导和任课教师课上的具体指导，以及通过导师制、分层次、有针对性地对个别学生进行指导，解决学生在思想认识和学习方法上的问题。

（2）硬件设施条件

设计好图书馆、阅览室，建设好数学、物理、化学、生物等学科的高端数字实验室和学生自主实验室的布局及设施；设计具有学科特色的史地、美育、通用技术等专用教室。在这些实验室、教室投入使用后，要合理、高效地充分利用，使之在教育教学，拓展学生发散性思维、创造性思维方面有时效性。

（3）以学科为依托，建立各式各样的兴趣小组、学生社团

营造学习氛围，激发学习兴趣，积极引导学生爱学习，教导学生会学习。特别搞好学校一年一度的科技节，组织好学生参与创新大赛，争取获得市级以上奖项。做好翱翔计划参与学生的培养，争取取得实际的成果。形成课内课外互补，相互促进的良性循环局面。初步实现学生全面发展，

学有优长的发展目标。

4.教学质量目标

教学质量的高低，是以教学目标的完成情况为评价标准。根据新的课程标准制定的三维目标，制定以下教学质量的考核目标：

（1）2011年年底前学生对教师教学评价的平均分达到85分以上，90%以上的教师考评成绩应达到80分以上；到2014年年底，学生对教师教学评价平均分达到88分以上，90%以上的教师考评成绩应达到85分以上。乐于学习的学生应达到80%。

（2）在模块考试中，2011年年底前，在自主命题的难度不低于区统考试题的情况下，通过率应达到90%，优秀率应达到20%；2014年年底前，在自主命题的难度不低于区统考试题的情况下，通过率应达到92%，优秀率应达到30%。

（3）在会考中，2011年年底前，及格率达到97%以上，优秀率达到25%；2014年年底前，及格率继续保持97%以上，优秀率达到30%以上。

（4）在高考中，2011年年底前，各学科和总成绩保持在区前三甲位置，且应与后面的学校保持较大的差距；2014年年底前，各学科和总成绩继续保持在区前三甲位置，且在与后面学校形成较大优势的基础上，出现1—2个学科成绩达到区前2名的位置，高分段的学生人数有明显的增加。

（四）目标实施的方法与途径

1.注意在教学管理过程中总结与反思，主管教学的领导要深入教学一线，倾听教师意见，使管理运行机制合理可行。

2.在学校的总体规划下，加强教师的培训，将专家引领与同伴互助相结合，通过抓教研组建设，使教师队伍整体提高；完善考评制度，开放教师课堂，相互听课评课，通过考评促进教师的反思，帮助其发展；为教师搭建展示发展的平台，营造教师发展的外部条件；从学生成长和学校发展的角度出发上，进行优胜劣汰的选择，保证教师队伍的优化。

3.抓住迁往新校址的契机，做好教学硬件建设。利用环境优势，营造学习氛围。通过学科兴趣小组、科技节等多种形式的活动，调动学生的学习兴趣。通过导师制的落实，加强对学生有针对性地引导，从而实现学校对学生规划的发展目标。

4.完善课程实施方案，使各学科必修、必选、选修、校本课程搭配合理，进程协调；加强课堂常规的管理，夯实基础知识和基本技能；成立模块命题组，确保每个模块的通过标准，从而保证教学质量的落实。努力提高教研组、备课组的活动水平，积极支持与教学实践紧密结合的课题研究，提高教研水平，保证教学质量目标的实现。

二、初中教学目标及任务

（一）初中教学现状分析

1. 学校重视教学工作，领导班子能把主要精力用于教育教学上。初中教学管理系统畅通。

2. 初中已经拥有一支敬业奉献、业务精深的骨干教师队伍，由市骨干教师、区学科带头人、区骨干教师及希望之星近 30 位教师组成，在全区初中占有相当比重，他们分别在各个教研组中对学科教学研究和教学质量的提高起着积极的带动作用。

3. 初中任课教师学历层次均已达标，教学业务功底深厚，有对不同类型、不同层次学生施教的经验，始终以工作勤奋、教学严谨、对学生负责而赢得良好的社会口碑。

4. 学校和谐合作的人际氛围，勤奋朴实的学习氛围，严谨踏实的教研氛围已经形成。备课组活动形成了一种基本模式，即各自的充分备课、中心发言人发言、各抒己见讨论、中心发言人整理汇总成稿、备课组共享、学期编辑成册、校本资源库。校本资源库已初步形成。

5. 学校教学环境和设施良好，拥有最现代化的数字实验室、全国一流的生物标本苑、大型图书阅览室及各种专业教室，有着丰富的教学资源保障。初中新址的建设、办学条件的提升，为吸引优质学生资源和创办一流初中提供了条件，为学校整体发展提供了更有利的平台。

6. 初高中教学的衔接有待进一步加强。初中各学科发展有待平衡。学生课业负担较重，厌学情绪较大的情况亟待改善。

（二）6 年质性目标描述

1. 学校的初中办学在全面贯彻国家的教育方针，树立科学的教学质量观的前提下，以人为本，面向全体，尊重差异，促进学生全面可持续地发展。通过开展有效校本培训、校本教研，促进教师专业发展，将教师集体建设成为学习型组织，同时培养出一批学校骨干教师和学科带头人。

2.加强教学管理的基本制度建设，建立教学工作运行机制，加强教学常规管理，认真落实北京市课程计划，开发富有特色的校本课程，形成结构合理的学校课程体系，在初中学科建设中突出优长育人特色。把握教学规律，深化课堂教学改革，结合新课程方案和课程标准的要求，强化学科教学行为规范，大胆创新课堂教学模式。充分利用现代信息技术的优势，实现优质教育资源共享。形成良好的教学质量的监控和评价机制。保证初中阶段教学质量在全区名列前茅、全市享有较高声誉。

3.具体目标和任务描述和分解

（1）完善校长为教学质量的第一责任人的教学管理系统，健全教学管理的基本制度，保证教学工作高效运行。

（2）加强学科教研组和备课组的建设，形成2-3个在全区乃至北京市有影响的优质教研组，在区初中教研中能够发挥引领示范作用。

（3）以校本培训、校本教研作为主要抓手，建设教学、学习与科研紧密结合的学习型组织，提升教师的科研意识和能力，营造良好的学术氛围和浓厚的学习风气。

（4）进一步壮大骨干教师队伍，完善骨干教师培养机制，使每一学科都有市区骨干教师对学科教学发挥指导示范作用，并形成一支市骨干教师（区学科带头人）——区骨干教师（希望之星）——校骨干教师的骨干教师梯队，市区骨干教师人数能够达到全区前2位。

（5）贯彻落实北京市实施《教育部义务教育课程设置实验方案》的课程计划，认真学习课程方案和课程标准，深入领会新课程理念，研究教学中"知识与能力，过程与方法及情感、态度、价值观"三维课程目标的落实。

（6）整合校内外各种课程资源，不断完善学校课程建设，在开齐开足国家课程的基础上，增强课程的选择性，积极开发并规范校本课程，打造2—3门在市区具有影响力的特色精品课程。

（7）结合新课程方案和课程标准的要求，强化学科教学行为规范，加强教学常规管理，切实减轻学生课业负担。

（8）发挥学校教师专业委员会的作用，加强课堂教学的评估与指导。把握教学规律，改革课堂教学，创新课堂教学模式，每年推出一定数量在市区具有示范作用的精品课，参加全国、市、区课堂教学评优均能获奖。

（9）加强信息技术与学科教学整合的研究。完善课程教学资源库的建设，充分利用现代信息技术的优势，搭建教育教学资源共享平台，提高教学效率，实现优质教育资源共享。

（10）坚持教学开放日活动，做好每学期1次的教学问卷和学生座谈，并建立基于网络的教学评价系统，科学规范地做好教学质量的监控和评价，保证教学质量的稳定和提高。达到中考成绩和教学综合评价在全区保二争一的位置。

（三）任期目标措施

1. 第一阶段：2010—2013年

（1）进一步完善初中部中层以上领导团队的建设，教学管理系统健全，管理到位。组建骨干力量均衡、思想稳定、愿意在初中教学中进行专业发展的教师队伍。

（2）认真开展教研组、备课组活动。教研组在本学科课程实施与该学科教师成长发展中负有重要的引领作用，因此教研组要做好学期计划，定期组织教研，形成良好的学术氛围。教研活动要精心设计，研讨内容既要有教育教学理念的剖析，又能紧密结合教学实际，有的放矢，有时效性，让每个人都能得到不同程度的提高。为青年教师创造学习、展示的机会。备课组是课程研讨的最基层组织，集体备课的效果会直接影响到该学科在整个年级的落实情况。备课组要定期活动，切实做好课程研讨，广开言路，求同存异，合理分工，资源共享。具体要求是：

教研组：各教研组根据本学科的特点及实际，在每学期初制订出本学科在本学期的教研组活动计划。

备课组：备课组每周集体备课1次。集体备课要有活动记录，期末上交。备课组内有承担公开课的教师，更要将课程设计，在备课组活动时认真与他人研讨，汲取组内智慧，力求课程优质。

（3）继续实行开放日制度，形成重视教研、开放课堂、互相促进的良好氛围。学校认真组织研究课、观摩课等课堂教学研究工作，增强校本教研的针对性和实效性，也为教师的专业发展搭设了平台。

（4）主管领导的主要精力用于教学，坚持听课制度，发现并及时解决教学中存在的问题。中层干部不少于30节，主管校长不少于60节。对教师听课的要求是：任课不满3年的教师一学期听课不少于30节，其他教师每学期听课不少于 15 节。

（5）进一步加强对备课的辅导培训，要求教师把主要精力和侧重点放在对教材的深入理解上，放在教学方法的研究与创新上，为最终形成我校的课堂文化打好基础。

（6）加强对艺术课、体育课的管理，全面培养学生的素养。组建学校运动队、合唱队、管弦乐队，开展日常活动或训练，让学生得到全面发展。

（7）按照课程要求，组织学生参加综合实践活动。积极开设选修课，找准突破口，逐步规范选修课的课程管理和教材的编写，争取 3 年内能形成具有我校特色的初中部选修课教材。

（8）调整组建优秀的教学管理人员队伍，使管理走向制度化、规范化、科学化，为一线教学提供优秀的服务，为学校的发展作出贡献。

2. 第二阶段：2013—2016 年

（1）打造一支特别能战斗的初中教师队伍，每个学科都要有知名教师，争取成为西城区教研活动的首选基地。

（2）进一步修改校本教材，争取在全区进行选修课展示活动。

（3）教学成绩在保持第 2 位的基础上力争达到第 1 名的标准。

第三节　科研目标及任务

2010 年是我校 6 年发展规划的开局之年，也是新高中课改实验的跨越之年。为了大力实施科研兴教战略，全面贯彻落实党和国家的教育方针，大力推进素质教育，充分发挥教研部门研究、指导、服务等职能作用。学校的教科研工作秉承百年名校的优良传统，依托学校的优质教育资源，凝集全体教师的教育智慧，开拓创新，锐意进取。在围绕学校中心工作的基础上，以"教师专业发展"为抓手，以课题研究为引领，使学校的教科研工作有新的发展、新的突破、新的高度，争取跨入区市乃至国家级科研先进校行列。

一、工作目标

（一）科研兴教意识更加增强。形成依靠科研提高教育教学质量，加快内涵发展的共识，营造人人支持、个个参与的教育科研氛围。

（二）教育科研网络更加优化。校长、教科研室、教研组三级教育科研网络运行机制更加完善，对学校发展、教师发展的引领能力更强。

（三）课题过程管理更加有效。所有处室、所有的教师都能进入研究状态，在校本研究、课题研究的基础上。推出一批高质量、高品位，在全区、全市乃至全国有一定影响的教育科研成果，打造出一批具有十四中特色的科研品牌。

（四）评价激励机制更加完善。教育科研投入得到保证，表彰奖励力度进一步加大，学校教师开展教育科研的主动性、积极性得到充分发挥。

（五）办学品位得到提升。在参与教育科研的实践中，所有教师加快了专业成长的步伐，名教师队伍不断壮大，学校的科学管理水平得到增强，办学特色得到彰显。

二、基本任务

（一）强化过程管理

积极开展学校全面质量管理下的科研管理，构建管理网络、明确职责制度、规范管理流程、积极有效评价、努力提升质量。

（二）促进专业化发展

建设一支由专业人员引领、以科研部门骨干为主体的学校科研队伍，由点带面，引领学校教师的研究，进一步培育教师科研素养，促进绝大部分教师由经验型向研究型转变，加快提升教师专业化发展。

（三）积淀科研文化

以课题项目引领为主线，组成问题解决的研究共同体，形成争创校内学科教科研基地的机制，在行动研究、案例分析、实践反思三个平台上开展行动研究和实验，形成有组织和非组织共同融合的学校科研局面和科研文化，为争创区、市、国家级科研先进校奠定基础。

三、具体措施

（一）把握方向，引领学校自主创新、内涵发展

1. 更新观念，增强研究意识

提高教师的科研素养是课程改革的需要，也是学校跨越发展的必经之

路。每位教师要养成学习与反思的习惯，增强研究意识，以研究者的眼光审视、反思、分析和解决自己在教学实践中遇到的问题，把日常教学工作与教学研究融为一体。学校为教师之间进行信息交流、经验分享和专题讨论提供平台，倡导科学精神和实事求是的态度，营造求真、务实、严谨的教研氛围。

2. 突出重点，形成特色

坚持教科研工作"面向实际、站在前沿、重在运用、加强合作"的原则，突出全面实施素质教育这个重点，以扎实推进高中课程改革为抓手，把教育科研的领域和侧重点移向教研组、教师，把解决教育教学实践中的现实问题作为教育科研的立足点，把促进教育理论与实践的结合作为教育科研的着眼点，把教育教学方法的不断改进作为教育科研的切入点，切实提高课堂教学效率，切实解决部分教师的高耗低效问题，切实提高学校的办学品位。围绕"以人的发展为本的教育动力学研究及实践"、"公民教育实践活动"、"初中青春期性教育的实验校"等重点课题研究，在全校范围组织力量攻关，形成十四中教育科研的特色品牌。

（二）健全教科研管理网络，优化工作运行机制

1. 建立北京市第十四中学教科研领导小组

建立教育科研三级管理网络，由校长室——教科研室——教研组——教师组成的教育科研管理网络。明确各自的分工和职责，在校长的领导下，教科研室全面负责学校的"三级"科研管理。实行分层指导、分类提高、步步推进。

2. 充分发挥教科研室、教研组的职能作用

教科研室首先做好教育科研规划、调研、指导、管理和成果推广等常规工作。所有教科研室成员都必须承担具体课题研究任务，做好相关学科课题研究指导工作，提高教师研究素养，指导培养教科研骨干；充分利用校内外有效资源，实施专家引领，组织学术交流研讨会，整理汇编教育科研信息和优秀教科研论文，做好本校教育科研课题规划、立项、过程性管理、成果总结和推广；组织教科研工作考核评估，做好教科研资料归档工作。教研室每年组织 1 次全校先进教研组评选活动。

3. 注重发挥"名、特、优"教师科研示范作用

按照市区文件精神，注重发挥"名、特、优"教师科研示范作用，所

有名教师、学科带头人要在积极参与和有效指导全校学科建设的同时，主持或参与课题研究，撰写学科论文，发挥名师、学科带头人的示范带头作用，逐步形成引领全校范围教师专业成长的"骨干教师"队伍。

（三）强化课题管理，努力提高教育教学的实效性

1. 精心筛选和确定课题

遵循超前性、创造性和实效性原则，从全校教育教学的实际出发，认真做好全校课题的规划工作，所有教师根据教育教学实际并参照《课题指南》，选定或自行设计能够服务于提高学科教学质量、体现学校特色的课题作为本校的主导课题。教科室要加强组织指导和必要的引导，逐步形成全校范围内有特色的科研课题研究体系。

2. 规范课题立项工作

凡申请立项的课题，申请人必须在做好前期准备的基础上，认真填写申请表，并附详细实施方案，经批准后方可组织实施。凡申请在校级以上立项的课题，还须经上级有关部门研究批准。课题申请人须是课题的实际主持者，在项目中担任实质性研究工作。课题负责人应加强对课题的指导和监督，并争取学校在时间、人力、物力等方面给予积极支持。

3. 加强课题研究过程性管理

认真落实学年度课题研究汇报制度。凡是区级重点课题及区以上立项课题，必须在新学年开学初上报课题研究计划，内容包括上学年度课题研究工作总结、本年度课题研究计划、活动安排等等，学校教科室以此为依据，加强研究过程的检查和调控。强化课题研究的策略。重点课题由教科室牵头，组织同课题有关部门进行协作研究，集体攻关，邀请相关的教育专家指导出谋划策、指点迷津，切实把课题研究与教师的教学工作有机地结合起来。

4. 重视课题研究的总结、鉴定和成果推广工作

课题研究结束后，承担处组要认真总结、整理科研成果，写出课题研究报告，申请鉴定。学校每学年都要举行教师个人教科研成果展示活动。教科室在实地调查、全面论证的基础上，对研究成果和案例进行逐一评审，并将评审结果通过教科研专刊、教师论坛、成果推介会等形式向全校发布，定期将研究成果上网公布。积极帮助在课题研究方面工作扎实、成效显著的骨干教师著书立说，在培养和推出众多名教师的过程中，带动全

校教育科研档次的提升。

（四）完善教科研规章制度，保证教科研工作的健康有序开展

1.完善教师综合素质考核方案开展特色课题研究、优秀论文、优秀教科研成果评比活动，引导教师参与教育科研，为骨干教师快速成长搭建平台。

2.重新修订《北京市第十四中学教研教科研成果奖励办法》，设立教育教学创新奖、教育科研优秀集体奖、优秀课题和优秀教科研论文等学术成果奖，重奖在教育科研方面取得成绩，特别是在全校范围发挥示范辐射作用的处室和教师。通过以奖代补形式，落实学校学科带头人、专兼职教研员的相关待遇。学校根据实际，加大对教育科研成绩显著的单位和个人的奖励力度。

3.每年组织召开全校教育科研工作会议，定期召开学校教科室例会，研究解决教育科研工作中的矛盾和困难，推广教育科研成果，使全校的教科研工作由个体走向群体，由无序走向有序，由自发走向规范。

4.建立科学、民主、依法管理的长效机制

紧紧抓住科学发展这个第一要务，逐步健全科学化、规范化的制度管理体系。根据基础教育课程改革的要求，进一步修订完善教研室现有的规章制度、研究制度，适时组织教改先进教研组、先进教科研个人评选活动，发现并培养具有创新精神和跨学科教学能力的骨干教师，促进教师队伍整体素质的不断提高。认真总结经验，树立先进典型，创造条件、提供舞台，不断推出一批有影响的名师和优秀的教研组。

5.大力做好交流宣传工作

切实加强《北京市第十四中学教科研》专刊的编辑工作，采取具体有效的措施，不断提高质量，积极宣传新课改以及我市教育教学新经验、新成果，努力提高质量，积累资料、加强交流。大力加强十四中教研网的建设与管理，及时发布我校、区、市及全国的教研动态和最新成果，充分发挥网络媒体的对外宣传作用，使之成为十四中教科研的窗口。

6.切实保证教育科研经费投入

学校每年优先安排专项经费用于课题研究和成果奖励。学校也要根据实际情况，安排教育科研专项经费，专款专用，保证教育科研工作正常开展。

7. 创建北京市第十四中学特色教科研管理评价机制

建立北京市第十四中学教师 CMIS 电子档案库评价系统，进行科学有效的教师评价、合理的激励机制是调动教师积极性的有效手段与途径。可以引领教师的专业发展，实现学校发展与教师自身发展的统一，努力为每一位教师创造主动发展的空间，让每一位教师都有展示的舞台、成功的机会。

十四中教师 CMIS 电子档案库，从师德师表、班级管理、课堂教学、教育科研、活动辅导 5 个层面评价，基本涵盖了教师教育教学工作所必须具备的良好素质，以便对教师工作进行定性与定量评价，有利于教师对自我工作进行反思与改进，使其成为教师不断自我反思与进步的动力源泉。

第四节 后勤目标及任务

和谐校园是和谐社会的重要组成部分，是推动学校更好、更快发展的基本条件。和谐能够凝聚人心，和谐可以团结力量，和谐能够促进事业发展。总务工作，为教育教学提供最基础的设施、环境、服务、物质等保障，以学校的教育教学为中心开展工作。

一、指导思想

总务处必须以科学发展观为指导，坚持为教育教学服务、为全体师生服务的准则，统一思想，强化管理，敬业爱岗，不断提高工作效率，多做实事，遵章守法，使各项工作逐步走向规范化、科学化，创建一个良好的育人环境，舒畅的工作、学习环境，扎实勤奋做好总务后勤保障工作，充分展示总务部门的职能作用。

二、总目标

建设好一支观念领先，开拓创新，乐于服务，踏实肯干的后勤保障队伍。强化部门制度建设，提高服务质量和服务效率，不断改善学校的办学条件和校园文化建设。规范财务、财产管理工作，完善聘用临时工及保洁工制度，抓好学校的基本建设，做好校园内绿化美化工作，为创建一流的学校而努力工作。

三、基本要求

（一）提升理念促和谐

任何工作的完成，除了专业技能之外，必不可少的就是团队成员理念的提升和统一。总务工作更是如此。总务部门是学校各职能部门中人员最复杂的部门，主要有饮食服务、卫生绿化、水电排污、设备维修、交通运输、基本建设等，也是关系到学校能否正常运转的重要部门。服务是总务工作的核心，是工作的出发点和归宿。

（二）规范管理靠制度

现今，校际竞争十分激烈，许多学校在管理模式上正进行着新的探索，各校的管理制度也不断朝着细密严谨的方向发展。我校总务部门也在以下方面进行了制度的整理和创新：

1. 安全工作方面

建立和完善学校安全工作、消防安全工作、校舍安全工作、食品安全卫生工作、实验室安全工作、体育器械及场地安全工作、学校周边环境治理工作等小组，制定和完善学校安全工作方案、学校安全保卫制度、学校值班巡逻制度、应急疏散预案、学校安全保卫紧急预案等。

2. 校产管理方面

（1）搞好校产登记，建立严格赔偿制度。学校专用财产一要建好台账，二要落实管理责任制。教室寝室一要登记，二要建立严格的管理赔偿制度，做到一学期一兑现，降低校产的流失和损失。

（2）制定和完善购物制度。学校购物严格实行"申报、审批、采购、入库、出库"程序。

3. 校园环境方面

明确学校花草树木管理要求、校园文化环境布置要求和学校清洁卫生工作要求，对全校清洁卫生工作实行班级、保洁工、食堂工作人员划片包干负责制，制定和完善花木工岗位职责、清洁卫生考核奖惩制度、控烟制度等。

4. 建立和完善总务工作目标责任人制度

总务处各工作都应有一个明确的目标责任人，建立对全校师生服务承诺制，规定总务人员对处理和解决问题有一定的时限，这样就激发目标责任人主动"找事做"的热情，学校后勤管理工作的节奏即可明显加快。

（三）队伍建设是关键

建立总务处特有的学习模式：总务处不只是一个强调"动手"的部门，把后勤业务学习束之高阁的做法，是与现代学校管理理念相悖的。定期进行业务学习、素质学习、科学文化知识的学习，对工作都是非常有益的。我们力争在6年内建立一支思想好，具有相应的业务技能，勇于吃苦、乐于奉献的后勤队伍。

（四）密切联系服务对象

总务工作的核心是"服务"，那么如何处理好与服务对象（教师、学生）的关系，就是关系到总务工作效果的重要问题。

1. 总务处将每学期以问卷、座谈、反馈等形式，与教师和学生进行全方位的联系。在交流中提升服务品质，在理解中增进感情。

2. 每学期对优秀财产保管员和班级进行表彰，提高学生参与管理的积极性。

3. 每学期对教师财产保管、节约先进个人进行表彰。这也是建立节约型社会的要求。

4. 经常检查炉灶及饮水机运行情况，严格操作程序，确保师生开、热水供应。

（五）环境建设是和谐校园建设的重要组成部分

环境建设是精神文明建设的重要方面，是环境育人的重要组成部分。总务处应着力加强硬件环境的建设，打造景观校园、生态校园，建设整洁优美、雅致的校园。

1. 搞好绿化，搞好树木花草的管理、整形、防虫治病，配合生物组建温室及楼顶绿化工作。建议可以请有兴趣的老师和学生自愿认养花木，负责认养花木的日常维护工作。甚至可以在校园中开辟小菜园，有兴趣的老师或者学生，自愿种植蔬菜，体验劳作的乐趣，也可将果实在校园中展卖。

2. 道路硬化、水沟暗化，搞好校内路面的管理，同时搞好下水道、下水沟的清理，疏通．做到晴天无污水，雨天无渍水。

四、分阶段实施目标

（一）2010 年校园围墙栏杆移栽杨树，校园内美化绿化。

（二）2010 年 7 月食堂配送肉蛋菜，招标工作。

（三）2010-2011 年校园走廊文化墙、校门口雕、塑宣传栏、电子大屏幕、标识实施工作。

（四）2011-2012 年楼道内墙施工，操场看台施工。

（五）2012-2013 年校园及楼顶绿化养护工作。

（六）2010-2013 年配合生物组完成温室建设。

（七）2010 年筹建教职工休息锻炼阅读场所。

（八）2010 年各教研组、处室美化环境。

以上计划逐年实施落实，为加快学校的快速发展贡献出每位后勤人员的智慧和力量，发挥最大效益功能。

第五节 信息化目标及任务

为认真贯彻落实国家、市区各级教育部门关于教育信息化发展的精神，同时也是适应我校现代化、国际化的发展对信息化的要求，加快我校教育信息化建设的步伐，根据《北京市第十四中学 2010-2016 年发展规划》，制订本发展规划。

一、指导思想

以教育信息化基础环境设施建设和人才队伍的信息化素质培养为基础，以数字校园的建设为切入点，以教育信息资源建设和开发应用为重点，以电子白板等新型教育技术的应用研究为突破口，统筹规划，分步实施，注重实效，加快教育信息化的建设，为全面推进素质教育，全面提高教育质量服务。

二、总体目标

到 2014 年，完成覆盖学校各个领域的、整合各种资源的综合的网络平台——"数字十四"的建设；建立科学、丰富的教育教学资源库群；培养造就一支掌握现代教育理论和教育信息技术的师资队伍；建立较为完善的教育信息化管理和服务体系，实现学校的办公自动化；高水平、高质量地开展信息技术及相关模块的教育。

三、主要任务

（一）完善校园网的建设工作。建设整合的校园信息化门户平台、基于网络的自动化微格教室、数字化的网络天文馆、网络电视台以及其他校园信息化系统，通过信息的数字化和网络化，实现优质教育资源共享、办公自动化、视频会议、网上培训、网上招生、人才交流、远程教育教学等功能，构建网上教育教学信息化平台。

（二）加快信息资源库建设。结合西城区教育信息中心资源库的建设，利用我校作为广外城域网核心的区域优势，发挥我校作为西城区普教系统资源共建共享核心单位的作用，以教育城域网为枢纽，建立新课程资源库群，满足本校和周边学校的教育教学需求。

（三）构建开放、互动的网络教研和科研平台，建成汇集教师教学案例、教学反思和教研信息的网络教科研资源库。加快信息资源的开发与应用。建立若干教育信息资源及教育软件的研究、开发、应用和示范推广学科，重点加强自主开发名师的优质课和示范课，开展基于网络的面向校、区、市、全国和国际的教育教学研究，开设一批网络开放性课堂和研究性学科。

（四）建设数字化图书馆。加快网络图书馆的建设，不断提高电子图书、电子期刊的比重。2010 年年前实现电子图书达 200G 和图书查询的网络化。2014 年实现国内主要期刊的适时网络化检阅，不断丰富网络图书资源、提高网上管理与开放水平和服务水平。

（五）利用城域网建设一校三址的虚拟局域网。在教委现代教育技术和信息中心搭建的城域网的基础上，通过添加 VPN 设备，把我校三址的校园网连接成虚拟局域网，以更好地实现校园资源共享，提高资源的利用率。

（六）积极开展信息化的课题申报和研究工作。以促进师生发展，推进学校信息化为目标，以创新教育为主题，以课题研究为主线，积极开展信息技术与课程整合的研究，在课程设置、校本课程建设、教学设计、教学模式、教学方式、课件开发、校本网络资源的建设等方面进行研究、探索和实践，提升群体的信息素养，有效地促进学校教育教学效率的提高，推动学校的信息化建设工作。

（七）提升队伍的信息化素养，到 2010 年学校教师 100% 达到国家规定的教育技术能力中级水平，2012 年 60% 的员工达到国家规定的教育技术能力中级水平，2010 年 100% 的教职员工能熟练使用校园信息化办公系统和互联网常用功能，如邮件、博客、播客、FTP、论坛等，100% 的教师能熟练使用教室配备的含电子白板的多媒体系统进行信息化整合教学。

四、具体措施

（一）加强领导，统筹规划，规范管理。按照学校的安排，在校长的直接领导下，信息中心负责对学校的信息化建设进行统一规划，三址进行分级管理，主校信息中心负责统筹协调和管理全校的教育信息化建设工作。

（二）依托学校新校址的信息化项目建设，搭建好学校的信息化硬件平台，加强学校整合门户网站的建设，基本完成新闻发布、电子邮件、文件存储、网路电视台、视频监控与会议系统等网络平台的建设。

（三）根据区教委和信息中心的安排和要求，完成我校区域信息中心的建设。

（四）加强学校信息化队伍的建设，在 2010 年之前，网管参加微软和思科或华为等专业培训，摄像、灯光、音响等负责人参加相应专业培训，各岗位主要负责人持网管证书、调音师等专业证书上岗。

（五）开展校本信息化的研讨和培训，每学期每人不少于 10 学时，提升全员的信息化素养。

（六）开展与市内外、国内外的教育教学的信息化交流和研讨，每学期不少于 6 次。

第六节 财务目标及任务

一、现状分析

目前学校是一校三址办学,高中部有会计2人,出纳2人,管理行政账、食堂账、培训中心账、国际部账;西址初中部有报账员1人,负责西址日常报账、学生餐收费,在职及离退教师公费医疗管理工作;分校初中部,于2008年9月由体制改革校改制为公立校,与高中部合并,现有会计、出纳各1人,手工记账。全校三址共有财务人员7人,会计5人(其中1人已退休,3人两年内将退休),出纳2人(1人熟练掌握电脑记账及零余额操作)。

按工作需要,并考虑符合学校发展,编制应为:

行政账(以分校、高中合并账号为前提)

会计1人:账务核算、预算、决算、地税、统计、专项、财务档案、票据管理。要求熟练掌握电脑记账,并操作办公软件。

出纳2人:现金账、银行账、零余额专网操作、工资、公积金、票据管理、执照及各类许可证管理。

报账员1—2人:初中部每址1人。负责日常报账、各项收费工作。

食堂账、培训中心账、国际部账

会计1人:总账、明细账、往来账、账务核算、国税、地税、财务档案、统计、印鉴管理、票据管理、饭票管理、食堂成本核算。

出纳1人:现金账、银行账、伙食费、培训费、票据购置、执照及各类许可证管理、配合食堂每月盘库。

二、指导思想、工作目标

(一)指导思想

以财政部、国家教委颁发制定的财务规章制度为依据,以保障学校发展、服务教学为落脚点,精打细算抓管理,想方设法求效益,不断加强队伍建设,努力提高财务工作质量和效能,为学校的全面建设提供财力保障。

（二）工作目标

落实会计基础工作规范，完善预算编制，强化经费管理，培养一支结构合理、业务精干、素质过硬的财务团队，形成一套制度完善、快速高效的正规化财务管理体制。

三、主要任务

（一）制度建设

认真贯彻落实财政部、国家教委制定的各项财务规章制度，积极适应学校的发展需要，探索新形势下财力保障的新思路、新方法，拟定《会计规范化管理工作流程》（初稿已完成，2010年年底前定稿）等配套管理措施，为学校财务标准化、制度化、规范化管理提供切实可行的依据。

（二）业务建设

1. 财务管理：实行财务人员集中办公（前提：初、高中合并账号），更新配发计算机，改善办公条件，提高工作效率，解决网上报税（国、地税软件不能使用同一台计算机）、网上报统计、网上报教委月报（现只能到教委交盘）。力争实现资金供给率100%，经费平衡率100%，预算执行率100%（除遇政策性调整）。

2. 预算管理：形势上实行初、高中分别预算；方法上推行按各主管领导分块预算；范围上完善综合预算；项目上坚持细化预算。加大行政消耗性开支监控力度，及时编制预算执行情况及财务分析报告，落实预算执行要求。

3. 规范管理：坚持例会制度。常规工作按流程办，随机发生事件及时协调。落实会计信息安全管理规定。及时整理会计档案，按时归档，并做好未归档档案的保管工作。

（三）作风建设

1. 服务学校，服务教学，为学校各项工作提供财力保障。

2. 求真务实，扎扎实实做好每一项工作，核算好每一笔业务。

（四）队伍建设

财务团队的能力要达到以下要求：

1. 财务人员从学校建设和长远发展出发，具备较强的资金运筹能力。

2. 具有较高宣传解释能力，具有较强的政策水平，善于把握时机，宣传各项财务规章制度，争取理解和支持。

3.组织协调能力：虚心听取各方面意见，客观实际地处理好财务保障工作中的各种矛盾和问题。

4.具备实际操作能力，精通本职业务，具有较强动手能力，会操作计算机，熟练使用财务软件。

（五）主要措施

1.加强学习，坚持例会

（1）每周例会，交流工作信息，协调随机事宜，小结工作情况。

（2）有计划地学习财务法规，引导财务人员树立正确的世界观、人生观、价值观，学习反腐事迹材料。积极参加各级领导部门组织的业务学习，不断更新知识结构。

2.严格管理，落实制度

继续坚持行之有效的财务管理规定，充分调动各部门的理财积极性；抓好年度经费预算的安排和执行，及时编报预算执行情况，让各主管领导了解经费结存情况和执行中需注意的问题，为校领导和各部门当好参谋。

四、任务分解

（一）人员

2011年3月前完成人员调整。

行政账出纳：2010年4月向教委申请委派出纳1人。

食堂账、培训中心账、国际部账：2011年年初，聘用出纳1人，会计继续返聘留用；（视工作量情况及业务内容要求，决定国际部是否独立聘用会计、出纳各1人）。

（二）资金

通过对2005—2008年财务报表进行分析，财政拨款人员经费占当年总支出的64.5%，财政拨款公用经费占全年总支出的68.5%。以2008年为例，全年须自筹资金606万元。现高中部于2009年10月迁入新址。因高中招生计划较往年略有下降，故财政拨款生均公用经费不会增长。由于新址面积增加而增长的财政拨款维修经费，较往年仅增加3万余元。

新址设有700人剧场，地下篮球馆，容纳千人就餐的食堂，36个专用实验室和各学科数字化实验室，智能化图书馆，121间国际学生公寓，

110 个车位的地下车库，这些新增设施的日常运行、维护和管理费用预计每年增加公用经费支出 150-200 万元。学校现有在职人员 323 人，离退休教师约 420 人，考虑逐年增长个人收入及福利，人员经费支出也将相应增加。

利用好学校现有现代化资源，优质的师资队伍，拓展培训中心、国际部业务，服务社会，面向国际，吸纳社会资金，弥补经费不足，缓解资金矛盾。

第七节　人事目标及任务

一、人力资源的总目标

人才是学校创造财富的原动力，人事工作要为学校的发展目标提供人才需求，为学校的工作规划提供人才保证，要建立一支学历达标、学科齐全、教师年龄梯度合理、性别比例适当、德才兼备的专业教师队伍。

二、教职工队伍数量结构基本现状

我校现有教职工 323 人，其中专任教师 233 人，职工 85 人。专任教师占教职工总数的 73%（教工队伍总体分析：总体超编，但结构性缺编）。

三、专任教师现状分析

（一）专任教师数量结构分析

依据北京市教委对中小学课程设制的有关要求，我校专任教师配备齐全，数量充足。但依据《北京市全日制中学、小学、职业高中学校校内机构设置及教职工编制标准的试行意见》（京编办发〔2000〕2 号文件），对初、高中及各学科人数进行了统计，专任教师略有超编，共计 20 人（不含干部任课）。其原因为：一部分新任教师没有教学经验只能工作量不满；一校多址办学也是超编的原因。

（二）性别结构分析

233 名专任教师中男教师 62 人，女教师 171 人，他们各占专任教师的比例为 27% 和 73%。

由于历史原因与传统观念的影响，我校教师男女比例失调，男教师比例太小。

（三）年龄结构分析

各年龄段的教师占专任教师的百分比分别为：

50 岁以上占 10%；40—49 岁占 22%，36—39 岁占 26%，30—35 岁占 25%，30 岁以下占 17%。年龄结构梯度基本适当。老、中、青教师比例为 3：5：2。

（四）学历结构分析

各层次学历的教师占专任教师的百分比分别为：

大专学历 12 人，占 5%；本科学历 193 人，占 83%；研究生学历 28 人，其中硕士研究生 26 人，占 11%；博士及博士后 2 人，占 1%。专业教师的学历结构全部达标。

（五）职称结构分析

专任教师中高级 53 人，占专任教师的 23%；中级 103 人，占专任教师的 44%；初级 77 人，占专任教师的 33%。

北京市"九五"中小学职称结构比例为：区重点校高级教师占专任教师的 36%，中级占 37%，中级超出比例，高级未达到规定标准。原因是：多校合一，合并学校全部为初中校，依据职称评定文件，初中，高级教师占专任教师的 20%，而中级指标为 42%，造成了中级超标而高级未达标的现象；优秀高级教师提干不再任课也是出现此种情况的另一个原因。

（六）人才结构分析

特级教师 2 人，占 1%；市级学科带头 3 人，占 1%；市级骨干教师 4 人，占 2%；区及学科带头人 7 人，占 3%；区级骨干教师 32 人，占 14%；区希望之星 16 人，占 7%；区级名师 5 人，占 2%。

人才结构的分析：我校是一所区重点校，是北京市示范性高中校，因此在保证专任教师数量的同时应更加注重专任教师的质量。我校各类优秀业务骨干占专任教师比例为 30%（见专任教师现状分析），约为 1/3，在本区名列前茅。但国家级市级骨干教师名师较少，只集中在几个学科（数、语、政、英）。

四、针对以上分析所制定的目标

（一）严格按编制规范教师岗位，依据自然减员的规律，2010—2012年力争做到基本按编，初、高中超编控制在 10 人左右，6 年后逐渐达到规定编制要求。

（二）3 年内男教师比例由现在的 27% 上升至 35%，6 年后到 40%。

（三）招聘年龄在 38—45 岁的教师。在年龄结构中加大对物理组的倾斜，招聘 1—2 名骨干教师，而使组内教师年龄结构合理。

（四）3 年内引进特级教师 2—3 名（物理、生物教师）。在保持优秀教师比例的基础上有所突破。

（五）力争 3 年内教学一线高级教师的比例达到规定标准（36%）。

五、措施

（一）数量结构的措施

1. 加快对青年教师的培养，逐步使其能够胜任教学工作，排满工作量。

2. 严格按照教师年度考核办法，对不能胜任教学工作的教师实行转岗。

3. 对不服从学校安排的教师解聘。

4. 每学科除按编制外，再增加 0.5 名教师的额度，有条件的学科进行大循环，以确保教育教学的需要。

5. 与近一两年退休的教学优秀的教师保持联系，为应急突发事件。

（二）性别结构的措施

今后在招聘工作中向男教师倾斜。

（三）年龄结构的规划及措施

保持在现在的比例。

（四）学历结构规划及措施

鼓励教师利用业余时间参加高一层次的学历进修；今后的招聘工作应届毕业生以硕士、研究生为起点。

（五）职称结构规划及措施

严格执行职称评定的量化标准，使真正在教学一线作出成绩的优秀教师得到应有的职称，以避免评上职称就脱离教学一线；干部在一线教学是我校的管理特色，应继续鼓励。

（六）人才结构规划及措施

创设条件，搭建平台，让更多的青年教师成功；与学校教学部门配合，主动与上级主管部门沟通，形成优秀教师级别逐级递进趋势，骨干教师向多学科扩展；常年向社会招聘优秀教师，引进人才，促进教师队伍的优化，使人才成为教研组建设的领头人。

六、职工现状的分析

（一）职工队伍的数量结构的基本现状

我校现有职工85人，占教职工总数的26%。

职工队伍总体分析：年龄大，自然减员速度快、时段集中，部门集中，总体略有超编。但从2009—2011年3年在岗教职工中，自然减员共58人（其中教师10人，内退等不在岗17人），在岗职工为31人，占职工人数的36%，占3年自然减员的53%。以教务处减员多，为14人（高中6人，初中8人）；财务室在岗5人，减员3人；校医室4人，减员2人。

（二）性别结构的状况

男性职工为29人，占34%；女性职工56人，占66%。从职工的工作性质看，男职工数量偏少。在招聘新职工时向男性倾斜，力争3年内达到40%。

（三）年龄结构的状况

50岁以上48人，占58%；36—49岁29人，占33%；35岁以下8人，占9%；平均年龄49岁。爱岗敬业，专业思想牢固，对学校的感情深厚，但年龄偏大，是一支老龄化的职工队伍。

（四）学历结构的状况

硕士研究生1人，占1%；本科28人，占33%；大专23人，占27%；高中中专学历33人，占39%。是一支学历较高的职工队伍。鼓励职工利用业余时间进修专业技术；在待遇上，向学有专长并作出突出成绩的职工倾斜。

（五）原职称结构的状况

专技人员62人，占73%；管理人员7人，占8%；工人16人，占

19%。是一支能力较强的员工队伍。近 35% 的人员在教学一线从事过教育教学工作，对学校的服务性工作有较全面的了解。专业人员少或没有，在行政后勤的管理上应突出专业性、现代性；实现管理育人、服务育人。

七、实现目标

（一）3 年内专业性岗位人数充足，一般性岗位不缺编。

（二）3 年内招聘年富力强的职工 5—10 人，缓解队伍的老龄化问题。

（三）保持现有学历，招聘优秀高职学生从事职工工作。

（四）3 年内初步建立一支具有学习意识、科研意识的员工队伍。

八、措施

（一）数量结构：对于专业性不强的工作可实行专任教师转岗，做职员工作，专业性较强的岗位考核聘任或招聘；适量招聘应届大学毕业生补充到职员岗位。

（二）依据自然减员规律，应补充年轻力量；鼓励在教学中发展受限的年轻专任教师转岗从事职员工作，职员岗位从年龄到工作专业性上都有年轻人很大的发展空间。

（三）加强对员工专业知识的考核；建立学习型组织，有计划地组织本部门员工对专业知识学习；在员工中增强科研意识。

第八节　校办目标及任务

一、学校行政办公室的任务性质

（一）校长办公室也是学校的行政办公室。直接接受校长领导。在学校所有的组处中，行政办公室是学校最为重要的部门，起着不可替代的作用。

（二）学校的人事、外事以及综合档案工作都是行政办公室的行政事务之列，除此之外，办公室也直接负责校长的日常事务。当学校需要全体教职员工无一例外地执行或服从学校的某项决议、规定、倡议等时，必须由办公室出面，不折不扣地向学校各个部门的主管领导传达、布置相应的工作任务，以便各部门再向下逐级传递，直到学校的神经末梢——每个教职员工。之后，办公室还有责任收集汇总学校新的政策、决议、决定施行后来自学校各方面不同的看法和声音，以便学校及时调整工作思路，避免给学校工作造成不必要的被动和损失，从而使得学校的政令畅通。

（三）行政办公室是学校对外的窗口，可以说是学校的"外交部"，更是学校的门户。所有来自校园以外，针对学校的事务，都要由办公室出面接待进行安排协调。当然，如果涉及其他具体部门的事务时，需要这些部门辅助完成。

（四）办公室还要接收来自西城区教委、教工委、区政府、所属街道、市教委等相关部门下发的会议通知、重要文件等，然后经过悉心的审阅归类再以学校的名义派发给相应的部门或个人去执行或完成。从这个意义上说，办公室也是各种消息的集散地或者叫信息枢纽，但实质上就是起到学校与外界的沟通桥梁的作用。

（五）由于办公室承担着人事工作、外事工作等，所以学校最重要的文件也是由办公室保管的。各种重要文件、学校的印章、法人证书、学校的组织机构代码、员工社会保险证书等都由办公室统一保管。如果需要此类物件发生法律效应时，所有这些都代表着学校的责任和利益。需要行政办公室的负责人要谨慎行事、从严审阅。

二、学校办公室的工作目标

（一）总目标

把办公室打造成一流科室，要坚持做到：对外工作中，为十四中赢得好名声，以维护十四中的利益为己任；对内工作中，为领导和师生提供优质服务；要注意全局看问题，对内对外的工作以和谐为主旋律。

（二）工作目标

1.办公室工作的性质决定了其成员应有：较强的行政意识、较高的政治素质、端正的工作态度、良好的精神风貌、一定的应变能力。因此，办公室应加强上述素质的培训和学习。

2.参谋助手作用。办公室在领导决策前要提供相关的背景材料作为依据，提出可行性方案供领导参考；决策实施后，要及时收集反馈信息，必要时提出合理的建议和意见。协助校长制定规章制度。

3.全面协调作用。注意调整好个人与个人、个人与组织、上级和下级、学校和社会单位各种关系，最大限度地发挥整体效能，以实现学校的整体目标。

4.注意规范教职工管理的某些制度。如全员大会出勤制度、日常出勤制度、奖惩制度等。

三、工作措施

为达到办公室的基本工作目标，向更高层次迈进，在工作中需要制定如下可行性措施，保证办公室工作的高效、有序、优质运行。

（一）加强现有人员的培训，提高他们的思想素质和业务能力，并适当补充人员。

（二）充分利用评估、考核等方式，不断认真总结经验，改进工作。

（三）注意听取领导、员工的意见或建议。

第五章　特色办学

关于特色办学

学校发展规划，要以特色办学为重心。办学特色是指学校在长期的办学实践中所形成的独特的个性风貌和风格。办学特色显现在学校文化中，它包括特色课程、特色教育教学方法、特色培养目标、特色管理模式、特色管理风格、特色教育教学组织运作形式、特色校园文化，等等。办学特色一旦形成，就会表现出它应有的基本特征。

一、办学的独特性。独特性是办学特色的基本属性，也是办学特色的决定因素。社会对人才需要的多层次性和人的身心发展的差异性，各地区教育发展的不平衡，教育环境和条件的差异，历史文化传统的不同以及教育者对教育的特殊需要，必然要求学校在办学实践中，形成个性化的教育观点，独特的教育内容、教育方法和教育途径，追求"人无我有，人有我优"的特色办学。

二、办学的价值性。教育作为一种有计划地培养人的活动，旨在促进人的社会化进程，满足人自身发展和社会需要，因而满足人发展的需要和社会发展的需要，这是办学特色赖以生存和发展的土壤，只有体现出上述"两个需要"的办学特色，才能称为学校特色，才能称为高质量的学校。而真正的办学特色一旦形成，就会具有较高的社会价值和个体价值。

三、办学的稳定性。办学有特色的学校是成熟的学校，它有稳定的办学思想和办学目标，有稳定的办学机制和办学模式，有一套相对稳定的组织结构、规章制度和领导班子。在长期的不断积累、调整、充实和发展中，学校在物质设施、规章制度、观念精神等各个层面上，逐步形成浑然一体的稳定的学校文化特色和学校传统，并最终能稳定前进和发展。而那种随风倒、赶潮流的流行式办学方法，不能被称为真正的办学特色。

四、特色的动态性。稳定是相对的，特色有一个形成、发展、完善的过程。随着时间的推移，条件的变化，办学特色也会发生变化。特色也会因他人借鉴、推广而趋于普遍，其特色也就不再鲜明，随着时间的推移，学校的特色会因教育的不断发展而不复存在。为此，学校需不断地进行特色创新，最大限度地发挥自主性和创造性，以不断出新的特色赢得不断发展的空间。

编写范例

第五章　初、高中特色办学

第一节　初中特色建设：学有优长

基础教育的目标是要为学生的终身发展奠定基础，社会对多样化人才的需要决定了学校要面向全体，促进学生全面发展，同时又要在实施教育中针对每一个不同的学生个体，因材施教，开发其独特的潜能和智慧，实施优长育人。所谓优长，我们理解为智力潜能得到开发为"优"，兴趣爱好发展为"长"。在知识性教学中要凸显"优"，活动性课程要重点凸显"长"。学校要努力开发适应不同智能结构的有效的课程方案，最大限度地为每个学生的个性发展创造机会，培育优长，为学生全面持续发展打基础。

一、目标

在初中阶段的办学育人过程中，通过整合校内外各种课程资源，通过课程学习（包括学科课程和可选择性的校本课程）和各种课外活动、社会实践等，使学生兴趣、爱好转化为特长，或将其特长发展为专长。要以多元的视角，从每一个学生多元的角度，发现学生的智能所长，通过适当的教育强化学生的长处，促进各种智能协调发展，达到提高学生整体素质的目的，并满足未来社会对多样化人才的需要。

二、实施计划

（一）体育健康

1. 坚持"健康第一"指导思想，继续坚持每周开设 4 节体育课（3 节为课标课，1 节为拓展课），立足学校教育教学资源，根据学校场地条件和学生需求，丰富充实体育课教学内容，探索独具特色的体育课堂教学模式，确保每位学生至少熟练掌握一项终身受用的体育技能。

2. 根据教师专业特长，积极开发体育校本课程，进一步完善体育校本教材《武术》，初一年级以武术基本功和徒手套路为主，初二年级以短兵器为主（男生刀、女生剑）。

3. 创编一套武术内容的课间操，在北京市形成特色，将课间操作为宣传学校的窗口。

4. 每学期有计划、有目的地开展一系列校园体育竞赛活动，并形成传统，丰富学生校园文化生活，提高学生集体意识和竞争精神。

5. 完善和规范学校各个业余训练队，校田径队在未来 3 年内实现西城区中小学田径比赛团体总分保 3 争 2；校篮球队在西城区篮球比赛进入前 3 名；校武术队在北京市武术比赛进入前 3 名。

（二）艺术教育

1. 发挥"北京市艺术示范校"优势，积极营造良好艺术教育氛围，加强学生的艺术教育，提高师生艺术修养。通过美术、音乐、劳技等课程宣传宣南文化的艺术表现形式，并配合新初中校址的建设和使用，创设与宣南文化相协调的艺术校园环境。

2. 开展艺术校本课程研究，进一步完善、丰富与更新校园网络艺术教学资源库，逐步将其建成艺术门类丰富、学校特色鲜明、直接服务教学的资源库。内容将包括艺术作品库、艺术教学课件库、艺术学习创作交流库、学生艺术团队、学校艺术活动照片、学校网上美展、学校艺术活动信息、学校艺术课程信息、常用艺术学习网址、艺术知识、艺术名言、艺术词典、自主艺术学习指导等。

3. 继续办好全校性的 2 年 1 届的"春苗杯"有主题的艺术节活动，组织参加市、区艺术节、合唱节比赛并争取优异成绩，在各种活动中展示学校艺术教育成果。

4. 继续安排系列艺术欣赏活动，使学生初中阶段能够欣赏到最高水平的交响乐、芭蕾舞、艺术画展等，提高学生的艺术欣赏品位。

5. 积极组织学生参与社区艺术活动，鼓励学生在实践中发现美、创造美，并用艺术学习成果回馈社会，为社区精神文明作出贡献。

6. 坚持开展包括合唱队、舞蹈队、管弦乐队、民乐队、陶艺组、动漫组、摄影组等学生艺术团体构成的"扬帆艺术团"活动，使广大学生受到艺术熏陶，提高审美能力，为有艺术特长的学生提供充分发展的舞台，为校园文化建设提升品位。

（三）科技教育

1. 通过课内外结合的科技教育，提高学生的科学素养。特别是通过理科课堂，使学生形成良好的思维品质，培养学生的科技创新意识和科学探究精神。充分挖掘校内外各种科技教育资源，如利用好数字实验室、科技创新室、标本苑、校园生物园区及理化生实验室等校内资源，借助毗邻科技馆的优势，积极开发科技类校本课程，编制校本教材。

2. 组织开展数学建模活动，从生活中的实际问题出发，帮助学生建立相应的数学模型，训练学生的数学思维，提高解决实际问题的能力，培养学生学数学、用数学的意识。

3. 坚持开展全校性 2 年 1 届的"科技博览会"和一年一度的头脑奥林匹克（OM）竞赛，积极组织学生参加市、区各类科技竞赛，如创新大赛、市级 OM 比赛等，激发学生学习自然科学的兴趣，培养学生的动手操作能力、团队合作精神，展示学生科技创新成果。

4. 整合理化生 3 个学科现有实验，每周固定时间开放物理、化学、生物实验室，有计划、有目的地摆放一些实验品，让学生利用中午或放学时间走进实验室，通过学生动手实验引领学生走入自然科学的世界，培养学生的学习兴趣，并丰富学生的课余生活。同时在此基础上开展与教学相关的科学研究，并逐渐形成学校特色。不断开发数字实验室的功能，在教学中更多使用数字实验室为其教学服务，同时组织科技兴趣小组，让学生熟悉和利用这些先进仪器设备，确定科研小课题，开展研究性学习活动。

5. 培训并组织学生参加学科竞赛，如参加中国数学学会承办的"美国数学竞赛"，发挥一些学生的数理——逻辑智能优势，每年培养出一批理科拔尖学生。

6.提升学生的信息技术素养。开展信息技术的普及与应用活动，并以网站制作兴趣小组成员为核心，建立班级及个人网站，培养学生的信息素养和信息处理能力，通过网络将学生站点进行发布，提高全体学生学习应用信息技术的兴趣，使网络成为学生学习资源交流、学习成果展示和德育宣传的窗口。培养信息技术学生骨干，组织参加全国、市区中小学生电脑作品评比活动。

（四）文学与社会

1.深入挖掘学校的历史文化精髓，弘扬中华传统文化。了解近代史上勋绩卓著的教育家同时是学校前身"畿辅学堂"创办者张之洞先生的教育思想之现实意义。每学年开学上好德育第一课——撞响"鸣志钟"，诵读并牢记钟上铭文——梁启超先生的《少年中国说》，并以此明志。

2.从识字与写字、阅读、写作、口语交际、综合性学习五方面加强学生的语文素养。坚持进行每年1次的硬笔书法比赛。通过练习使学生认真书写汉字，品味蕴涵在汉字中的结构美和内在美，并通过比赛使学生体会到练字的成就感，反过来又促进学生认真书写。开展"古诗文诵读"活动，并邀请名人参与，通过诵读、交流使学生领会中华文化的博大精深以及蕴涵在古诗文中的文学美、人性美等，营造书香校园。开展作文竞赛，以此促进学生的写作兴趣，提高学生的写作水平。另外，根据课本的内容，在教学过程中通过课本剧、分角色朗读、表演唱等多种形式使学生积极参与到语文学习活动中，由此培养学生自主、合作、探究的学习方式。

3.组建学生文学社，每月出1份刊物，内容主要是学生在学校生活的见闻和感受。

4.培养学生关注社会、关注新闻、捕捉新闻信息的意识和能力，并提高学生口语表达的能力和分析时事新闻的能力。坚持每周一的新闻播报和政治课开始5分钟的时事述评和点评。坚持每年组织初三年级学生参加西城区和北京市的时事竞赛，并力争在西城区及北京市的竞赛中名列前茅。

5.史、地学科教师将围绕宣南文化这一研究主题，对学校周边地区展开调研。如进行西城区胡同名称由来、西城区一日游路线设计、西城区河流、人文历史等方面的调研等。通过学生的实践活动不断丰富其知识，使其对自己的生活环境能够有深入的、多侧面的了解，并在整个收集资料、调查研究活动过程中，逐渐形成一些各有特色的分析问题和解决问题的方式方法，从而做到学以致用，发展学生的学科能力、合作研究能力和迁移能力，实现学生爱学校、爱西城、爱家乡的实实在在的教育。最终，经过师生共同分析整理，形成一门较为成熟的校本课程。

6. 在学生中深入开展志愿者活动，鼓励学生参与校园志愿者行动和社会公益活动。学生会、团委等要通过多种教育活动让学生表达思想，锻炼口才，提高领导才干，培养领袖才能。

（五）英语交流

1. 提高学生的英语素养和对外交流能力。加强英语课的教学，提高学生的英语学习兴趣，加强学生综合运用语言的能力。

2. 开设英语选修课，内容有欣赏英文原版电影，分阶段强化学生的口语、听力、阅读和写作等。

3. 几十年以来，《新概念英语》以其地道、经典的英语风靡全球，组织学生参加一年一度的新概念背诵大赛。

4. 举办朗诵比赛、演讲比赛，英语小品、短剧排演等活动，培养学生的英语交际能力。

5. 开展了解西方国家的节日系列主题活动，让学生既了解西方文化，又学习地道的英语。

6. 加强师生的对外交流与互访，特别是继续保持与英国大使馆的友好关系，争取更多对外交流机会，提高师生的英文语言运用能力和国际交往能力。重点培养一些英语学有特长的学生，在学校外事活动中，发挥学生的主体作用，做好学校的外事接待活动。

三、保障措施

（一）培养具有创新能力的教师队伍。学生的优长发展有赖于业务精深且有创新实践能力的教师来培养，因此学校要为教师在教育教学中的创造提供激励的机制与交流的平台，不断提升教师创造的意识与能力，要加强对教师的培训，如通过名师、专家引领，科技、艺术等专业的深层次培训，对外交流等。

（二）为学生优长发展提供物质保障。进一步加强专业教室的建设，为学生开展丰富多彩的活动课程提供场地。加大先进设施的投入，提高其使用效率。进一步加快学校各学习领域的资料库建设，为学生学习提供丰富的资源。加强与周边社区及科技馆、美术馆、少年宫、宣南博物馆等的联系，充分利用校外教育资源为学生优长发展服务。

（三）为学生优长发展提供时间保证。学校要严格执行国家课程计划，通过开齐开足课程，利用课堂教学这一主渠道，促进全体学生多元智能的发展。保证校本课程开设的每周固定时间。将大型活动列入学校各项工作计划中，保证其时间落实。

第二节　高中特色建设：课程特色

学校的核心工作是课堂教学，教师的教，学生的学。因此，学校结构及组织的塑造应该由学校教学形态决定。教师的专业发展，学校资源的分配以及学校文化的建构都应为提高学校教学质量提供支持。

"课程"与"教学"是两个紧密联系，互为一体的概念。课程必须依赖教学实现，教学必须依靠课程丰富其生命力。因此，学校在特色发展上更加关注课程建设，力争在课程架构上更加符合学生的生源层次、发展需求、办学理念，让鲜明的特色课程成为学校办学的特色和亮点。

一、目标

贯彻国家高中新课程方案，构建形成体现北京市第十四中学办学理念的课程体系。

高中课程设置：必修 + 选修 I+ 选修 II+ 校本课程。

高一年级：以必修和选修中的选修课程为主，适当加入校本课程。

高二年级：完成必修课程，开设选修中的必修，加大选修课比例。

高三年级：完成选修中的必选并以一轮、二轮复习为主。

艺术、体育与健康、社区服务和社会综合实践活动、研究性学习等课程要贯穿于高中 3 年。

高中新课程结构改革的两个亮点是模块设置和学分认定。以模块的方式组织课程内容体现出了课程设置的理念，有利于知识的融会贯通和相互联结。教师可以根据模块的设置灵活地实施课程，安排课时计划，组织教学方式。

二、实施计划

（一）坚持按新标准要求的课时开课，不随意增减课时

坚持按课时设置科目开课，不随意增减科目。坚持按课标教学，不随意提高和降低教学标准。坚持学生全面和优长发展，既突出基础又强调自主。

（二）高一年级尝试开设国标选修课程

必修课是关注学生终生发展的基础，保证让学生学习基本知识和技能，保证学生达到高中教育的一定水准，为将来的专业发展奠定基础。选修课是关注社会需求、学生生活、学生的兴趣和终身学习、科技发展，并加深学生专业知识和提高学习能力。如果机械地让学生集中某一段时间学习必修课或选修课对学生的发展是不利的，要找到必修课和选修课结合的切入点和平衡点，要让学生基础知识、基本技能和其他方面的能力都能够协调发展。这就要将必修课和选修课协调进行，这样才能充分调动学生学习的积极性和求知欲望，不至于在必修课下产生厌学的情绪。为此学校从高一年级就为学生开设了国标选修课10余门，学生自主选择2—3门，以年级为单位学生实行网上选课、网上组班，打破了原有的行政班的授课形式，选修课全部实行了走班制。这样设计满足了学生的个性特点和多样化的发展需求，满足了学生对课程的选择权，体现了高中学生学习的主体性。

（三）提前在高一年级开设"生物"和"通用技术"课

为使学生能较长时间接受"生物"和"通用技术"的教育，较早形成对知识的理解和迁移，生物课程将高二1年每周4课时的学习拉长为2年，课时安排高一每周2课时，高二每周2课时，先必修后选修。通用技术也同样将高二1年每周2课时的学习拉长为2年，课时安排高一每周1课时，开设《技术与设计（1）》；高二每周2课时，开设《技术与设计（2）》，并学习技术选修课程，如《汽车驾驶与保养》、《服装及其设计》、《现代农业技术》、《简易机器人制作》、《电子控制技术》等。

（四）将理、化、生自主实验列入校本选修课程

学生3年中要完成理、化、生学科各2—3个自主实验，即学生自主进行实验项目设计、自己选择实验装置、自己独立完成实验、自己撰写实

验报告，教师可以给予一定的指导。学校要设立"自主实验室"、"高端数字化实验室"和"特色实验室"。

（五）增加文科阅读课，提高学生的阅读速度和效率，从而增加学生的阅读量，培养学生的阅读能力

学校要设立固定阅览室提供较多学生集体阅读，教师要根据不同的教学模块推荐必读和选读书目，制定泛读章节和精读段落，并积极探讨在教师指导下的学生自主阅读的学习模式，总结并形成阅读步骤和阅读程序，从而达到质的突破。

（六）认真规范开设研究性学习课程

研究性学习是国家规定的必修课程，是这次课程改革的重要组成部分，是一门全新的课程，在课程的学习中要体现开放性、探究性和实践性的特点。研究性学习是在教师的指导下，从自然、社会和生活中选择和确定专题进行研究，并在研究过程中主动获取知识、应用知识、解决问题的学习活动。

学校立足通过研究性学习改变学生以单纯地接受教师传授知识为主的学习方式，为学生构建开放的学习环境，提供多渠道获取知识，并将学到的知识加以综合应用到实践的机会，培养学生的创新精神和实践能力。因此，学校十分重视这门课程设置以及它的规范学习，建立了教师指导团，引领学生一步步地模仿科学家开展研究工作的程序进行学习。

1. 学校规定研究性学习的基本程序：

（1）寻找研究方向，确定研究课题；

（2）了解研究方法，制定研究方案；

（3）查阅文献资料，撰写开题报告；

（4）注重研究过程，积累研究资料；

（5）整理研究资料，得出研究结果；

（6）确定成果形式，撰写研究报告；

（7）交流研究成果，反思研究过程；

（8）进行客观评价，认定等级学分。

2. 学校规定研究性学习 3 年 3 个课题——"一大一小一统一"。

（1）一大：在课题教师指导下，严格按程序完成。

（2）一小：在班主任的管理下，小组合作完成。

（3）一统一：在班主任的督促下，小组合作共同完成统一课题"人生规划和职业规划"，帮助学生明确自我成长目标，提高选择课程的倾向性和科学性。

每1个课题完成达到合格记5个学分，并分出等级优、良、合格、不合格。

（七）开发校本课程，体现学校办学特色和办学理念

学校从2004年开始结合学校的综合实践活动，结合学校的校史教育就提出了《宣南文化》、《汽车文化》的校本课程开发的设想，近几年一直以研究性学习的课型为基础，做了一些有关宣南文化专题的研究。如《宣南文化与北京历史》、《宣南文化中的戏剧文化》、《市井文化》、《士人文化》、《宣南的寺庙》、《会馆》、《名人故居》等等。学生通过"汽车文化"的校本课程的学习，了解了汽车发展历史、汽车对环境的影响，了解汽车使用过程中的部分环节，培养了学生辩证思维和社会责任感。通过设计风洞实验和汽车燃料燃烧值的实验比较，培养学生综合理科的实验能力和创新精神。本学年"宣南文化"这门校本课程已面向原宣武区的学生进行跨校选修。课程涉及面较宽，深受学生的欢迎。

学校要继续开设品牌校本课程，继续开发具有学校特色的新的校本课程。

（八）将国家综合课程校本化，形成学校教育教学课程拓扑网络

将军训、参观、社会调查、社区服务、国际化交流、职业见习、志愿者服务、学生社团活动、德育大课堂等内容，作为学校综合课程开发的项目，制定相应活动课程的学习资源、学习内容、学习目标、学习过程和学习评价。

（九）坚持每天1小时体育锻炼

每周安排3节体育课，没有体育课的当天安排40分钟的体育锻炼活动。体锻以小组活动为主，安排设置体育项目活动套餐，满足学生多种选择

（十）不断完善北京市第十四中学新课程的课程设置/课程安排/学分认定

三、保障措施

（一）建立教师业务学习和专业发展的校本研修机制

1.建立学科集体备课制度。这种"同伴研修"的开展是以教师的需求为起点，以教师的专业发展为主线的教师培训形式。学校为了保证活动的有效性，将同年级同学科的集体备课纳入课表中，将个人听课、开放课纳入计划中，对全校公开。要求每周集体活动1次，每次活动要定专题、定主持人，要根据教学的需求，选择研修资源，设计全员参与的互动学习的内容和研讨的过程，要求按计划、按时听课、开课，形成相互学习、相互交流的氛围，做到有疑点、有难点遇到有人帮。

2.学校加强对校本研修的正确导向，提出了"一、二、三、四"的校本研修方式。

一是"解决一个问题"。实施新课程年级，要根据新课程对教师专业的要求，每人提出一个研究课题，以课题、以项目促进课程改革，促进课程实施。

二是"实现两个提高"。提高课堂教学质量，提高教师专业化水平。

三是"狠抓三课落实"。"三课"是指集体备课、课堂和课程的落实。

教研组长、备课组长要贯彻学校制定的集体备课制度，精心组织，开展讨论，准确把握学科课程标准，树立课程意识。

关注课堂的有效性，积极创设民主、平等、合作、交流的课堂学习氛围。

四是突出"四个环节"。坚持以"学习、实践、反思、交流"四个环节为研修活动的主要流程。在不断循环中，得到充实和提高，促进教师的专业发展，提高教师的施教能力，提高教师执行新课程能力。

（二）建立学科模块考试命题小组，建立《教学与学习评估系统》，进行课程实施过程的监控和质量保证

（三）教师专业发展委员要经常深入课堂抽查课程实施情况，调研学生学习质量

（四）加大对课程实验的经费投入

（五）积极招聘吸纳名、特、优教师充实学校骨干教师队伍，领衔课程改革和新课程实施

第六章 达标运行机制保障

关于运行机制

运行机制是引导和制约决策并与人、财、物相关的各项活动的基本准则及相应制度，是决定行为的内外因素及相互关系的总称。简言之，运行机制就是一个组织中各种因素的相互联系、相互作用。要保证社会各项工作目标和任务的实现，就必须建立一套协调、灵活、高效的运行机制。运行机制包括决策机制、约束机制、发展机制等方面，且各有其特点。决策机制包括决策主体的确立、决策权划分、决策组织和决策方式等方面。激励机制是通过一套理性化的制度来反映激励主体与激励客体相互作用的方式。约束机制是指一个复杂的工作系统工程各个环节相互制约、相互影响，并存在有机的联系的方式。发展机制是指各构成要素之间相互联系和作用，起到促进变换功能的方式。

编写范例

第六章 达标运行机制保障

第一节 党政工运行体制

党、政、工运行体制是指党总支、校行政、工会三个职能部门在学校管理中要发挥各自职能、管理有为，使学校的运转向着良性方向发展的有效管理体制和运行模式的总称。党总支、校行政、工会是学校最核心的组织管理机构，如何建立起良好的管理体制和有效运行机制，使党、政、工三个职能部门既发挥各自的职能、又协调一致地运转，是学校管理工作至关重要的环节。

一、以校长为核心的学校行政领导体制

校长是学校的法人，是学校管理工作的第一责任人，是学校办学的核心。校长的办学育人理念、发展思路、管理思想、办事风格和水平，将直接影响到学校的发展和进步程度。

校长对学校的发展方向担负着引领和定位的作用，对学校各方面工作、各种办学资源发挥着指挥、协调、凝聚作用。校长应为学校的办学目标、核心理念和发展思路进行准确定位。在此基础上组织制订学校发展规划，提出具体阶段性目标和措施。加强干部队伍建设，建立一支思想品德高尚、业务过硬、组织协调能力强、群众威信高、具有奉献精神和创新意识的干部队伍。加强教师队伍建设，对教师既严格要求，又关心爱护，全面提高教师的业务素质和师德风范，确保教师队伍的高水平和高质量。校长要始终把教育、教学工作放在学校工作的中心位置，创设一切条件，为学生的全面发展和成长成才奠定基础。积极支持党、政、工、团、少先队、学生会、民主党派等组织的工作和活动。在人事任免、财物使用上拥有绝对的领导权和决策权。

以校长为核心，学校的行政领导、行政管理部门、教育教学管理部门是行政领导管理体制的重要组成部分，承担着保障校长的管理思路和学校各方面工作贯彻落实和有效运行的管理职责和任务。在运行中表现为贯彻、落实、管理、执行。

管理不是目的而是手段，应体现"以人为本"的思想和民主作风。

二、以党总支为政治核心的领导体制

党总支是学校的政治核心，对学校的发展起到政治引领和监督保障作用。党组织是学校的战斗堡垒。

学校党总支有责任监督学校对党的教育方针和政策、国家的法律法规是否正确贯彻执行，以确保学校的办学方向。

学校党总支有责任监督并保障以校长为核心的学校行政领导管理体制的高效运行。参与学校管理，参与学校重大问题决策，协助校长做好后备干部的培养、选拔、监督和管理。

学校党总支领导学校思想政治工作，应对广大党员、团员、入党积极分子和群众进行多种形式的思想教育活动，提高党员素质，确保党员发挥先锋模范作用。

学校党总支领导学校精神文明建设工作，带领学校争创文明单位，保证学校的安定团结和政治稳定。

党总支还负责领导学校的团队工作、工会工作，保障教代会发挥民主参与、民主监督的作用。

三、以教代会为核心的民主管理体制

教代会是教职工民主参与学校管理的机构。教代会代表的职责是广泛听取、收集广大教职工对学校重大问题和决策的意见、建议；在教代会上反映教职工的意见建议，参与学校重大问题和决策的讨论、审议；在教代会上对学校做出的重大问题和决策行使表决权；对学校通过的各项决议在教职工中进行广泛宣传。

教代会是全体教职员工民主参与学校管理、民主监督的最好体现，是学校民主管理体制的核心。

工会是教职员工自己的组织。工会应主动关心教职工的生活和疾苦，在教职工中开展丰富多彩的文体生活。做好教代会的筹备、召开、组织、管理工作。

以校长为核心的学校行政领导体制，以党总支为政治核心的领导体制，以教代会为核心的民主管理体制不仅要各司其职，发挥应有作用，更应相互协调、相互补充，确保学校和谐运转。

第二节　民主管理参与

在学校，教职员工是学校的主人，是学校进步与发展的必然依靠力量，学校必须全心全意依靠教职工办好学校。"让每个教职员工都感到自己的重要"是学校管理的最高境界。只有这样，才能最大限度地发挥和调动每一名教职工的主人翁意识和工作积极性，使每一人的工作潜能都最大限度地迸发出来。因此，学校必须要实行民主管理，健全和完善教代会制度。

一、教代会的性质

教代会是学校实行民主管理的基本制度和基本形式，是教职工行使当家做主的民主权利，参与学校管理的机构，是保证其充分发挥主人翁意识和工作积极性的有效机制，是促进学校决策科学化、民主化的重要渠道。

二、教代会的职权范围

（一）讨论建议权

听取讨论校长的工作报告，审议学校的办学方针、发展规划、学年工作计划、年度财务工作报告、教育教学和管理制度以及其他有关学校重大改革方案或措施等，提出意见和建议。

（二）审查通过权

审议通过学校的聘任合同制、结构工资实施方案、岗位责任制方案、职业道德规范实施方案、各项管理制度、奖惩办法以及其他重要规章制度。

（三）审议决定权

教代会审议决定有关教职工生活福利的重大事项。如与校长意见不同，必须及时同校长交换意见，协商解决。

（四）评议监督权

对学校工作实行民主监督，对学校领导的工作和述职报告进行评议，可以向上级党组织提出表扬、批评和奖惩建议，实行政务公开。

三、教代会代表的职责

（一）广泛听取和收集教职员工对学校工作的意见和建议，并在梳理的基础上形成提案，提交给教代会。

（二）在教代会上献言献策，参与学校重大问题和决策的讨论、审议、监督。

（三）在教代会上对学校做出的重大问题和决策行使表决权。

（四）对学校通过的各项决议在有利于学校发展的前提下有向教职工进行广泛宣传的义务。

四、教代会的工作任务

（一）加强教代会制度建设，使教代会工作更加规范化、程序化。

（二）建立参与民主管理工作的培训制度。

为了更好地开展我校的民主管理工作，进一步发挥学校各级干部、工会委员、教代会代表的作用，学校应当建立参与民主管理工作培训制度。通过培训，增强教代会代表和工会干部的民主管理意识，使教职工对学校的民主管理有一个系统的了解，对民主管理的实质有更深刻的认识，对正确行使民主权利有准确的理性把握。

（三）规范教代会提案制。

提案工作的好坏直接关系到教代会的质量，提案落实的如何，直接影响教工代表的积极性。在《北京市第十四中学教代会提案工作条例》的基础上，学校还需要通过制度建设，进一步规范提案制度，对于合理化的提案要积极落实，以此激励广大教职工为学校的发展进言献策。此外，在提案的征集、梳理、转送、承办、答复、奖励上，都需要按照工作程序和步骤办，体现出原则性与政策性。

（四）专门委员会的工作制度。

教代会为发挥民主管理和民主监督的职能，应当设立一定的专门委员会（如教育、教学、科研、财务、调节等，成员可由相应部门的教代会代表组成），有利于提高决策的科学性、有效性、树立教代会的威信。同时各专门委员会要积极主动地对各自负责的范围开展调查研究，及时汇总情况，并提出建议，在教代会上阐述自己的意见和观点，拓展教代会参与学校民主管理和监督的深度和广度。

第三节　各种力量参与

一、各种力量参与办学的重要性

在多元化社会，办学已不再是学校的单一行为，有许多外部因素会影响学校的办学效果。因此，在充分挖掘学校内部资源的同时，学校必须重视各种外部力量的参与。对于积极因素，我们要在有效的利用中让其发挥对办学的正向促进作用；而对于消极因素，如果在一定条件下可以转化为积极因素的，我们也要利用好；对于纯粹的不利因素，要彻底地摒弃。

二、与学校办学相关的外部力量

从我校来看，与学校办学相关的外部力量主要包括以下几个方面：

•政府部门：市、区各级政府。

•教育主管部门：北京市教委；区教工委以及所属各部门；区教委以及下属各科室；区人民政府教育督导室。

•教科研部门：市教育学院、市教研部、教育学院分院，区教育学会等。

•社区及共建：广内、广外两大社区以及学校共建单位。

•大众传媒。

•家长群体。

•校友群体。

•社会公益组织。

•国际交流合作。

（一）政府部门和教育主管部门

学校与上级政府和教育主管部门是领导与被领导的关系，其作用在于他们是办学者，具有办学权，是学校经济来源的主渠道。他们代表国家把握学校的办学方向，用法律和行政手段规范办学行为，是学校工作权威的评价者。

为了使政府部门和教育主管部门更好地参与学校发展，我们应努力做到：

以"严、爱、成"的办学宗旨和"善、博、雅"的育人目标，打造学校品牌，以优良的校风、学风，营造良好的社会舆论氛围，获得政府部门和教育主管部门对学校工作的认可，便于学校获得政策与资金的保障。

要主动与上级沟通，邀请相关领导参与学校重大活动，学校活动要及时向相关部门汇报，使领导及时了解学校发展的方向与发展过程中存在的困难，争取上级领导的理解，获得各种相关政策支持，及时帮助学校解决在发展过程中存在的困难，加大学校发展投入，不断优化学校的硬件建设，提升学校办学条件。

学校各部门负责人以及相关部门要加强与主管科室之间的联系，积极参加各主管科室组织的各项活动，争取各主管科室对学校工作的支持和重视，多渠道争取外界及上级部门对学校的正面宣传。

加强与督导部门的沟通，确保有利于学校发展的政府履行教育法定责任的到位。积极欢迎督导部门通过各种形式对学校进行督导，便于学校准确把握发展的现状与趋势，有利于学校改进教育教学工作，全面提高教育质量。

（二）教科研部门

与教科研部门建立常态往来机制，聘请教科研专家做学校顾问，积极邀请教科研部门参与学校各项教育教学活动，获取大量的教育教学和学校管理的新的信息，使学校冲破封闭，拓宽视野，及时输入新的观念、应用新的方法，发挥教科研在教学中的引领、指导作用，不断提高学校办学质量，促进学校及教师的发展。

为优秀青年教师聘请教学专家，师徒挂钩，可以使青年教师少走弯路，引领他们以较快速度发展，为学校长远发展储存后备人才。

向教科研部门开放学校，各学科要与本学科教研部门建立良好关系，主动与教研员沟通、联络，请教研员经常性到学校全方位指导教育教学，指导教师课堂教学，提高课堂教学质量，不断提高教师教学水平。同时，通过教研部门积极为教师争取各种展示、评优活动机会，为教师发展提供更大的舞台。

鼓励教职员工自主参与教科研部门活动，比如直接参与校科研部门工作，参与优秀论文的评选、教材讲解，等等，为教师的学习和发展提供新的平台。

积极配合教科研部门进行多种形式的教师培训，做到走出去和请进来相结合，带领教师参加科研活动，把教师参加教科研活动的情况与教师考核评价结合起来。

依托教科研部门积极开展课题研究，把教师参加科研课题的情况作为对教师评价的重要指标，以此营造学校的学术气氛，增加学校发展后劲，拉动学校的教学改革，提高学校的整体品位。

（三）社区支持

由于十四中是一校三址办学，涉及广外、广内两大社区。社区的特点是他们与学校联系密切，但主要是协作关系，是学校开展教育活动的重要配合者。学校工作只有得到他们的理解和好评，才能得到他们的支持。

学校首先要树立良好校风，成为社区范围的模范，努力建设和谐的"学校——社区"关系，获得社区对十四中办学的认可，便于学校利用社区优化校园周边环境，整合社会教育资源，创设一个良好的育人环境。

其次要积极参加社区的公益活动，学校资源向社区提供服务，发挥我校的文化优势，主动自觉地为当地经济建设和其他事业发展服务。与社区建立长远稳定的良好交往，争取社区对学校办学各方面的支持和帮助，广泛吸收社会优质资源流向学校，吸收社会各界人士为学校的发展献计献策，共同解决学校发展中的一些困难与问题，力争实现学校更快、更好的发展。

加强学校相关部门以及主管领导与社区各部门的沟通与交流，积极开发有利于学校发展的社区资源，争取优良的外部环境和办学条件。

（四）家长力量

学校发展要认识到家长在办学过程中的特殊地位和作用，他们是人数众多的学校客户，是学校教育教学工作的合作者、评价者和学校声誉的传播者，在可能条件下是办学资源的提供者或中介人。

为了赢得家长参与学校发展，学校要进一步提高教学质量，这是获得家长认可的基础。在此基础上开展家长委员会工作，让家长参与学校管理和学校的教育活动。主动与家长建立起理解、互信、密切配合的和谐关系，把家长作为开展思想教育和教学改革的合作伙伴，引导家长积极支持学校的各项工作。

1. 继续实行每月 1 次的家长开放日制度，邀请家长参与学校重大活动，如开学典礼、毕业典礼、主题活动，等等，在深入了解学校工作的基础上加深家长和学校间的理解和信任。

2. 倡导班主任、任课老师家访，班主任和任课老师要有针对性地帮助家长纠正家庭教育中存在的偏向，帮助家长树立正确的教育观念，了解孩子的身心发展规律及相关学习要求，共同为学生养成良好的行为习惯、学习习惯和生活习惯提供良好的家庭教育环境。

3. 积极开展创建"学习型家庭"活动，加强家庭教育的指导工作，努力提高家庭教育水平。

4.开设"校长热线"、"校长信箱",热情接待家长来电,耐心解答家长提出的问题。提高家长对学校的信任度、满意度。定期召开家长会,每学期结束召开学生、家长、社区代表会议,发放评议问卷,及时了解学校工作中的不足,并积极整改。

（五）校友会

通过网络建立校友间经常性的联系和沟通,在此基础上成立校友会,通过校友会以及校友来宣传学校的办学,扩大学校的影响力,使更多社会人士来感受学校的发展。

组织母校与校友以及校友之间的交流和互助活动,使校友感受到学校的关怀之情,并能及时了解学校的发展情况,通过学校发展所取得的成绩使校友产生自豪感。

邀请校友参加学校重大活动,使校友感觉到自己是学校的一员,愿意为学校的发展献策出力,在必要的时候为学校的发展寻求资源。

（六）社会舆论

媒体所持立场至关重要,在一定程度上影响着学校的工作。随着学校的发展壮大,应成立专门的宣传机构,该机构要加强同媒体的联系和沟通。学校重大活动,应该邀请相关媒体参与,及时把学校的管理、发展状况传播出去,让社会了解学校,为学校营造良好的社会舆论环境,树立学校形象,推广学校品牌,扩大学校在西城区、北京市乃至在全国的影响。

（七）社会公益组织

社会公益组织一般是指那些非政府的、不把利润最大化当作首要目标,且以社会公益事业为主要追求目标的社会组织。

学校要充分利用社会公益组织,为学校发展筹措必要的物质、资金,扩大学校资金来源渠道。可以充分利用社会公益组织来加大扶困助学、奖教奖学力度,为贫困学生完成学业提供必要的经济保障。

（八）学校不断拓展的国际视野

充分利用我校为北京市重点外事单位的有利地位,积极组织教师、学生赴境外进行一般性参观考察,同时扩大一般性境外来访接待工作,开拓教师学生的眼界。

充分利用学校已开展活动的友好校,进一步开展交流与合作,取长补短,创新发展,做好师生互访工作,每年选派若干教师、学生出国培训学习。

开展合作办学，积极做好学校国际部的发展计划，扩大国际部的办学规模和影响力。

寻求机会参加国际体育比赛、艺术比赛、学科竞赛及夏、冬令营等。

第四节　物质文化环境作用

一、学校的物质文化的理解

（一）物质文化的内涵

学校的物质文化是一种载体，是能够映射出学校办学思想、育人理念、所倡导的和谐的校园文化或者对教育教学起到正向促进、强化、宣传作用的以实物形态存在的辅助设施、物件、书籍、影像资料等。

（二）物质文化、校园环境对育人的重要性

学校的物质文化及基础设施构成了校园环境。意大利著名教育家维多里诺认为"良好的学校环境有助于学生学习"。宜人的校园风貌对学生的自律有良好的约束作用，也能积极促进学生向上进取。学校物质文化环境是学校建设、管理与功能发挥的重要内容，是师生在生活、学习、工作、发展中逐渐形成的以育人为主要目的的特定空间。它是道德情操、治学精神、文明风尚、人格力量、人际关系、文化素养和校园风貌的总和，反映学校的总体面貌。努力营造一个优美、和谐、催人奋进的校园环境是学校开展工作的前提。在一个整洁、优美、舒适的环境里学习、工作，将有助于学生智力的开发、情操的陶冶，有利于调动教职工参与管理的积极性，提高工作的效率与质量，有助于教育教学目标的完成。所有这些教育都是悄无声息的，是教育者在幕后精心策划和设计的结果。

（三）学校环境

学校的环境按照介质的形式分为物质环境和管理文化环境，按照所属区域分为校内环境和校外环境。学校的物质环境能使学校教育活动和教育过程得以顺利进行，比如学校的教学设施，包括教室、办公室、宿舍、食堂、绿化以及场地等。管理文化环境则是指完成学校目标职能，开展教育教学活动，提高办学效率的外部条件。比如团结勤奋、求实进取、健康文明的校风，有利于学生健康成长和教职工努力工作，同学之间、师生之间、教职工之间、领导与教职工之间及学校与社会之间的和谐的人际关系，等等。

二、关于北京市第十四中学的校园物质文化的继承和发展

（一）历史的物质文化的传承

以北京市第十四中学诞生的优秀历史为事实，注意提炼学校在百年办学中取得的优秀成果。结合学校的办学理念和办学目标，以学校方方面面为有效介质反映出来，形成具有本校特色的校园文化氛围。

（二）新时期北京市第十四中学的物质文化

1. 硬件设施

建设高品质、高品位的校园硬件环境。根据《北京市中小学校办学条件标准细则》和西城区对我校的发展规划要求（十四中作为西城区广安门外地区的教育核心，带动周边学校的整体发展，学校在建设上做到现代化、国际化）制订北京市第十四中学新校址的环境设施方案。作为区域的核心，在教室、办公室、活动场地等的环境布置上，充分考虑学生的年龄特征与心理特点、学校的办学品位与特色、校园的地理位置和环境因素等，环境建设要做到系统化、规范化、高效化，为师生、家长、社会提供优良的软硬件环境。

2. 网络资源

建设高效能的信息系统，为学校各项工作的开展搭建网络平台。建设学校数字化的门户平台和"一卡通"系统，实现校园信息的网络化和办公的自动化。通过建设统一的门户平台，实现C—MIS系统、图书管理、食堂消费、公寓用水用电、校园网络资源的利用等一体化管理，提高资源的利用率，提升管理和服务水平。依托学校的网络环境，利用我校的教育教学资源，建设与课程改革相协调的共享、互动、开放的新课程资源，加快校内学科资源库建设。利用教学研究室和阶梯教室配备的自动化网络录课系统以及各班级和主要专业室安装的网络摄像机等硬件系统，通过网络电视台实现授权的网络的点播、直播，开展自主研究和教科研活动，提高教学效率，促进教室的专业化发展，推动课程改革和校本化课程建设的顺利进行。面向区、市、全国和国际开展开放性课堂研究活动，提升学校的国

际化水平。

3. 周边可利用的物质文化资源

以区优质教育资源共建共享工程的建设为契机，积极参与宣南文化、西城现代城市文化（如大众传媒文化、国家电力、水利的能源文化、公平公正的民政文化等）优质资源建设工作，发挥我校作为区域项目工程建设和项目建设的主要参与者和组织实施者的作用，提升学校的外环境品质，形成学校品牌文化形象。

第七章　任期目标责任制

关于任期目标责任制

　　任期目标责任制是通过任期目标责任书的形式，明确规定管理者在一定任期（如 1 年、2 年、3 年等）内所必须完成的目标任务，并以此作为考核、晋升、继续聘用或者终止职务的依据。建立和健全任期目标责任制，能使各级主要领导明确自己的工作方向、岗位责任，追求工作绩效。对中小学校而言，推行校长任期目标责任制是落实中小学校长负责制的主要方式。校长任期目标责任制是指校长在任期内确定自己的工作目标，并对实现目标的结果承担责任的一种制度。它是现代先进的目标管理方法与科学的责任制原则有机结合的产物，是校长负责制不可缺少的配套制度。校长任期目标责任制包括三方面的内容，即校长的任期、校长的工作目标和校长的责任。这三者是不可分割的统一体。校长在任期内必定要有一定的工作目标，并对工作目标的实现承担直接的责任。校长的任期目标以办学理想的形式体现。办学理想是校长要把所领导的学校办成什么样子、什么规格、什么特色等方面的理想憧憬。实行校长任期目标责任制的基本过程，可以分为三个阶段，具体要做好九项工作。

　　第一阶段，校长任期目标责任制的制定阶段。此阶段要做的主要工作有：

　　1. 确定目标。校长根据上级的要求、学校发展的趋势以及本校的主客观条件，在充分发动教职工参与研讨的基础上，制订出具有先进性、可行性、可测性和弹性的学校工作总体目标和分项目标，并提交教代会讨论通过。

　　2. 分解目标。校长要将已经确定下来的学校的总体目标逐级分解，转化为各部门、各成员的具体目标，形成一个"自上而下，逐级分解；自下而上，逐级保证"的目标系统。目标分解过程，既是学校中层干部和教职工参与管理、认同目标的过程，也是落实岗位责任制的过程。学校各部门、各成员要在总体目标的统领下，做到关系明确、要求清楚、相互信任、相互支持。

3. 定责授权。校长要按目标分解情况，明确各部门、各成员应承担的目标责任，以及实施过程中处置问题的权力，解决好权责统一问题，形成一个"自上而下，逐级授权；自下而上，逐级负责"的权力系统。

第二阶段，校长任期目标责任制的实施阶段。此阶段要做的主要工作有：

1. 咨询指导。校长对目标实施过程中出现的问题，要想办法、出主意，进行分析，或提供必要的支持和帮助，以保证目标的实现。校长要敢于指导和善于指导，对下级要指点而不要说教，要帮助而不要替代，要引导而不要强加，要批评而不要压制。

2. 反馈控制。校长要抓好信息反馈工作，及时把握目标实施情况，适时调整，使学校工作不偏离总体目标；同时，校长又要根据情况变化及发展的需要，适当调整具体目标，以保证总体目标的实现。

3. 调节平衡。在目标的实施过程中，难免会出现部门与部门之间、人与人之间、事与事之间的矛盾，这就要求校长对目标的进程和人、财、物等因素做必要的调整，以求各项工作均衡发展。

第三阶段，校长任期目标责任制的评价阶段。此阶段要做的主要工作有：

1. 考评成果。考评，就是按照目标的标准对目标实施的结果进行考核，评价绩效。校长要对学校各部门、各成员实现目标的状况进行检查和评价。上级主管部门也要对校长的任期目标进行检查和评价。没有客观公正的考评，责任就无法落实，奖惩也失去了依据。

2. 实施奖惩。就是在考评成果的基础上，对目标的达成度进行奖惩。目标的达成度是检查和衡量校长任期政绩优劣的标志，也是检验和衡量教职工贡献大小的标尺。校长对教职工、上级主管部门对校长都要实施奖惩。只有考评，没有奖惩，或者只有奖励，没有惩罚，都不符合管理学的封闭原理。

3. 总结经验。不论是卸任还是继任，校长在任期结束时都应该将自己任期的主要问题和经验进行认真总结，为制订下一届的任期目标和指导今后工作提供依据。

编写范例

第七章 任期目标的措施

第一节 第一任期目标任务、措施分解

一、目标实现的质性表述

通过3年办学育人的努力工作，初步实现学校办学育人的总目标。在西城区，获得全面育人优质品牌学校的良好评价；在北京市，形成特色办学示范学校的广泛认可；在国内外，成为具有一定影响力的知名学校。

二、目标实现的量化表述

西城区政府督导室对学校的优质品牌办学的评估中获得95分以上的评价成绩。西城区教委各科室对学校各部门的工作年度评价反馈高于区各校评价的平均水平。西城区教学质量评价的量化数据表现前列，且在发展性评价中获得好评。学校特色办学取得部级课题并开展实验，在特色办学实验中获得表彰。学校与国内外学校的开放交流每年保持一定的数量，并有固定的业务交流活动。学校中长期留学生人数达到百人左右。

三、保证目标实现的具体任务

（一）制定学校办学章程，建立规范化的全面统筹办学育人的高效能组织系统。在优质的人力资源队伍的保障作用下，在办学育人的各项工作中做出明显成绩，以内涵式发展的办学育人成绩，扩大在市区、国内外的品牌影响力。

（二）强化学校领导班子建设，以胜任"优质、特色、有影响力"为目标要求。在班子的整体素质、管理水平上着力。其提高标准的操作项目

是：强化班子成员职责意识，运行系统的通畅意识，决策的民主意识，管理的规范意识，团结协作意识，改革创新意识，作风深入意识，公正廉洁意识，教职员工评价的满意度意识。继续重视班子成员的年龄结构、能力结构的合理性，继续做好后备干部的培养。

（三）优化教职员工队伍建设。抓好教职员工的普法及教育方针、政策的教育，以《教师法》、新颁《中小学校教师职业道德规范》、《教师资格条例》为主要教育内容，并通过依法、依教育政策办学，促进教职员工队伍素质的提高。

（四）在办学育人中始终将德育工作放在素质教育的首位，贯彻国家和市区德育工作的法规制度，以建立系统的德育工作体系为重心，以形成办学育人的优良文化环境为标准，开展有实效的德育。

（五）将教学工作作为中心工作，以全面实施素质教育为管理重心，以严格执行国家和市区课程计划，减负增效为原则，在培养学生创新精神和实践能力上形成特色课程，在深化课堂教学改革方面追求有效教学，支持教学管理部门及教师出经验、出成果。

（六）定期召开校长办公会，专项研究体卫美工作，保证体卫美工作的地位。开展贯彻"健康第一"的宣传教育工作，全员育人要确立"健康第一"的思想。确定部门及有关人员的职责，通过具体管理的落实及主管人员的主动工作，使体卫美工作的实效性逐年提高。保证体卫美教育活动时间及经费，组织体卫美人员积极加入到"和谐高雅，充满活力"的育人学苑的建设中。

（七）为开展丰富多彩的学生实践活动提供支持，在育人体系上加强构建。重视科研兴校的落实，每年召开科研年会，科研经费实行单列。支持学校的信息技术的系统建设，以评价促进办学育人为导向机制，在财力、物力、服务育人的后勤保障机制上加大推进力度，高度重视学校的安全工作，形成制度，建立责任区及责任人制，固定安全教育活动时间及教育内容。

（八）将"发展性评价促进学生进步"作为办学育人的组织项目。确定时间、责任人，组织好学生的思想道德素质、文化科学素质、劳动技能素质、身体心理素质的发展性评价的监测。分解过程性测量评价的指标，落实有关部门和个人的职责，建立统计数据的汇总系统，不断强化发展性评价在学校办学育人的地位和作用。

第二节 第二任期目标任务、措施分解

一、目标实现的质性表述

在第一个任期目标实现的基础上，继续推进学校办学育人工作，再经过 3 年的奋斗，全面落实学校办学育人的总目标。在西城区，获得全面育人优质品牌学校的高度评价；在北京市，形成特色办学示范学校的高度认可；在国内外，成为具有广泛影响力的知名学校。

二、目标实现的量化表述

西城区政府督导室对学校的优质品牌办学的评估中获得 97 分以上的评价成绩。西城区教委各科室对学校各部门的工作年度评价反馈继续高于区各校评价的平均水平。西城区教学质量评价的量化数据表现前列，且在发展性评价中继续获得好评。学校特色办学的部级课题取得结题成果，在特色办学实验中成为受表彰的学校。学校与国内外学校的开放交流每年保持较大的数量，并在固定的业务交流活动中获得较大收获。学校中长期留学生人数超过百人。

三、保证目标实现的具体任务

（一）修改完善学校的办学章程，总结出"建设高效能组织系统，实现规范化、全面统筹办学育人"的成绩。继续优化人力资源队伍，在更加有力的人才资源的保障作用下，使学校办学育人的各项工作取得显著成绩，继续追求取得内涵式发展的办学育人成绩，继续扩大在市区、国内外的品牌影响力。

（二）继续强化学校领导班子建设，总结出胜任"优质、特色、有影响力"办学育人的管理经验。继续在班子的整体素质、管理水平上着力，提高班子建设的标准要求。班子建设的标准要求是：班子成员的工作职责分明，运行通畅，决策民主，管理规范，团结协作，改革创新，作风深入，公正廉洁，职工满意度高，班子年龄结构、能力结构合理，后备干部

培养得到很好的落实。

（三）继续做好优化教职员工队伍建设。继续抓好教职员工的普法及教育方针、政策的教育，并通过依法、依教育政策办学，促进教职员工队伍素质有较大提高。

（四）继续在办学育人中坚持：始终将德育工作放在素质教育的首位。继续贯彻国家和市区德育工作的法规制度，以优化系统的德育工作体系为重心，以形成办学育人的理想文化环境为标准，继续开展有实效性的德育。

（五）继续以教学工作为中心，以全面实施素质教育为教学管理重心，严格执行国家和市区课程计划，继续追求教学的减负增效，在培养学生创新精神和实践能力上形成特色课程认可，在深化课堂教学改革方面追求有效教学，支持教学管理部门及教师出新鲜经验、出新鲜成果。

（六）继续保证体卫美工作的地位，继续开展"健康第一"的宣传教育工作，全员育人确立了"健康第一"的思想。部门及有关人员"健康第一"的职责分明，具体管理人员的工作水平提高，体卫美工作的实效性保持逐年提高。体卫美教育活动时间及经费得到增加，组织体卫美人员开展建设"和谐高雅，充满活力"育人学苑的建设取得经验和成果。

（七）继续为开展丰富多彩的学生实践活动提供支持，构建起学生社会实践的完整体系。继续重视科研兴校的落实，组织好每年的科研年会，提高科研经费投入水平，继续实行经费单列。继续支持学校的信息技术的系统建设，继续强化以评价促进办学育人为导向机制，在财力、物力、服务育人的后勤保障机制上继续加大推进力度，始终高度重视学校的安全工作，使制度更加完善，使建立起的责任区及责任人制得到不断强化，学校要连续保持"安全校园"的称号。

（八）继续将"发展性评价促进学生进步"作为办学育人的工作项目。继续组织好学生的思想道德素质、文化科学素质、劳动技能素质、身体心理素质的发展性评价的监测。继续做好分解过程性测量评价的指标工作，并做好落实职责到有关部门和个人，学校的统计数据的汇总系统不断完善，发展性评价在学校办学育人的地位和作用不断得到加强。

第八章 处、室、组及个人发展规划

怎样做好处、室、组及个人发展规划

规划是指为完成某一任务而做出比较全面的长远打算的公文，是计划的一个种类。规划是对未来整体性、长期性、基本性问题的思考和设计未来的整套行动方案。规划按内容性质分，有总体规划和分层规划。学校的各处、室、组、干部、教职员工个人要围绕学校的规划制订具体的规划，也就是要做好分层规划的工作。再具体地说，就是做好落实规划的计划。规划也是一种计划，是比较全面的长远的发展计划。规划与计划基本相似，不同之处在于：规划具有长远性、全局性、战略性、方向性、概括性和鼓动性。各处、室、组及个人，要依据上述思想，依据学校的总体规划，分别制订各自的分层规划。

编写范例

第八章 教研组、教师、处室发展规划

第一节 教研组发展规划

一、语文组发展规划

（一）本组教师现状及分析

1.基本情况

（1）教师组成：我组现有教师总数14人，其中1名男教师，13名女

教师。

（2）年龄结构：50岁以上的老教师1位，占全组教师总数的7.5%；30—40岁年龄段的中青年教师有12位，占全组教师总数的85%以上；30岁以下的青年教师1位，占全组教师总数的7.1%。

（3）学历结构：1位博士，3位硕士研究生，其他教师均是正规大学本科毕业。

（4）教龄结构：有20年及以上教龄的教师有3位，占全组教师总数的21%；有10—19年教龄的教师6位，占全组教师总数的43%；有10年以下教龄的教师5位，占全组教师人数的36%。

（5）市（区）骨干、优秀教师情况：无市级骨干教师。西城区骨干教师3人，西城区希望之星2人，共5人，占全组教师总数的36%。

（6）教师工作状况及教研组氛围：教育教学秩序井然，2007—2008学年度语文组被原宣武区教委评为优秀教研组"表扬奖"；2008—2009学年度，学校教科研室对各教研组年度教科研情况进行统计，语文教研组人均教科研成果（获奖、发表论文、参加课题、著述等）数量名列全校第1。担任班主任的教师工作成绩卓越，受到区级、校级等各级表扬表彰。教学成绩整体情况均在原宣武区第3名。高一、高二各年级教学成绩正常。全体语文组教师爱岗敬业，乐于奉献，在工作上都做出了一定的成绩。组内氛围和谐。

2.现状分析

（1）各种结构状况分析

30—40岁年龄段中青年教师人数占全组教师人数的绝大多数。他们有一定的教育教学工作经验，有的已经形成了自己特有的教育教学风格，是语文组乃至学校教育教学工作上的中流砥柱。50岁以上的老教师只有1名。整个语文组老教师的引领、示范、提携作用很难发挥，许多中青年教师缺乏老教师手把手的培养。30岁以下的青年教师只有1名，且已经有4年教龄。语文组缺乏刚毕业且年富力强的青年教师，对组里的各项工作的开展，以及对语文组长远的发展，特别是教师年龄段的合理分配有一定影响和制约作用。

男女教师比例严重失调，男教师严重缺乏，直接影响组里各项工作的开展，也影响组内和谐氛围的建立和营造。

　　教龄在 20 年以上的教师，在一定程度上对全组教育教学工作起着指导和帮助的作用。但缺乏专家和市级骨干教师的引领。教龄在 10—19 年的教师占全语文组教师近一半人数，他们是教育教学的中坚力量。

　　教师的学历水平整齐，且高学历教师比例较高。

　　（2）语文组整体教育教学情况现状分析

　　语文组是一个优秀的集体，有着光荣的传统，取得了辉煌的成绩。教师教科研的意识很强，教科研水平较高，在教科研方面取得较好的成绩。教师参加教育教学的积极性很高，且认真踏实地干好自己的本职工作，获得了学生家长的信赖和肯定。在教学成绩方面，高考理科情况一直比较稳定，文科情况也在逐渐好转并稳定。

　　（3）优势

　　教师专业知识技能过硬，具有很强的参与意识和实践精神，教育教学均取得了一定成绩；教师教科研的意识很强，教科研水平较高，在教科研方面取得较好的成绩；教研组整体趋于和谐。

　　中青年教师较多，他们成为教育教学的中流砥柱和中坚力量。

　　教师的整体学历水平整齐。

　　教研组在西城区有一定的影响力。

　　在新课改实施的两年时间里，语文组积累了很多教育教学经验，形成了一定的符合新课改理念的教育教学风格，有一批中青年教师在其中经受锻炼，逐渐成熟。在新课改的必修、选修课程安排上，以及对学生进行综合评价方面等，经过两年的摸索，积累了很多经验和模式，逐步成熟。

　　（4）需求

　　在当前的新形势下，语文组面临着不少困难：

　　老教师严重不足，30 岁以下的青年教师严重不足，男教师严重不足。语文组迫切需要有老教师、名教师引领；迫切需要 30 岁以下青年教师新鲜血液的注入；迫切需要男教师的加入。这样，整个语文组才能在比例协调中自然、健康、和谐地发展。

　　迫切需求名师引领，进一步提高科研能力、教育教学能力，在高起点上快速成长。

　　在新课改的实施过程中，教师还需要进一步研究课标，更新观念，用自己的实际行动全面推动课改的顺利实施。

必修课程系统化、阶段化，课程整合还需要进一步探索；选修课程应继续扩大开课数量，提高学生的学习质量。

（二）语文组 6 年发展目标

紧密结合学校发展规划和本组实际，全面落实学校办学育人总目标，树立科学发展观，坚持学校办学育人核心理念：继承发展固本开新的理念；健全人格幸福教育的理念；和谐发展优长育人的理念。秉承学校办学宗旨：严、爱、成；育人目标：善、博、雅。以提高教育教学质量为宗旨，促进教师业务水平提高，内强精神，外树形象，不断增强教研组的综合实力和凝聚力，为十四中的发展做出应有的贡献。

在继承和发扬十四中语文教研组优良传统的基础之上，更新观念，提高本组教师的专业化发展水平，通过教学改革的实践努力把十四中语文教研组建设成区级优秀教研组，建设成为在北京市有一定影响力和知名度的教研组。

1. 前 3 年（2010—2013 年）发展目标

（1）定性目标

在继承和发扬十四中语文教研组优良传统的基础之上，更新观念，提高组内教师的专业化发展水平，通过教学改革的实践努力把十四中语文教研组建设成教育教学成绩优秀且稳定，教科研成绩突出，人员配置比例合理，组内氛围和谐的区级优秀教研组。

（2）定量目标

在未来 3 年中，争取有 2 人被评为中教高级教师，有 1—2 人被评为中教一级教师，招入 1 名男教师，招入 1 名 30 岁以下优秀青年教师。争取招入 1 名在北京市有一定影响力的市级骨干教师。组内大多数中青年教师都有自己教育教学方面的师傅（校内或校外），中青年教师大多基本形成自己的教育教学风格。

争取有 1 人被评为北京市骨干教师，有 2—3 人被评为区级骨干教师，2—3 人被评为区级希望之星。

（3）3 人次获得区级乃至市级公开课、评优课奖励，全组参与课题研究，每学年人均论文获得国家级、市级奖励 2 篇以上，每个备课组都在区级教研活动中做过公开展示。

全面提高学生的综合语文素质和能力，力争在各级各类竞赛中获奖。

在高三教学成绩中，文理科稳定达到区第 3 名的成绩，平均成绩超过重点学校平均线。基础年级的期中期末考试要提高学生高分率和有效达标分。

高中各年级全面实施新课改，必修课程实施过程中确定明确的教学进程，明确课程整合方案，明确相应语文知识能力的落实。每个老师对于新课标要有深入的学习和理解，要把新课标的要求和理念实践在日常的教育教学中，初步形成符合新课标新理念的教育教学模式和风格。在选修课程方面，明确开齐《中国古代诗歌散文欣赏》、《中国现代诗歌散文欣赏》、《文章写作与修改》、《中国古代经典研读》和《语言文字应用》五个模块。

将"课外语文阅读教学研究与实验"、"语文教育资源的开发和运用"两个课题研究相结合，贯彻学校提出的"阅读第一"的学习原则，促进学生扩大课外阅读量，鼓励学生"我手写我心"，促进学生精神境界的提升，为创办"文化生态友好的幸福学苑"做出自己的一份努力。

建设和谐、团结、协作，共同进步的团体。

2. 后 3 年（2013—2016 年）发展目标

（1）定性目标

在继承和发扬十四中语文教研组优良传统的基础之上，更新观念，提高组内教师的专业化发展水平，通过教学改革的实践努力把十四中语文教研组建设成连续区级优秀教研组，建设成为在北京市教学圈有一定影响力、知名度的教研组。

（2）定量目标

争取有 2—3 人被评为中教高级教师，有 2—3 人被评为中教一级教师，在条件许可的情况下，将男教师和市级骨干教师的名额继续扩大，组内每个中青年教师都有自己教育教学方面的师傅（校内或校外），中青年教师全部都形成自己的教育教学风格。

争取有 2 人被评为北京市骨干教师，有 4—5 人被评为区级骨干教师，4 人被评为区级希望之星。

5 人次获得区级乃至市级公开课、评优课奖励，全组参与课题研究，人均论文获得国家级、市级奖励 3 篇以上，每个备课组都在区级教研活动中做过公开展示，并且反响较大。

全面提高学生的综合语文素质和能力，力争在各级各类竞赛中获奖。

在高三教学成绩中，文理科稳定达到区第 3 名的成绩，平均成绩超过重点学校平均线，力争西城区（南区）第 2 的好成绩。基础年级的期中期末考试要提高学生高分率和有效达标分。

高中各年级全面实施新课改。实现选修课程与必修课程的有效整合。在选修课程方面，在明确开齐《中国古代诗歌散文欣赏》、《中国现代诗歌散文欣赏》、《文章写作与修改》、《中国古代经典研读》和《语言文字应用》5 个模块基础之上，部分老师能够根据自己研究特长开设 1—2 门其他的选修课程。开展校本课程的确定实施和研究。

继续进一步贯彻学校提出的"阅读第一"的学习原则，根据学生的实际水平和情况，每个年级要有各自的侧重点，整个语文组在"阅读教学"方面形成特色，完成相应课题的研究。

进一步巩固和谐、团结、协作，共同进步的团体。

3. 实现目标的措施与途径

（1）通过加强学习，促进教师自身素质的提高

加强政治学习，增强事业心。人民教师的任务，是教书育人。育人者要有高尚的情操才能感染人，为了进一步提高自身的思想素养及职业道德素质，教研组将结合学校的工作安排，在语文组教研活动中，通过定期有计划、有目的地组织教师进行思想政治学习和正确舆论导向来引导教师树立正确的人生观，使教师爱岗敬业、热爱学生，忠诚于国家的教育事业。

加强业务学习，提高教育教学水平。教师要有精深的业务水平才能保障教学质量。当前新课程改革开始实施，教研组要组织教师学习讨论教材，使全体教师要尽快熟悉教材编排体系和知识结构；要组织教师学习新课程标准，深刻领会新课程理念，积极转变教学观念；还要学习、探讨、研究教学方法，使全体教师能根据教学内容采用多样化的教学方式。每位教师每学年至少要阅读 1 本有关提升自己业务的书籍，认真笔记，认真写心得，并将这些知识运用到平时的教育教学中。

加强理论学习，提高科研能力。教师还应该学习教育学、教学法等方面的知识，掌握正确的教育观点，了解教育工作的基本规律和基本方法，防止发生"瓶颈"现象。教研组还应鼓励教师对自己的教学不断总结，多写论文，多参与各种资料的编写工作和各级课题的研究工作。

配合市、校有关部门，落实好教师继续教育和新课改培训工作；充分利用各种教学资源和校际交流活动，尤其要多给中青年教师提供更多机会

参加学习和培训，了解最新教学动态，不断更新教师的教学观念。

（2）通过组内教研活动促进协作，实现共同提高

教研组作为一个整体，必须共同协作，才能发挥团体优势，实现共同进步。共同的教研任务则是把教师联系在一起的纽带，必须发挥充分的作用。

师徒结对，培养后备力量。

争取学校的多方帮助，鼓励中青年教师在校内、校外与老教师、名师进行结对，形成"师徒"关系。定期检查徒弟对师傅学习的情况，定期总结，力争让特别是 30 岁左右的青年教师快速成长。

集体备课，发挥群体智慧。集体备课是共同提高的有效途径，它不仅有利于教师知识水平的提高，而且有利于教学经验的积累，教学方法的改良，使个人钻研和集体智慧得到充分的发挥。

进一步明确集体备课的要求和规范，使得集体备课的效能最高化，统一教学进度，统一检查考核，随时交流、探讨在备课和教学实践中遇到的问题。备课时，大家能做到资源共享，在讨论中碰击出思想的火花，这样就提高了集体备课的实效性，在合作过程中也有效地减轻教师的负担。

互相听课评课，加强集体研讨。严格按照学校的要求进行每学期的校内老师之间的互相听课、评课活动，定期检查互听课情况，定期检查互听课评课后的教案、反思情况。

充分利用校外专家听评课的机会，促进教师自身的教学素养、能力的提升。认真对待，定期互相学习听课教案、反思，收集起来，成为组内的共享资源，供大家学习使用。

公开课是教师共同提高的又一种形式。每学期我们教研组都要安排校内校外的公开课，课前集体备课；特别是对外公开课方面，我们要群策群力，共同参与备课和试讲，对教案细致分析研究，对课堂结构仔细推敲，对板书精心设计；对教学的方法和技能探索认真探讨。力求做到讲解透彻，重点突出，板书清晰，操作准确，尽量使公开课获得成功。课后的评价研讨也是促进教师提高的重要环节。力争在人人参与、互研互学的交流、探讨过程中，教师的认识层层深入，形成共识，给出最优化建议，促使教师的专业水平在取长补短中不断提高。

进行资料系统化建设。配合学校，设定专人管理历年历届教师自命题

资料的电子版，形成资料库。在新一轮的教学过程中我们还要计划地进行课件、案例、视频等资料的积累。专人收集专家听评课教师教案和反思、公开课教师教案和反思，互相学习，共同提高。

（3）牢抓教学质量。

切实有效地实施新课改，改善语文课堂教学是重要环节。在语文课堂教学中，我们要更重视发挥学生学习语文的积极性和主动性，更重视语文学习的过程和方法，更重视教与学的多样化。我们要针对学生实际、根据教学目标，科学安排、精心设计教学过程。教学目标应根据课程标准确立的由"知识与技能"、"过程与方法"、"情感态度与价值观"三个维度的内容，教学目标的制订要根据班级学生的基础，注意分层教学的要求，一切从学生出发。

教学内容和教学过程的设计要注意注重双基，突出重点，分散难点。教学是由教师指导下的学习过程，学生是学习的主体。要更重视教学过程中的师生互动，生生互动，完成学习任务，实现共同发展，实现教与学的和谐统一。教学容量要适当合理，教学密度适量紧凑。要给学生理解、思考、讨论的时间。要根据不同课型的不同特点组织教学。在继承与发展好的传统教学方法的过程中，努力实现新课改的目标。

重视毕业年级教学质量，派能力强的老师任毕业年级的语文课，同时又要鼓励每一位老师都能胜任毕业班的教学工作。在政策上给予毕业年级更多优惠，在精神上给予毕业年级老师更多关心。毕业年级的教学质量关键在于课堂实效性，每学年要组织老师对于如何提高课堂实效性进行讨论研究，请上一学年毕业班的老师做经验总结。

当然，高一高二、初一初二非毕业年级的教学质量直接决定着毕业年级的成绩好坏。因此，抓课堂、抓集体备课、抓期中期末出卷考试、抓平时的反思提高，是抓非毕业年级教学质量的几条有效途径。

组织好新教师的实践课和骨干教师的示范课，认真抓好常规课。做细、做实说课、听课、评课等工作。努力为中青年教师搭建平台，有计划地推出中青年教师主讲区级、市级研究课，参加各级优质课竞赛。

（4）重视德育渗透，育人与教书并行。

在教学过程中重视德育渗透，善于挖掘教材中的民族精神、集体主义、爱国主义的精粹，珍爱生命，寓政治思想教育于语文教学之中。每位老师，特别是班主任老师要对这个问题有深入的思考，并且有自己独到的解决方法，每学年可以利用教研组会进行交流学习。

监督每一位教师落实好导师制。

（5）积极参加教科研研究工作，以科研促教学，以科研增效率。

2008—2009 学年度，学校教科研室对各教研组年度教科研情况进行统计，语文教研组人均教科研成果（获奖、发表论文、参加课题、著述等）数量名列全校第 1。我们要利用这一优势，乘胜追击，再接再厉，以科研促教学，以科研增效率，以科研振兴语文组。

树立科研意识，加强"校本"课题研究，促进个人专业发展，并在此基础上，着力做好如下 3 项工作：

a. 认真组织，扎实进行正在进行的两个国家级课题的研究，调整充实研究人员，争取人人有课题，人人搞科研，教研组承担组织和协调工作，确保一轮试验取得成效、顺利通过验收结题。同时力争再申报 1 个研究课题。

b. 全组教师个体、集体相结合，进行"校本课题"的研究。积极参加学校教科研室布置的各项工作，将教科研与教育教学相结合，力争在教育教学方面收到满意的效果。

c. 围绕教育教学具体实践，认真反思个人教育教学的得与失，不断总结经验教训，每学期每个教师都需完成学年个人情况总结。中青年教师每学年至少要有 1—2 篇论文发表或获奖。

二、数学组发展规划

（一）本组教师现状及分析

1. 基本情况

（1）教师组成：我组现有教师总数 15 人，其中 10 名女教师，5 名男教师。

（2）年龄结构：40 岁以上 5 人，占总数的 33%；30—39 岁 5 人，占总数的 33%；30 岁以下 5 人，占总数的 33%。

（3）学历结构：具有本科学历者 13 人，占总数的 87%，其中 2 人通过在职学习获得硕士学位；具有研究生学历者 2 人，占总数的 13%。

（4）人才结构：市级学科带头人 1 人，市级骨干教师 1 人；区级学科带头人 3 人，区级骨干教师 2 人，区级希望之星 2 人。

（5）职称结构：高级职称 8 人，占总数的 53%；中级职称 3 人，占总数的 20%；初级职称 4 人，占总数的 27%。

2. 现状分析

数学教研组奉行"敬业、爱生、合作、创新"的组风，全组老师都经历过高中三年教学工作的考验，具有较硬的教学基本功。

数学教研组每位教师之间关系融洽、互相帮助、团结向上。老师们爱岗敬业，认真做好教学常规工作，并且积极参加课堂教学研究。近几年来，教师以新课程改革为契机，积极进行课堂教学的探索和实践，在信息技术与数学课堂教学整合方面取得了一定的成绩，走在了北京市的前列，有几位年轻教师在课题研究中脱颖而出，在全国性的优秀课大赛中多次获一、二等奖，初步形成了一个"学习型、研究型"的教师群体。教研组在西城区有一定的知名度，在 2006 年和 2008 年连续两届被评为区先进教研组。

教研组建设上新台阶面临着新的问题：（1）组内缺少市级乃至全国级的名师，师资队伍内涵还需提高。（2）课堂教学理念还需进一步转变，对新课标教材的认识和把握还有待提高，新课程实施的合理模式有待探究。（3）教师对自身教学行为反思的能力还不强，教学上实质性的提高不明显，教研组整体教学特色没有形成。（4）具有学校个性的校本课程还需开发和运用。

（二）数学组 6 年发展目标

根据学校总体规划的要求，再结合本组存在的实际问题，我们确定了数学组 6 年发展目标制订的指导思想：认真学习教学理论和数学课程标准精神，以课堂教学改革为抓手，加强课堂教学研究与课题研究；以教师成长促进学校发展为目标，抓好青年教师培养，提高数学教学的质量。继续深化教学改革，充分发挥课题组、教研组的作用，满足全体数学组教师共同发展的需求；探讨和研究课改实施过程中教师的困惑、问题，进一步更新教育教学观念，重视培训、教研，促进学生的全面、持续、和谐的发展。

1. 6 年规划定性目标

数学组规划的总目标是：促进"教师的发展"；促进"学生的发展"；

促进"学科的发展";促进"学校的发展"。

2.6年规划定量目标

（1）为优秀教师形成高质量的个性化教学提供舞台（经过5年，出现新的市级学科带头人和骨干教师，培养更多的区级骨干教师）。

（2）大力开展教学反思，帮助教师树立自我发展意识，促进教师的专业发展，使教学质量跟教师的专业同步增长，为在十四中学习的学生提供优质的"数学教育"服务。

（3）以科研促教研，积极开展教科研工作，发挥教科研的先导作用。加强组内教科研理论的学习，结合教学实际，确定个人和备课组研究课题的方向。5年内至少有1个市级课题、2个区级课题，人人都有校级课题。定期交流组内教师所撰写的教研论文，提高教师撰写论文的水平。使每位教师逐步形成自觉搞教科研的意识。

（4）建立北京市第十四中学数学教研组资源库，发挥每位教师的作用，整合各类资源，使之成为师生教与学的信息平台。

（5）积极开设适合学生发展的校本课程。在现有课堂教学拓展课、专题课、研究课基础上编写校本教材，使之成为精品拓展课程。

（6）在两轮新课程实施的实践基础上，探究新课程实施的合理模式。

（7）努力使十四中的数学教研组成为市级"优秀教研组"。

（三）实现目标的方法与途径

1.给优秀教师压担子，让他们承担主要研究课题，承担青年教师带教任务，提供外出学习、交流的机会，激发自我学习的热情，借助市、区两级平台展示教师风采，加快他们成长的进程，力争5年内有1名特级教师、1名新的市级学科带头人、1—2名新的市级骨干教师产生。

2.对30岁以下的年轻教师要狠抓教学常规，针对他们的个性特点要形成个性化的培训计划，从备课、说课、上课、作业布置及批改等各个环节都要形成指导措施，并从教案、课后反思、随堂听课及整个教学单元跟踪听课来获得指导的反馈信息，使青年教师迅速成长起来，力争5年内产生2—3名新的区级骨干教师和希望之星。

3.继续推进教科研的建设，使我组的教科研再上一个台阶。要拓宽渠道，选择适合教研组特色的国家级、市级、区级科研课题，调动组内骨干教师搞教科研的积极性，让擅长写论文的教师带动组内的其他教师，逐步形成良好的教科研风气。为了调动全组教师写论文的积极性，定期把组内较好的论文汇编成册，供大家学习或区内交流。把本组的市级、区级和校级的课题成果推广并逐步完善，发挥教科研的研究成果的作用。

4. 建立教研组的资源库。内容以新课程标准为重点，涵盖"新课标教材解读"、"优秀教案集锦"、"精品课件"、"科研论文"、"题库"、"校本课程"、"第二课堂"、"数学史话"……

5. 数学教研组的老师要有个性化的教学特色，积极开设适合学生发展的校本课程。以高一高二的研究性学习为突破口，每个老师都开设选修课程，如"中学数学建模"、"基于 TI 图形计算器的数学探究"、"数学'问题解决'"等校本课程，为学有余力的学生提供拓展提升的空间，同时也为数学教师的专业提高创造条件，进而形成有十四中特色的校本课程。

6. 在 6 年规划时间内，新课程的实施要进行两轮，应及时总结新课程实施中的经验与教训，积极整合必修课、选修课以及研究性学习的教学，努力探究具有十四中特色的新课程实施模式。

提高教师的素质和水平，是教育成功的关键。十四中数学教研组应有一支理念新、业务精、求合作、谋发展的创新型教师队伍。教师队伍的建设应具有可持续性，既要有老教师的身正为范，又要有青年教师的梯队培养。我们将以"形成一支高素质的师资队伍"为教研组发展的核心，以"团结协作、创新进取"为教研组建设的风貌，以"求真务实"为教研组工作的作风，努力促进教师成为"知识功底扎实"、"教学技艺精湛"，并掌握"现代信息技术应用"的富有个性的创新型教师。

三、英语组发展规划

（一）本组教师现状及分析

1. 基本情况

（1）教师组成：我组现有教师总数 14 人，近 2/3 的教师具有较丰富的教学经验和敬业精神，均在备课组长和毕业班的重要岗位上，是教学上的中坚力量，同时起着带动青年教师成长的作用。年轻教师积极进取，近年来都有不同程度的进步。

（2）年龄结构：高中英语组教师中 50 岁以上 1 人，占整个教研组的7%；38 岁至 43 岁的教师共有 9 人，占整个教研组的 64.3%；31 岁以下教师 4 人，占整个教研组的 28.6%。

（3）学历结构：高中英语组教师 100% 具有本科学历，其中有研究生学位有 3 人，占整个教研组的 21.4%；研究生班结业的教师共 4 人，占整个教研组的 28.6%；双学历 1 人，占整个教研组的 7%。

（4）人才结构：全校 24 个教学班中有 8 名班主任来自英语教研组，占整个教研组的 33.3%；其中 2 名班主任所带的班级曾获得市级优秀班集体的光荣称号，7 名班主任所带班级荣获区优秀班集体、或区优秀五四团支部等光荣称号，4 人曾荣获市、区级优秀班主任等称号；在近几年中先后有 8 人荣获市、区级优秀教师或先进个人等光荣称号。

在 2008 年新一轮的 1—4—1 评选中，英语组有 2 人被评为市、区骨干教师。在刚刚过去的学年度共有 5 人先后在区教研活动中做主讲；在近两轮的市区级专家评课活动中有 80% 的课受到好评。若干教师积极参与教科研，并将研究成果汇编成书发表。

（5）职称结构：高中英语组教师中 6 人具有高级职称，占整个教研组的 42.9%；4 人具有中教一级职称，占整个教研组的 28.6%；4 人具有中教二级职称，占整个教研组的 28.6%。

（6）教师工作状况：北京市第十四中学外语教研组是一个富有朝气、积极向上的大集体。全组教师团结协作，发挥教研组的职能作用，协调好各备课组间的关系，通过有效地教研组活动和学校领导对教研组建设的关注和支持，充分调动每位教师的积极性，转变教育教学观念，形成一个巩固发展、爱校爱生、教书育人，富有进取精神、乐观积极向上的融洽的教研风貌。2007—2008 学年度被评为原宣武区先进教研组、原宣武区巾帼建功先进集体等光荣称号。

2. 现状分析

经过对上述资料的统计和分析，北京市第十四中学英语组教师队伍整体素质较高，教师队伍的结构更趋合理。但是，面对新的教育发展形势，面对新的课程改革，英语组教师专业发展的现状仍然存在着一些较为突出问题，表现如下：

（1）学校处于发展的关键时期，面对新的机遇和学校搭建的平台，英语组教师也处于最佳发展状态时期，教师队伍整体上属于老、中、青结合，学历层次较高，学习能力较强，但同时，由于名教师的缺乏，他们又缺少必要的专业指导，教学经验不够丰富，在新课改理念的准确定位上有些迷茫。

（2）从教师的整体来看，部分教师缺乏专业发展的意识和动力，更没有强烈的专业发展主动性。表现缺乏职业紧迫感和工作责任心。

（二）英语组6年发展目标

1.指导思想

（1）我校提出"严、爱、成"的办学宗旨，其含义从教师的方面而言，是指要从严治校，从严施教，热爱学校，热爱学生，以成就事业，成就人生。从学生自主发展方面的要求是指严格自律、严格受教，热爱师长、热爱学校，从而成就学业，成就人生。

（2）我校提出"善、博、雅"的育人目标，要求教师以渊博的知识培养人，以科学的方法引导人，以高尚的人格塑造人，以优雅的气质影响人，把学生培养成为善、博、雅全面发展的人才。

（3）"为每一位学生的发展"是新课程的核心理念；学生的发展源于教师教育观点的转变与教学技艺、综合素质的提高。把提高课堂教学质量，创建有效课堂，创立和谐教师团队作为工作重点，有效调动全组教师的积极性和创造性，力求教学成绩、个人教研创新、群体合作等方面有所突破。

2.6年规划定量目标

（1）建立学习型组织，制订新课程标准学习及课程培训的较长期计划。

为了达到新课程标准提出的要求，充分认识课改的必要性，从应试教育转变到素质教育上来，在现在的课堂教学中就应逐步学习，体现，贯彻新课程标准提出的指导思想，教学原则和教学方法以适应新的教育教学理念，建立灵活的课程目标体系，多元、开放的课程评价体系，以保证英语课程的顺利实施。

通过教研组学习、备课组内和备课组之间的相互学习，与个人自学相结合，不断加强个人学习、提高的机会。教研组学习以新课标内容为主，认真学习有关的文件，课程传授中的"他山之石"。备课组学习在新的教学观念指导下，结合本年级的具体教学内容，进一步完善并实施新课标的教学思想。个人学习以钻研新课标内容反省自身教学为主。继续做好日常学校围绕教学开展的各项教学活动，精心设计每一堂课，注重课堂的有效性，注重在课堂上渗透积极的、活跃的气氛，并注重德育渗透及学生好的性格的培养。

（2）在反思中不断进取。

关注在高中课程教学活动实践中遇到的困惑及出现的问题，并在（备课）组内进行讨论；珍惜学校精心为外语组请到校内外专家到校指点的机会，走进（近）新课程的前沿，聆听专家的教诲，并可借助专家评课的时机组织教研活动，认真总结、不断反思，将最新理念运用在教学实践，使学生受益于教师的努力。科学合理的安排好高三毕业班新课与复习课计划，新课与总复习结合进行，加强对学生的个别辅导，力争2次模拟考、会考、高考取得较大进步。（个别生问题需要年级或学校予以关注，为调动教师积极性，平行班与实验班可建立有别的教师评价。）

（3）继续抓好青年教师培训工作。

为青年教师提供更多的平台，安排指导教师，定时检查青年教师教案和教学准备工作。按照学校要求青年教师听课每学期20节，做好听课记录，并写好反思日志等。积极鼓励青年教师参加教科研活动。督促青年老师认真备课，积极参加学校的开放日和听课日。如有可能，尽量多参加市、区的论文征文、区级公开课、示范课等。

（4）争创和谐的优秀团组，在活动中感受和谐班组、团结进取的重要作用，体验"优秀靠我们每一个人"。

（三）英语组阶段性规划

1. 2010—2013年英语组规划

（1）建立英语组核心试题组，研究并整合各个模块的有效的测试题目；编辑、完善英语组测试题库。

（2）新校舍英语组的板块布置、更新；墙壁布局建议（智者见智、精心收集）。集思广益，最大挖掘潜力，收集学生作品、彰显英语组特色、亮点；高度浓缩英语组教师的智慧。

（3）跨年级的备课教研活动：定期在每个模块开始初始由上一年级备课组老师精心介绍单元、模块的教学得与失，帮助新接课程的老师做最大化的准备。

（4）以新课标的教学思想为指导，注重学生能力培养的同时，加强情感、态度、价值等教学目标的确定和达成。珍惜各备课组的 2 名老师在学校的大力支持下参加海淀区听课、评课、教研活动，将学习成果扩大化，共享教育资源。

（5）个人（多人）负责课题的开展、积累、完善。注意积累日常教学的点点滴滴；书写教学案例、教学日志。拟请北京教育学院教授为英语组老师做论文写作指导，并将优秀的教育、教学论文汇编，供组内外同仁共同分享。

（6）按照学校教学规划要求，各备课组每个学期开 1 至 2 节区级公开课。积极参评区、校的 1—4—1 评选，在两轮的评选中希望能成就 2—3 名希望之星，3—5 名骨干教师，2—3 名区学科带头人、市骨干教师。

（7）积极协作学校参加的跨学科学生活动，如科技节、内地香港英语辩论大赛。协助学校做好各项外事接待、翻译工作。

2. 2013—2016 年英语组规划

（1）完善、丰富十四中内网英语组的教学资料库。对教学软件资源如教学案例、教学设计、教学反思、优秀课例、优秀教学论文等进行整合、修改。建立起较完善的十四中英语学习综合的评价体系。

（2）建设英语读书室，让学生更多地享受阅读原版英美文学的快乐；组建十四中英语戏剧社，提高学习英语的兴趣和对英语学科的热爱，丰富业余生活，提高情趣。

（3）继续营造和打造和谐、轻松的英语组办公环境，真诚对待学生、热心帮助、关心同事，争创市、区级优秀教研组。

（4）完成英语组承担的各级课题的研究及整合，以及对校本课程的开发。《中英基础教育合作学习》、《北欧文化探究》、《教学策略在有效提升中国学生英语阅读能力中的价值研究》。

（四）实现目标的方法和途径

1. 鼓励优秀教师承担主要研究课题，承担对青年教师帮、带任务，并为他们提供各种学习、交流的机会，进一步提高教育教学素质。

2. 对年轻教师的要求是：教学常规规范化。从备课、说课、上课、作业布置及批改等各个环节都要形成指导措施，并从教案、教学设计、课堂教学、课后反思、整个教学单元跟踪听课等进行指导并及时反馈信息，使青年教师迅速成长起来，力争 6 年内产生新的区级希望之星。

3. 继续推进教科研的建设。精心选择适合教研组特色的国家级、市级、区级科研课题，调动组内教师进行教科研的积极性，以个人或合作的形式做科研调查和科研试验，逐步形成良好的教科研风气。

4. 定期把组内较好的论文汇编成册，供大家学习或区内交流。把具有操作性强的科研成果在教学实践中运用，发挥教科研的研究成果的作用，鼓励教师进行教学研究。

5. 建立教研组的资源库，并编辑成册，为教师们查阅提供素材。

6. 通过教研组学习、备课组内和备课组之间的相互学习，与个人自学相结合，不断加强个人学习、提高的机会。教研组学习以新课标内容为主，认真学习有关的文件。备课组学习在新的教学观念指导下，结合本年级的具体教学内容，进一步完善并实施新课标的教学思想。

7. 个人学习以钻研新课标内容、反省自身教学为主。继续完成各项教学活动，精心设计每一堂课，注重课堂的有效性，注重在课堂上营造积极的、活跃的气氛，并注重德育渗透及学生良好学习习惯的培养。

8. 监控与保障

（1）督促老师认真备课，每学期进行组内教学设计评比和教案评比。

（2）按照学校要求坚持开放日和听课日活动，做好听课记录，对优课进行评课交流。

（3）对教师的教学质量进行曲线追踪评价，及时发现教学中的问题，扬长避短。

四、物理组发展规划

（一）本组教师现状及分析

1. 基本情况

（1）教师组成：我组现有教师总数 8 人，其中男教师 6 人，女教师 2 人，男教师占全组总数的 80%，女教师占全组总数的 20%。

（2）年龄结构：我组教师平均年龄 33.25 岁；32 至 39 岁 6 人，占总数的 80%；27 至 28 岁 2 人，占总数的 20%。

（3）学历结构：我组教师中，具有本科学历者 6 人，占总数的 80%；具有研究生学历者 2 人，占总数的 20%。

（4）人才结构：我组教师中，区级骨干教师 2 人；区级希望之星 1 人；

合计 3 人，占总数的 37.5%。

（5）职称结构：我组教师中，高级职称 1 人，占总数的 12.5%；中级职称 4 人，占总数的 50%；初级职称 3 人，占总数的 37.5%。

（6）教师工作状况：我组教师能认真履行岗位职责，较好完成学校布置的各项工作任务，特别是 80% 的教师都带过 4 届以上高三，100% 教师担任过班主任，他们敬业爱生、团结合作、竞争进取，有力地支撑着十四中的未来向更高目标发展。

（7）物理教研组内气氛和谐，学术思想活跃，组员有较好的团队意识，组长有较高凝聚力，整组有较强战斗力。我组在西城区有一定知名度，先后被评为区先进教研组、青年文明号等。

2. 现状分析

经过对上述资料的统计和分析，从年龄、经验、学历、职称各方面综合看，物理教研组教师队伍整体素质较高，教师队伍的结构男性比例突出，是学校中最年轻的教研组，男性最多的教研组，教研组科研基础扎实，整体起点较高，正处于最佳发展时期，人才发展空间较为宽广。但是，面对新的课程改革，本组发展的现状仍然存在着两个较为突出问题：

（1）教师队伍整体上还比较年轻，教师缺乏名师的专业指导，迫切需求在名师引领下，提高教科研能力，在高起点上快速成熟。

（2）我组缺乏各级各类学科带头人、特级教师、教育教学名师，与学校办学现状要求有差距。

（二）物理组 6 年发展目标

根据学校的总体规划和本组的具体现状，我们教研组的建设，必须抓住新课改带来的新机遇，拓宽学习渠道，挖掘每个教师的潜力，既要个人素质过硬，也要打团体仗，在学习和实践中共同成长。着力全面实施素质教育，全面提高教育教学质量。坚持理论和实践相结合，在实践中升华理论；坚持教学、科研、培训一体化，探索学习、实践、研究、创新的教研新模式；重视开发潜能与资源，实行资源共享和优势互补；坚持教学为中心，课堂教学改革为立足点，努力达到教学质量和教师素养的共同提高。

适应新课程改革的需要，使本组教师在完善自己的专业知识结构的基础上，发展成为具有较高综合素质的教师；使本教研组在区先进教研组的基础上，力争在西城区教学圈中名列前茅。

1.6 年规划定性目标

教师队伍建设上，每个教师要有较高思想和科学素养、较强教育教学专业和自己的特长。

（1）教师专业化知识结构更加合理、专业化技能普遍提高；教师自我提高的欲望明显增强；提高自身综合素质的理念践行到教育教学的实践中。

（2）形成一支在西城区有一定影响力的先进团队。

（3）所有教师成为研究性的教师，分别成为在校本课程的构建与实施、新课程教学、课题研究、班主任工作等方面有专长的特色教师。

2.6 年规划定量目标

（1）特色实验室建设，在新校址中建设了标准力学实验室（1个）、标准电学实验室（2个）、自主实验室（1个）、信息光学实验室（1个）、数字化实验室（1个）共6个实验室，使得物理实验教学的硬件水平得到了大幅度的提高，可以满足教师、学生更高层次的实验要求。

（2）积极参加学校和市区组织的教师基本功大赛、物理教师实验教学竞赛、各级各类的评优课，并争取获奖；积极进行科研课题的研究与实践，全员参与教科研，撰写论文及教学反思，并发表或获奖。

（3）争取有1人被评为区学科带头人或市级骨干教师。在现有区级1—4—1工程骨干教师2人、希望之星1人基础上，争取在6年内数量翻番。

（4）构建高中新课程的合理结构。完成2个必修模块和4个必选模块的资料库建设。完成2个必修模块和4个必选模块的单元评价和模块评价体系。

（5）在科研上，要组织全体组员认真研讨后，申报1个合适的国家级课题，以课题为引领，采取全员参与，分工合作，提升本组教师的科研能力和水平，3年完成课题，争取每个人都有自己的成果。

（三）实现目标的方法与途径

1.建立和使用好特色实验室。研究和确立信息光学实验室和数字化实验室的建设标准，力争建成全北京市首屈一指的特色实验室，打造成十四中物理教研组的一张名片。市内、区内共享或者搞特色活动。

物理作为一门实验学科，要充分发挥实验在教学中的作用，将实验与课程相结合，鼓励学生自主探究、合作完成、创新实验，实现优长育人的教学目标。充分利用标准试验室的资源提高学生分组实验。分组实验优质化、演示实验分组化、精密实验演示化。

2.以课题为引领。积极参与课题的实验工作，3年完成国家级课题（题目待定），并形成有意义的试验成果，或发表文章，或成果推广，从而加强教研组教师的科研意识和提高教师的科研能力。

3.竞赛作为新亮点。高一和高二年级每学年开设1门研究性学习课程：高一年级开设《力学竞赛》，高二开设《应用物理知识竞赛》或《高中物理竞赛》，提高教师的综合知识能力，同时通过学生竞赛成绩，增强物理组在区内的影响力。

4.坚持每节课后针对本节课的教学设计、或教学内容、或教学方法、或学法指导等具体环节进行反思，学期末进行1个模块教学的反思，并形成文字，提高教师的专业技能。

5.积极参与学校的读书活动，保证每个教师每学期读1本教育专著，丰富自己的文化素养；以后物理组要订阅权威性的教育类期刊杂志，比如《中学物理教学》、《物理教师》，从中了解更多著名教育专家、行家的观点，了解当前的教改动态，丰富教师的专业知识；要建立本组的高考题库和竞赛资料库。

6.拓宽学习渠道。继续发挥由凌工作室的辐射和带动作用。学习范围走出学校、走出西城区，向市级名师学习，高起点，使青年教师尽快成长。帮助本组的不同层级的教师在现有基础上再上一个台阶，即区1—4—1及普通教师都要争取"升级"；初级教师、中级教师争取更高职称。为本组的青年教师争取机会，参加区和市里的教学评优活动，争取3年内成为本区的骨干教师或青年教师希望之星。

7.组织好备课组的集体备课活动和教研组的教研活动。按学校规定，每学期备课组活动不少于16次，教研组活动每学期不少于6次。需要补充的是，除常规活动外，备课组和教研组活动必须保证有两次高质量的、有特色的、能解决一两个教育教学中实际突出问题的活动。配合教研活动，每个教师每个学年都要开1节公开课，组内教师的课都要互相开放，互相听评，相互启迪。做到教中研、研中教，把打造研究型的教研组落到实处。

8. 积极参加各级各类的教研活动。在教研活动中能积极参与，每位教师争取在自己任教的年级的教研活动中主动发表自己的观点，担任至少1次的主讲，在得到大家的关注与帮助的同时，扩大本教研组的知名度。

9. 建立教育教学资源库，实现资源共享，减轻教师重复工作的负担，获得更多的时间和精力从事教学研究，使教师在成长中成熟，在成熟中走向成功。

五、化学组发展规划

（一）本组教师现状及分析

1. 基本情况

（1）教师组成：我组现有教师总数10人，实验员2人。

（2）年龄结构：50岁以上2人，占总数的16.7%；40—49岁3人，占总数的25%，30—39岁5人，占总数的41.6%，20—29岁2人，占总数的16.7%。

（3）学历结构：具有本科学历者10人，占总数的83.3%；具有研究生学历者2人，占总数的16.7%。

（4）人才结构：市级骨干教师2人；区级学科带头人1人，区级骨干教师2人，区级青年教师希望之星1人。

（5）职称结构：高级职称4人，占总数的33.3%；中级职称5人，占总数的41.7%；初级职称3人，占总数的25%。

（6）教师工作状况：每位任课教师都能胜任高中的教育教学工作，每位教师都有高三教学的工作经验，并且多数教师都能担任学校的班主任、部分教师能担任年级组长和教研组长工作。全组成员的政治素质过硬，师德师风高尚，敬业奉献精神强，化学专业知识扎实，学科能力强，教育教学业绩突出。

（7）教研组团结和谐、拼搏进取，先后被评为原宣武区先进教研组、原宣武区青年文明号、原宣武区教育系统青年文明号。

2. 现状分析

几年来，本组教师取得了很多好成绩。组里涌现出一批优秀的教师，获得市、区、校各级部门的奖励与称号，在论文、评优课的评比中，有多人多次分别获得不同级别的奖励。本组教师具有科研的精神，多次承接市级研究课题，并取得了一定的实验成绩，目前我们承接的市级课题，正处于资料整理与理论实践阶段，预计 2012 年结题。通过上述分析可以看出本组的优势在于全部教师都已教过高中全部课程，积累了一定的教育教学经验，具备了从初三到高三进行循环的基础；大家都具有一定的科研基础。目前本组的需求是第一尽快完成高中教师从初三到高三的循环，这样教师可以更好地把握教材，驾驭教材；第二迫切需要有名师引领，快速提高科研能力，在教科研上取得更大的成果。

（二）化学组 6 年发展目标

根据学校的总体规划和本组的具体需求，我们教研组的建设，必须坚持全面实施素质教育，全面提高教育教学质量。坚持理论和实践相结合；坚持教学、科研、培训相结合；坚持教学为中心，继续把握课堂主战场，教学中以学生为本，以学生的发展为本；坚持资源开发，实行资源共享和优势互补；坚持以人为本，调动教师的积极性，走协调、持续发展的教研之路；力争继续成为区优秀教研组，扩大在区里及市里的知名度。

1.6 年规划定性目标

（1）完成从初三到高三的教学循环。

（2）进一步加强师德学习、专业学习和校本学习。使每位教师都具有高尚的职业道德、全新的教育理念、多元的知识结构、强烈的学习欲望、积极的反思意识、较强的科研能力、高超的教育艺术、不计得失的奉献精神，形成一支团结、和谐的研究型团队。

（3）所有教师力争成为在校本课程的构建与实施、新课程教学、课题研究、班主任工作等方面有专长的特色教师。

（4）利用现有和不断充实的实验条件，努力为学生提供自主实验的条件，创造自主实验的氛围。

（5）加强对青年教师的培养，逐步形成区级希望之星、骨干教师、学科带头人、市级骨干教师（以上）的分层次的骨干教师队伍。

2.6 年规划定量目标

（1）每年至少有 1 名教师去初三教学。

（2）积极参加教师基本功大赛、各级各类的评优课、公开课及研究课，并获奖；积极进行科研课题的研究与实践，撰写论文及教学反思，并发表或获奖。

（3）构建高中新课程的合理结构。非毕业年级每学年的课程构成为：2个必修模块、3个选修模块、1个研究性学习的课程和1个校本课程。3年完成2个必修模块和3个必选模块的资料库建设，（包括化学优秀教案库、试题库、素材库）融入不同类型的知识内容，方便师生，为学生的自主学习提供平台。3年完成系统的研究性学习课程征集学生研究性学习习作，开展学生作品展活动。6年内有针对性的选择校本研究新课题，完善校本研究课程体系，开发并撰写新的校本教材，完成教学需要的资料库的建设。毕业年级探索适合本校学生实际的总复习课程，做大限度地挖掘教师和学生的潜能，确保高考成绩位于全区第3，力争更好。

（4）制订市级课题《创建开放的学习环境与提高化学课堂教学实效性》的子课题《化学平衡研究中以开放性促进实效性》的后期计划，完成中期报告，3年完成结题。同时选择新课题研究，力争国家级课题。

（5）培养新一代的市、区学科带头人及骨干教师。

（三）实现目标的方法与途径

1.强化新课程理论学习，跟上新课程教学要求，进一步完善学业评价体系，密切注意高考评价体系的变化；积极参加各级各类的进修，不断更新教育理念。

2.加强教研组建设，以集体听课、说课、评课、专题研讨、请专家作报告等形式作为工作的抓手，促进教研组活动的开展；以科研促教研，本组老师每学年制订个人研究的课题或方向，从各个侧面研究教与学及其规律，并撰写教学论文，争取在市、区、校级交流或发表，并将科研成果用于教育教学实践；每学年组织教师到水泥厂、石油厂、陶瓷、自来水厂等与化学相关的工厂或博物馆参观2—3次，以开拓教师的视野，完善教师的知识结构。

3.加强备课组建设，每学年各备课组展示1次备课活动，推出1—2节公开课、研究课或观摩课，从而全面提高全组的整体教学水平。

4.加强对青年教师的培养，通过结对子等活动，使青年教师具有扎实的基本功，对教材体系和教材处理方法等方面有一个完整的系统的认识。利用多听课、集体备课等方式使青年教师尽快成为教学骨干力量。

5.合理利用多媒体教学平台，特别是实验室教学平台，探索实验、课件为一体全方位情景教学模式，使课堂教学由静态的灌输转变为图文并茂的动态、互动传播，实现多媒体应用与化学课堂教学的有机整合，实现知识来源多元化、立体化，加大课内外教学的趣味性和成效性，使教得轻松、学得愉快。

6.积极组织好研究性学习，全面落实新课程标准和教学大纲所规定的教学内容，挖掘研究性学习的课题鼓励学生对自身所处环境进行研究，加强对学生进行环境保护的教育，教育学生关心环境、能源、卫生、健康等与社会有关的化学问题，培养学生的社会公德和社会责任感。

7.整理校本课程教材和学生成果，包括小发明、小制作、小论文、小课题研究范例及优秀作业等，对文本装订成册，成果展示到位，促进校内外交流，激发学生创造性和探究性的兴趣，化学组每年举行1—2次科普或专业讲座，辅导学生踊跃参加各级各类竞赛。

8.建立教育教学资源库，实现资源共享，同时筹建化学网站资源库，收集优秀教案和完善教学课件，实施一体化教学，优化教学过程。充实完善化学网络内容，注意网站资料的更新与充实，尝试开办教学博客。

六、生物组发展规划

（一）本组教师现状及分析

1.基本情况

我组现有教师总数9人（含实验员1人），其中男教师1人。50岁以上教师1人，40—50岁2人，30—40岁4人，30岁以下2人。任课教师全部为大学本科以上学历，其中博士后学历1人，硕士研究生学历2人，正在攻读北师大在职硕士学位的2人。具有高级教师职称的2人，具有一级教师职称的4人，其余为二级教师。生物组有1人获得特级教师称号，1人是区生物学科骨干教师，1人是区生物学科希望之星。

生物组教师积极参与课程改革，认真转变观念，通过提高自身专业化水平促进学生学习方式的转变，努力提高课堂教学质量，高考成绩居区前列；积极参与市区教研活动，为市、区教师进行教材分析，承担市区公开课、研究课并取得好成绩。生物组教师具有较强的科研精神，课题研究和论文也获得不同级别的奖励。

生物教研组氛围和谐、团结向上，被评为区青年文明号先进集体。

2.现状分析

生物组的优势在于教研组整体团结和谐向上，有名师引领，教师年龄结构、学历结构较合理，学科专业基础理论扎实，动手实验能力较强，学习工作主动，具较强的科研意识和能力。

面对新课程，生物组教师需要进一步转变观念，并认真学习和实践。高中生物实验室的功能细化后，教师在教育、教学、教科研方面需要进行长远规划和深入的学习。

生物组青年教师较多，需要加强引导，提升教育、教学及教科研能力，在较高起点上迅速成长。

生物组男性教师人数少、实验员人数少，应适当调整。

（二）生物组 6 年发展目标

十四中的发展目标是通过内涵式发展，以全面实施素质教育为中心，以培养学生创新精神和实践能力为重心，深化教学改革并取得实效，建成西城区全面育人优质品牌学校、北京市特色办学示范学校、国内外不断扩大影响力的知名学校。

在与学校的总体规划相一致的基础上，生物组的规划体现学科特点和本组的实际，适应新课程改革的需要，努力实现教学质量和教师素养的共同提高。

1. 6 年规划定性目标

通过 6 年的学习和工作实践，生物组将达到：

人人能胜任高中各年级生物学科教学任务；人人能胜任班主任工作；人人能承担市、区级公开课或研究课；人人能独立进行课题研究并撰写较高水平论文；人人成长为有专长的研究型教师。教师专业化知识结构更加合理、专业化技能进一步提高。形成在北京市、西城区有一定影响力的先进团队。

充分发挥十四中生物学科硬件优势，在促进教师专业化发展和转变学生学习方式方面、在全面提升教育教学质量方面、在"产学研"方面、在培养高素质（优特尖）学生方面、在与高校联合共搞科研方面，积极实践并取得成果。

2. 6 年规划定量目标

（1）提倡在课堂教学中以"五明白"对教学进行衡量和评价。其中"备明白"是指教师备课细致、流畅、明白，三维教学目标制订全面准确，体现新课程精神；"讲明白"是指教师能将教学内容表述清楚、说明白；"听明白"是指学生能够通过教师的引领，积极参与教学过程，明白教师所讲；"用明白"是指学生能够掌握并应用本节所学；"思明白"是指教师在教学后进行深入有效的反思总结。进而提高课堂教学质量和效率，提升学生的成绩。

（2）全体教师积极参加市区教师基本功大赛、评优课并获奖；积极进行科研课题的研究与实践，撰写论文及教学反思，并发表或获奖。

（3）争取有较多的教师被评为北京市学科教学带头人、骨干教师，有较多的教师被评为区级学科带头人、骨干教师、希望之星。

（4）在区青年文明号优秀教研组的基础上，争取被评为区、市先进教研组，在北京市有一定的知名度。

（5）构建完成高中生物新课程的合理结构。完成 3 个必修模块和 3 个必选模块的资料库建设和单元评价、模块评价体系。

（6）积极申报并实践各级课题，提升本组教师的科研能力和水平，提升学生的生物科学素养。

（7）引进 1—2 名男教师，并增加实验员数量。

（三）实现目标的方法与途径

1. 每学期每位教师读 1 本教育或教学专著，撰写读书笔记或论文，提升自己的专业素养。

2. 教师每节课后要进行反思，把自己的教学感悟、教学发现及时记录下来。每学年撰写 1 至 2 篇高质量的教学论文或案例（争取发表）。

3. 教师要积极参加市区教研活动并争取每学年担任 1 次主讲。每位教师每个学年至少要有 1 节公开课，组内教师的课互听互评，把教研活动落实到平时的教学中去。

4. 发挥名师的引领作用，搞好传、帮、带，帮助青年教师迅速成长。

5. 组织好教研组教研活动和备课组的集体备课工作。积极与兄弟学校开展交流活动，在交流中汲取营养。

6. 以备课组为单位 3 年内完成必修模块和选修模块的资料库建设和单元评价、模块评价体系。后 3 年继续完善。

7. 充分开发十四中生物高分子实验室、植物组织培养实验室等的功能，在"产学研"方面、在培养高素质（优特尖）学生方面、在与高校联合共搞科研方面，进行大胆实践，争取 3 年初见成效。在认真总结的基础上力争 6 年出成果。

七、历史组发展规划

（一）本组教师现状及分析

1. 基本情况

本组现有教师总数 6 人，高级教师 3 人，二级教师 3 人，区级 1—4—1 骨干教师 1 人。1 人硕士研究生学历，5 人本科学历。年龄在 30 岁的教师 3 人，50 岁以上的教师 3 人，其中 1 人即将退休。年龄结构不太合理，缺少中间年龄段的教师。职称结构不合理，缺少一级教师。

2. 现状分析

（1）近些年，我们教研组取得了一些成绩：曾在高考中，历史学科平均分列原宣武区第 1 名，和其他教研组一起培养出原宣武区文科状元。

（2）我组教师在其他方面也取得了一些较好成绩。论文、公开课分别获得市区级奖励。

（3）我组具有一定的科研能力，所承接的国家级和市级的研究课题，取得了较好成绩。

（4）课改成败的关键在于教师，只有教师切实转变教育思想和教学行为，进一步提高教师业务水平，课改才能深入发展。因此，历史组致力于提升教科研能力，研究课堂教学教法、学生学习方式转变等。通过努力，教师业务水平、学生历史素养得到了很大提高。

（5）本组的优势在于教师具有人格魅力，有较好的专业水平，工作兢兢业业，教研组整体和谐，有很好的学术氛围。我组的需求是改变现在的年龄结构不合理和职称结构不合理的现状，形成可持续发展。老教师有一定的教学水平和经验，但缺少更高水平的教师引领，以提高教育教学水平。年轻教师还需要进一步锻炼，提高教育教学和科研能力，才能落实组的规划。

（二）历史组 6 年规划目标

根据学校的总体规划和本组的具体需求，我们认为我们教研组的建设，必须建立新的教育理念，着力全面实施素质教育，全面提高教育教学质量，培养全面发展的人才。坚持理论和实践相结合，在实践中不断完善自己，以适应社会的需要。坚持教学、科研、培训三位一体，探索新的适合我校和我组的教学科研新模式。重视开发学生潜能。实行组内资源共享和优势互补。坚持提高课堂教学效率为中心，课堂教学改革为立足点，努力达到学生和教师素养共同提高。实施以人为本，走持续发展的教研之路。

1. 6 年规划定性目标

概括起来是：尚德、崇贤、举能，建设一支师德高尚的教师队伍。师德是一种职业道德，它是教师和一切教育工作者在从事教育活动中必须遵守的道德规范和行为准则，以及与之相适应的道德观念、情操和品质。爱岗敬业，这是师德的灵魂。要热爱教育事业，学会尊重学生，这是现代教师的基本素质。在组内要树立：学高为师，身正为范，严于律己，以身作则风尚。改变我组的年龄、职称结构不合理的状况，引进年龄合适的教师。尽快培养年轻教师，提高业务水平，为有发展前途的教师搭建平台。规范我组的教研组活动和备课组活动，并提高活动的实效性，使我组的教学和研究能力不断提高，力争成为区内有影响的教研组。

2. 6 年规划定量目标

（1）引进 1 名 30—40 岁的男性教师。

（2）争取在 3 年内使 1 名教师晋升为一级教师。

（3）聘请首都师范大学历史系专家经常到学校指导工作。

（4）在未来 6 年中争取有 1 人被评为市骨干教师。区级 1—4—1 工程骨干教师、希望之星若干人。

（5）在教研上，认真开展好备课组和教研组的研究活动，以新课程改革为契机，提高备课组的效率，认真备课。开展好教研组的活动。提高课堂教学效率。

（6）积极实践和摸索教学新模式，使教师和学生都能得到全面健康的发展，快乐地生活学习。

（7）完成 4 个必修模块和 2 个必选模块的资料库建设。

（8）完成 4 个必修模块和 2 个必选模块的单元评价和模块评价体系。

（9）特色专业教室建设。在教学中尽量使用特色专业教室，用纪录片，文物等，营造历史氛围，使学生进一步理解所学知识。

（三）实现目标的方法与途径

1.每学期每位教师读1至2本教学、教育专著，提高自己的业务水平，丰富自己的人文素养。每年每位教师订购一本权威性的教育类期刊杂志，了解更多著名教育专家、行家的观点，了解当前的教改动态。及时作好笔记，写出自己的心得，把自己的教学感悟、教学发现及时撰写下来。每位教师读到好书，要相互推荐、介绍，通过同伴互助促进教师的专业发展。组织开展新课标研讨、教材分析、教学观摩、课例研究等教学研究活动，做好教学研究活动的详细记录，提高教研组活动的实效性。

2.每学年每位教师撰写1至2篇高质量的教学论文或案例。

3.组织好业务活动和备课组的集体备课。每个青年教师每个学期都要搞1节公开课，锻炼培养青年教师，落实我组建设的战略任务。组内教师的课在学校的开放日，向全校开放。组内互相听评，相互启迪，相互交流，相互提高。每月检查备课组活动，教师必须花时间去琢磨学生、琢磨活生生的课堂，走进学生中间，了解他们对即将讲解的内容的兴趣、知识储备和他们所关心的话题，使课堂教学更贴近学生的实际状况。

4.积极参加市和区教研室组织的教研活动。在教研活动中能积极参与，争取在自己任教的年级的区级教研活动中主动承担交给的任务，每学年争取在区里做1节展示课。为扩大教研组的知名度和市区教研员加强联系，请他们光临指导。与高校历史系和科研机构建立联系，定期的请来指导，全面提高本组水平和能力。

5.积极与兄弟学校开展交流活动，在交流中共同提高。大力支持教师外出学习交流，学校提供信息和交流的平台。

6.千方百计提高本组的青年教师教育教学水平，提供锻炼机会使他们尽快成长。

7.每学期组织若干次参观，如博物馆、历史遗迹等。开阔教师视野，为提高素质和教学水平打基础。为教师的业务学习推荐好的学习资料。

8.每学期组织教师开展教学反思，提炼、总结、推广教学经验，根据教学实践中出现的问题，有针对性地开展教学科研工作。

八、地理组发展规划

（一）本组教师现状及分析

1.基本情况

（1）教师组成：我组现有教师总数 4 人，其中男教师 3 人，女教师 1 人。

（2）学历结构：全组均为大学本科学历。

（3）年龄结构：30 岁以下教师 2 人，31—40 岁教师 2 人，平均年龄 34.5 岁。

（4）职称结构：高级职称 1 人，中级职称 1 人，初级职称 2 人。

（5）人才结构：1 人为 1—4—1 骨干教师。

（6）教师工作状况：本组教师取得了很多好成绩。论文、公开课分别获得不同级别的奖励，高考成绩一直稳定在区第一集团阵营。具有科研的精神，承接了国家级、市级和区级的研究课题，取得了较好的实验成绩。

2. 现状分析

本组的优势在于教师年龄结构较合理，思想较活跃，有一定的业务基础，参与意识较强，都取得了一定的成绩，教研组整体和谐，具有一定的科研基础。但整体教学、科研水平仍然较低，本组的首要任务是利用一切有利机会，提高全组教学科研能力，使青年教师尽快成长。

（二）6 年规划发展目标

根据学校的总体规划和本组的具体需求，我们教研组的建设，必须着力全面实施素质教育，全面提高教育教学质量。坚持理论和实践相结合，在实践中升华理论；坚持教学、科研、培训一体化，探索学习、实践、研究、创新的教研新模式；重视开发人的潜能与教学资源，实行资源共享和优势互补；坚持教学为中心，课堂教学改革为立足点，努力达到教学质量和教师素养共同提高；坚持以人为本，不断完善激励机制，整合各方面的力量与积极性，走协调、持续发展的教研之路。

1. 6 年规划定性目标

（1）建设具有地理学科教学特色的教研组。概括起来是两句话、四个字，两句话是"夯实基础，提升能力"，强调地理学科的地域性、综合性、实践性，四个字是"创（探索创新）、实（联系实际）、活（活教活用）、严（严格严谨）"。

（2）力争成为区先进教研组，在区教学圈中扩大知名度，成为区青年文明号单位。

（3）加大教研组内部良性竞争，使全组教师动起来。

2. 6年规划定量目标

（1）力争有 2—3 人被评为区级学科带头人、骨干教师、希望之星。

（2）完成 3 个必修模块和 2 个必选模块的资料库建设；完成 3 个必修模块和 2 个必选模块的单元评价和模块评价体系；完成新课程高考资源库建设和高考复习体系设计。

（3）在科研上，完成国家级课题《宣南文化与宣武区社会经济发展的关系》、市级课题《北京市高中办学标准细则研究》、区级课题《地理综合实践模式研究》，提升本组教师的科研能力和水平。

（4）建立特色实验室：在新校址建立史地综合实验室、天文实验室、地理园各 1 个；与北京市教育技术设备中心联合建立北京市高中办学标准（地理）样板实验室 1 个。

（5）引进 1 名具有高三毕业班教学经验和教科研成绩较突出、思想活跃的成熟教师。

（6）力争在每学年有 2 至 3 节区级乃至市级公开课。

（三）实现目标的方法与途径

1. 每学期读 1 本教育专著，丰富自己的文化素养。人手至少 1 本权威性的教育类期刊杂志，了解更多著名教育专家、行家的观点，了解当前的教改动态，及时作好笔记，写出自己的心得，把自己的教学感悟、教学发现及时撰写下来，每学年撰写 1 至 2 篇高质量的教学论文或案例。

2. 组织好教研活动和各备课组的集体备课。每周进行 1 次集体备课，轮流由 1 位教师准备下一周教案、学案、课件及相关教学资料，并进行教材分析，其他教师在此基础上进行补充、完善，每位教师上完该内容后，要有相应反思，在下一次集体备课时进行总结，这样一个教学周期下来，可完成相应模块资源库建设。组内教师的课都要互相开放，互相听评，相互启迪。做到在教中研，在研中教，把教研落实到平时的教学活动中去。

3. 积极参加区教研室组织的教研活动。在教研活动中能积极参与，争取在自己任教的年级的区级教研活动中主动发表自己的观点，担任至少 1 次的主讲，在交流中获得智慧，得到大家的关注与帮助，扩大教研组的知名度。

4. 积极与兄弟学校开展交流活动，在交流中汲取营养。

5. 帮助本组的青年教师尽快成长，成为区 1—4—1 希望之星，能胜任高三毕业班教学工作。

6.在2009—2010学年度新课程第一年高考复习过程中，整合具有高三毕业班教学经验教师原有教学资源，初步完成新课程高考资源库建设和高考复习体系设计，并在以后2个学年度逐步完善，减轻教师重复工作的负担，获得更多的时间和精力从事教学研究。

7.利用原宣武区选修课"宣南文化大课堂"，完成国家级课题《宣南文化与宣武区社会经济发展的关系》子课题研究；结合近3年新课程教学，完成市级课题《北京市高中办学标准细则研究》地理子项目研究；继续开设地理综合实践研究性学习课程，完成区级课题《地理综合实践模式研究》。

九、政治组发展规划

（一）本组教师现状及分析

1.基本情况

（1）教师组成：我组现有教师总数4人，全部是女教师。

（2）年龄结构：40岁以上的1人，占总数的25%；30—39岁的3人，占总数的75%。

（3）学历结构：具有本科学历者3人，占总数的75%；具有研究生学历者1人，占总数的25%。

（4）人才结构：市级骨干教师1人；区级骨干教师2人。

（5）职称结构：高级职称2人，占总数的50%；中级职称1人，占总数的25%；初级职称1人，占总数的25%。

（6）教师工作状况：每位教师都能胜任高中的教育教学工作，每位教师都有高三教学的工作经验，并且都在担任学校的班主任、年级组长和教研组长工作。教育教学业绩突出。

（7）教研组氛围和谐、团结向上、拼搏进取，享誉西城区。连续两届被评为先进教研组、巾帼建功立业先进集体。

2.现状分析

通过上述分析可以看出本组的优势在于全部教师都有7年以上的教龄，已经积累了一定的教育教学经验，业务过硬，改革意识很强，都取得了一定的成绩，教研组科研基础扎实，整体起点较高，正处于最佳发展时期。但本组发展的现状仍然存在着两个较为突出问题，即本组教师男女结构不够合理，清一色的女教师，迫切需要引进男教师；另外，教师缺乏名师的专业指导，迫切需求在名师引领下，提高科研能力，在高起点上快速成熟。

（二）政治组6年发展目标

根据学校的总体规划和本组的具体现状，我们教研组的建设，必须着力全面实施素质教育，全面提高教育教学质量。坚持理论和实践相结合，在实践中升华理论；坚持教学、科研、培训一体化，探索学习、实践、研究、创新的教研新模式；重视开发潜能与资源，实行资源共享和优势互补；坚持教学为中心，课堂教学改革为立足点，努力达到教学质量和教师素养的共同提高。

适应新课程改革的需要，使本组教师在完善自己的专业知识结构的基础上，发展成为具有较高综合素质的教师；使本教研组在区先进教研组的基础上，力争在市教学圈中有一定的知名度。

1.6年规划定性目标

（1）适当调整男女教师比例，特别要增大男教师的比例。

（2）教师专业化知识结构更加合理、专业化技能普遍提高；教师自我提高的欲望明显增强；提高自身综合素质的理念践行到教育教学的实践中。

（3）形成一支在北京市有一定影响力的先进团队。

（4）所有教师成为研究性的教师，分别成为在校本课程的构建与实施、新课程教学、课题研究、班主任工作等方面有专长的特色教师。

2.6年规划定量目标

（1）至少引进1名男教师。

（2）积极参加教师基本功大赛、各级各类的评优课，并获奖；积极进行科研课题的研究与实践，撰写论文及教学反思，并发表或获奖。

（3）2人被评为市骨干教师。区级1—4—1工程骨干教师、希望之星2人。

（4）构建高中新课程的合理结构。非毕业年级每学年的课程构成为2个必修模块、1个选修模块、1个研究性学习的课程和1个校本课程。3年完成4个必修模块和2个必选模块的资料库建设，完成4个必修模块和

2个必选模块的单元评价和模块评价体系，3年完成系统的研究性学习课程和校本课程的教材的选定、编写，完成教学需要的资料库的建设。

（5）在科研上，以国家课题《公民意识的培养》为引领，利用班集体教育这一实验平台，提升本组教师的科研能力和水平，3年完成课题的实验。

（三）实现目标的方法与途径

1.积极参与学校的读书活动，保证每学期读1本教育专著，丰富自己的文化素养；人手2本权威性的教育教学类期刊杂志，比如《思想政治课教学》、《中学政治》，从中了解更多著名教育专家、行家的观点，了解当前的教改动态，丰富教师的专业知识。

2.坚持每节课后针对本节课的教学设计、或教学内容、或教学方法、活血法指导等具体环节进行反思，学期末进行1个模块教学的反思，并形成文字，提高教师的专业技能。

3.高一和高二年级每学年开设1门研究性学习课程：高一年级开设《JA经济学和MESE》，高二开设《青年理财》或《学生公司》，提高教师的综合能力。

4.积极参与课题的实验工作，3年完成1个国家级课题的实验，并形成有意义的试验成果，或发表文章，或成果推广。从而加强教研组教师的科研意识和提高教师的科研能力。

5.强化备课组的集体备课活动，提高备课组的活动质量；创新教研组的教研活动，形成教研组活动特色。每学期至少2次大型的业务、科研的活动，延续原有的跨校教研，配合教研活动，每个教师每个学年都要开1节公开课，组内教师的课都要互相开放，互相听评，相互启迪。做到在教中研，在研中教，把打造研究型的教研组落到实处。

6.积极参加各级各类的教研活动。在教研活动中能积极参与，在自己任教的年级的教研活动中主动发表自己的观点，在现有担任主讲教师的基础上，所有教师都成为本学科中心备课组成员，在得到大家的关注与帮助的同时，扩大本教研组的知名度。

7.实施青蓝工程，帮助本组不同层级的教师在现有基础上再上一个台阶。推荐本组10年教龄以上的教师参加北京市骨干教师的培训班的学习，争取成为北京市的骨干教师；为本组的2名青年教师争取机会，参加区和市里的教学评优活动，争取 3 年内成为本区的骨干教师或青年教师希望之星。

8. 建立教育教学资源库，实现资源共享，减轻教师重复工作的负担，获得更多的时间和精力从事教学研究，使教师在成长中成熟，在成熟中走向成功。

十、技术组发展规划

（一）本组教师现状及分析

1. 基本情况

（1）教师组成：我组现有教师总数 3 人，其中信息技术教师 1 人，通用技术 2 人。

（2）年龄结构：35 岁以上 1 人，占总数的 34%；29—35 岁 2 人，占总数的 66%。

（3）学历结构：具有本科学历者 3 人，占总数的 100%。

（4）职称结构：中级职称 1 人，占总数的 34%；初级职称 2 人，占总数的 66%。

（5）教师工作状况：每位教师都能认真履行岗位职责，较好完成学校布置的各项工作。

2. 现状分析

通过上述分析可以看出本组的优势在于全组教师都属于中青年教师，具有了一定的教育教学经验，业务水平扎实，创新意识强，善于接受新事物，正处于最佳发展时期。但本组发展的现状仍然存在着一个较为突出问题，即本组老师职称结构不够合理，没有高级职称教师；缺乏名师的专业指导，迫切需求在名师引领下，提高科研能力和业务水平，在高起点上迅速成长进步。

（二）技术组 6 年发展目标

教研组建设规划是实现学校教学规划的重要基础，它既应该与学校的总体规划相统一，又应该具有相对的独立性，体现学科特点和本组的实际。所以我们教研组的理念目标是：教研组与学校一起进步发展。根据实际情况我们也制订了本组的 3 年规划目标。

1. 6 年规划定性目标

（1）培养学者型教师。

通用技术教师的专业能力是指他们提供本课程教学服务的能力，他们不一定是著名产品设计师、建筑设计师或现代农业技术专家，但他们必须具备基本的技术设计基础，以及他们在教育教学领域的实践经验，这正体现了作为教师的不可替代性。因此，需要教师见多识广，同时"术业有专攻"，教研组计划将组内教师培养成为学者型教师，适应不断更新的通用技术学科。

（2）建立一个研究型教研组，以科研课题的形式，对通用技术的课型与教学模式展开研究。

通用技术是一门崭新的课程，在《课程标准》里没有对通用技术课程的"课型与教学模式"给出明确界定和详细解释，即这个研究领域尚处于比较空白的状态。传统学科（例如语文、数学、物理等学科）中研究相对成熟的课型与教学模式，对于通用技术，可以在借鉴老学科成功经验的同时更要结合本学科的实际进行创造性的研究与试验工作，要从技术的思想方法的逻辑结构和技术的学科结构等方面综合考虑，根据学科内容特点和教学对象特点，研究通用技术的课型及其特征，选择或构建相应的微观教学模式。

（3）争取拥有一个属于本组的课题或者高级别课题的一个子课题，在教育研究方面取得成果，并集结成册，如"新课程模式下的技术课程教学策略研究"。

2.6 年规划定量目标

（1）组内有 1 名教师被评为高级教师，2 名教师被评为一级教师。

（2）积极参加教师基本功大赛、各级各类的评优课，并获奖；积极进行科研课题的研究与实践，撰写论文及教学反思，并发表或获奖。

（3）1 人被评为区级 1—4—1 骨干教师，1 人被评为希望之星。

（三）实现目标的方法与途径

1.能认真开展好教研组的研究活动，以课题为引领，以新课程改革为契机，提高备课组研究问题解决问题的能力，提高课堂教学效率。

2.积极实践并深化问题引领、情景探究、生活回归的导学教学模式，使学生能得到全面健康的发展，快乐地生活学习。

3.完成 2 个必修模块和 4 个选修模块的资料库建设。

4.完成 2 个必修模块的单元评价和模块评价体系。

5.完成 2 个必修模块的实验设计研究和学生活动设计研究。

6.每学年推出 1 节区级研究课。

7.每学年组内每位教师都提交 1 篇教学论文，并能在区级以上论文比赛中获奖。

8.每学年组织学生参加北京市青少年科技创新大赛和全国科技类比赛，争取获得好成绩。

9.完成课题《通用技术课程实验研究—榫卯结构套件的设计与开发》。

十一、体育组发展规划

（一）本组教师现状及分析

1.基本情况

（1）教师组成：我组现有教师总数 6 人，男、女教师各 3 人。

（2）年龄结构：55 岁以上 1 人，占总数的 17%；35—45 岁 5 人，占总数的 83%。

（3）学历结构：具有本科学历者 6 人。

（4）人才结构：区级骨干教师 2 人。

（5）职称结构：高级职称 2 人，中级职称 4 人。

（6）教师工作状况：每位教师都能胜任高中的教育教学工作，每位教师都有高三教学的工作经验，2008 年全组教师获得北京市教师基本功—技能考核合格证书；论文、公开课分别获得不同级别的奖励。

（7）教研组氛围和谐、团结向上、拼搏进取，评为原宣武区的先进教研组；高三体育会考成绩优良；田径运动队在市区比赛多人多次获奖，团体成绩在原宣武区前列；篮球队连续 3 年获原宣武区第 2 名；北京市贯彻《学校体育工作条例》优秀校；被原宣武体委评为"宣武区群众体育工作优秀基层单位"等。

2.现状分析

通过上述分析可以看出本组的优势在于全部教师都有 10 年以上的教龄，已经积累了一定的教育教学经验，业务过硬，改革意识很强，都取得了一定的成绩，教研组科研基础扎实，整体起点较高。本组的需求是迫切需要有名师引领，提高科研能力，在高起点上快速成长。

（二）体育组 6 年发展目标

根据学校的总体规划和本组的具体现状，我们教研组的建设，必须着力全面实施素质教育，全面提高教育教学质量。坚持理论和实践相结合，在实践中升华理论；坚持教学、科研、培训一体化，探索学习、实践、研究、创新的教研新模式；重视开发潜能与资源，实行资源共享和优势互补；坚持教学为中心，课堂教学改革为立足点，努力达到教学质量和教师素养的共同提高。

适应新课程改革的需要，使本组教师在完善自己的专业知识结构的基础上，发展成为具有较高综合素质的教师；使本教研组在区先进教研组的基础上，力争在市教学圈中有一定的知名度。

1. 6 年规划定性目标

（1）教研上，认真开展好教研组、备课组活动，以科研带教研，落实新课程改革精神，把新的教学理念带入到课堂教学中，提高课堂教学效率，保证高三体育会考成绩优良。

（2）科研上，以教研促科研，发挥团队作战精神，提升本组教师的科研能力和水平，教师专业化知识结构更加合理、专业化技能普遍提高，很好地完成课题研究。

（3）教研组建设上，形成一支在北京市有一定影响力的先进团队。

（4）运动训练上，充分发挥新校址优势，搞好各种运动队训练工作。

（5）课外活动上，充分发挥新校址优势，丰富学生体育文化生活。

2. 6 年规划定量目标

（1）搞好高中体育课改工作，保证学生"三级"课程必修和选修的开展，使课程具有科学性、时代性，让学生真正受益，确保高三毕业年级的体育会考率为 100%；力争连续获区优秀教研组、备课组称号，在市教学圈中有一定的知名度。

（2）积极参加教师基本功大赛、各级各类的评优课，并获奖；积极进行科研课题的研究与实践，撰写论文及教学反思，并发表或获奖。

（3）1 人被评为市骨干教师，区级 1—4—1 骨干教师工程骨干教师、希望之星 2 人。

（4）力争在西城区各种比赛中名列前茅。

（5）认真落实中央"七号文"精神，保证学生每天锻炼 1 小时。抓好两课一操工作，使我校的课间操水平稳步提高。

（三）实现目标的方法与途径

1. 积极参与学校的读书活动，每学期读 1 本教育教学书籍，丰富自己的文化素养，了解著名教育专家、行家的观点，了解当前的教改动态，及时作好笔记，写出自己的心得，把自己的教学感悟、教学发现及时撰写下来，每学年撰写 1 至 2 篇高质量的教学论文或案例。

2. 坚持课后思，针对课的教学设计、教学内容、教学方法、学法指导等具体环节进行反思，学期末进行 1 个模块教学的反思，并形成文字，提高教师的专业技能。

3. 组织好教研组活动和各备课组的集体备课。保证全组教师在市、区中青年教师基本功技能考核中名列前茅。组内教师的课都要开放，做到教中研，研中教，把教研落实到平时教学活动中去。

4. 积极参加各种教研活动。在教研活动中能积极参与，争取在自己任教的年级的区级教研活动中主动发表自己的观点，担任至少 1 次的主讲，在交流中获得智慧，得到大家的关注与帮助，扩大教研组的知名度。

5. 积极与兄弟学校开展交流活动，在交流中汲取营养。

6. 发挥体育组集体智慧，搞好学生每天锻炼 1 小时工作，充分利用新校址的资源，丰富学生的活动内容和锻炼形式，让学生通过锻炼真正受益。

7. 利用新校址的优势，大力开展学生业余体育锻炼，提高学生的运动水平和竞技成绩，全面提高我校的体育成绩。

十二、美育组发展规划

（一）本组教师现状及分析

1. 基本情况

（1）教师组成：我组现有教师总数 5 人，其中音乐教师 3 人，美术教师 2 人。50 岁以上 1 人，40—50 岁之间 1 人，30—40 岁之间 1 人，20—30 岁之间 2 人。

（2）学历结构：本科学历 4 人，研究生学历 1 人。

（3）职称结构：高级职称 1 人，中级职称 1 人，初级职称 3 人。

（4）教师工作状况：每位教师都能认真履行岗位职责，爱岗敬业，尽力完成好学校布置的各项工作。

（5）教研组背景：我们美育组是 2007 年由体音美组分离出来的，距今刚刚 2 年时间，属于年轻的教研组。

（6）本组特点：美育组区别其他各组的特点在于我组是由音美两个学科组成，除完成日常的教学任务外，还要承担学校的大型活动筹划、准备和实施。每位教师需要根据自己的特长独当一面的开展工作，比如：美术老师除了日常的教学工作之外还需要肩负学校的宣传美化和重大活动的美工部分；音乐老师需要分别承担学校各个艺术团队的排练、展演活动，目的是发展学生的艺术素养和技能，同时展示我校师生的精神风貌。还有一个特点是我组教师时常需要加班加点，占用双休日和节假日的时间辅导学生，完成学校的美育等项工作。

2. 现状分析

通过上述基本情况的介绍可以看出本组的优势在于教师的专业特点和年龄结构，5 位教师各有专攻，可以从多个方面，支撑学校的美育工作。且全组教师工作态度积极，进取精神强，专业基本功扎实，各自的专长突出，均取得了一定的成绩和成果。教研组内，科研气氛浓郁，这为组内老师发展，营造了良好的学术氛围。目前美育组存在的问题是：怎样使音美两个学科相互整合借鉴，取长补短，共同发展。视听艺术原本就是一家，现在我们成为独立的教研组今后应在此问题上加强沟通和思考，在组内教研活动中不断探讨、沟通、交流，使学校的美育工作、音乐教学、美术教学不断向前发展，配合学校实现全面育人的目标。

（二）美育组 6 年发展目标

美育组发展规划的确定是依据学校发展规划的大框架并结合教研组的特点，力求规划符合组内实际、符合本组教师发展的需求，在科学发展观的基础上，本着以人为本、以师生共同发展为核心、与时俱进制订出切实可行的发展目标。

1.6 年规划定性目标

（1）教师专业化知识结构更加合理、艺术专业技能，教学技艺，欣赏和鉴赏力普遍提高；教师自我提高的欲望明显增强，把提高自身综合素质的理念践行到教育教学的工作实践中，使这个新的教研组在市区有一定的影响力。

（2）逐渐形成一支专业门类多样，有鲜明特色、有朝气、有影响力的艺术团队。

（3）美育组每位教师认真履行个人的发展规划，每学年都要有目标，有进步，一年一个台阶向上发展，逐步形成个人的教学风格与特色。

2. 6年规划定量目标

（1）积极帮助新任职的青年教师迅速成长，2年内达到称职，3—5年内得到市区教研部门的认可，争取成为1—4—1工程的希望之星。

（2）积极参加各种形式的教师培训、基本功大赛、各级各类的评优课、研究课、公开课。积极进行科研课题的研究与实践，撰写论文及教学反思，发表并争取获奖。

（3）人人争当市、区级1—4—1骨干教师、希望之星。

（4）逐渐完成音美两个学科2个必修模块和4个必选模块的资料库建设。并且完善各个模块的单元评价和模块评价体系。使学生通过模块的学习真正提高艺术素养。

（5）在教科研上，以国家课题、市区级课题为引领，利用课堂教学和艺术实践这一平台，提升本组教师的教科研能力和水平，完成相关课题的实验研究。

（三）实现目标的方法与途径

1. 利用新址建设的契机，做好专业教室的建设，使之满足教学和学生社团活动的需要。为教学活动、教师发展和学生社团的建设创造良好的物质基础。

2. 与学校主管校长沟通协商，保证社团活动的时间。加强教师的业务进修，为社团活动的质量打好基础。实现形成一支专业门类多样，有鲜明特色、有朝气、有影响力的艺术团队的目标。

3. 积极组织教师参加各级各类的教研活动和竞赛，以提高课堂教学的质量，同时使青年教师脱颖而出。

4. 鼓励教师积极参加课题研究，使"深情相融，技艺并进"的课题研究落到实处，促进教师教学方式和学生学习方法的转变，最终达到促进课堂教学质量提高的目标。

第二节　教师发展规划

北京市第十四中学教师 2010 年到 2016 年专业发展规划表

姓名：张敏	年龄：33 岁	学科（部门）：高中数学组
远景愿望描述	在未来的 6 年中，努力磨炼好自己教育教学的基本功，继续提升自己对数学和数学教育的理解水平。 我希望通过自己的努力，借助于学校搭建的平台，争取在教育教学成绩上不断提高，做一名研究型教师。	
分项目标描述	1. 教学目标：进一步提高课堂教学质量，已经获得 1-4-1 青年骨干教师称号，继续努力成为市级骨干。 2. 教育目标：力争获得区级以上优秀班主任称号。 3. 学习目标：坚持阅读本专业的报纸杂志，更好地改善自己的资源利用，作为备课组长认真组织好备课，在不断的学习与交流中共同进步。	
专业发展的条件分析	1. 外部条件： （1）北京市现在正处于新课程的实施阶段，新的理念新的内容给了我更多的机遇。市区经常要进行新内容的研讨，这些都是发展锻炼的机会，如我把《几何体三视图》的思考呈现出来时，不仅让更多的老师认识了我，而且得到了他们的欣赏与肯定。 （2）新校舍的落成和使用给我校发展提供了一个新契机，新的领导思想和办学理念给教师提供了更大的发展空间和展示才华的平台。可以争取更多的机会与全市的老师一起交流与分享教育教学经验。 2. 内部条件： 在 10 年的教学生涯中积累了很多的实际工作经验，同时也更加热爱这项事业与职业，对教育教学逐渐有意识探索自己的风格，各方面都处于上升期。	
阶段性目标分解	1. 前 3 年目标：潜心专研新课程教材，带完完整的一轮高中新课程，注意经常总结与反思。 2. 后 3 年目标：加强教学理论的学习和业务能力的再提高，撰写教学论文，争取更高层次的学习深造机会。	
控制措施	1. 提高自身素质和能力的具体方法设想： （1）认真阅读本专业的报纸杂志。 （2）充分利用网络资源，从同行心得中得到启发，获得灵感。 （3）积极参加各类各级的进修和培训，从专家身上获得业务能力的滋养。 2. 专业发展的途径： 研修、团队合作、校内外听课、同组老师交流沟通，坚持写教学反思等。 3. 需要学校提供哪些帮助： 需要专家的引领。	

姓名：邓锦辉	年龄：37 岁	学科（部门）：高中物理组
远景愿望描述	做一个幽默又治学严谨的学者型教师，受学生喜欢的班主任。成为有独特教学魅力且被学生喜欢的老师。成为一名能调动学生学习潜力，能对学生形成健全人格有帮助的班主任。	
分项目标描述	1. 教育目标： 2010--2016 年不断学习他人经验和总结过去班主任工作的得与失，多看教育管理及教育理论方面的书，增加教育理论方面的知识，使自己的理论水平上一个台阶。 2. 教学目标： （1）了解科技发展趋势，将物理学前沿、生活和国防军事科技中的知识与课堂相结合，以通俗而耐听的语言讲授出来，形成自己独特的教学风格。 （2）带两轮新课程改革下的高中物理教学，在教学上有自己的独特方法，力争在高考中取得理想成绩。 3. 教科研目标：全面总结自己在教育和教学工作中的得失，结合课改的精神，课余时间多学习相关教育及教学方面的案例与理论，提高自己的教育及教学理论水平，力争每一年出 1 篇像样的文章。 4. 班级管理目标： （1）以培养学生健全人格、具有时代特征、合格公民为目标。 （2）用科学的、有本人特色的教育管理理念指导实践，形成有鲜明特色和发展性的教育过程。 5. 发展强势项目目标：希望在专业上走得更远，力争带物理竞赛且有所突破。 6. 学习和其他目标：希望学校安排听实验中学王运淼老师的课。参加市区级骨干教师研修班。课余多学习教育理论及物理专业知识，多了解科技发展前沿，多关注物理与生活的联系，使自己在专业上有较大的进步。课余多看看历史人文、社会发展及哲学方面的书，使自己做一个博学型的老师。	
专业发展的条件分析	1. 外部条件： （1）希望学校不断地形成一个有一定压力，但和谐、人文、向上的文化环境。 （2）希望学校能抽出一定的人力、物力和财力从事物理竞赛之类的活动。 2. 内部条件： （1）个性随和，容易和学生沟通，具备作为教师的基本素质，例如表达、思维、一定的管理能力。 （2）在专业方面，有较好的专业理论知识与实践经验。 （3）作为青年教师，具备较强的进取精神和创新思维，且虚心勤奋，乐于钻研教材。但在理论及人文方面还需要更大的进步。	
阶段性目标分解	1. 前 3 年目标：将这一轮带到高三毕业，力争高考取得好的成绩。 2. 后 3 年目标：带新一轮高中三年的物理教学，使自己在教育教学上日趋成熟，成为学生特别喜欢的老师。 3. 工作之余读些教育、教学著作。力争写出像样的教育教学案例、反思和论文。	

姓名：邓锦辉	年龄：37 岁	学科（部门）：高中物理组
控制措施	*******	****

姓名：邓锦辉	年龄：37 岁	学科（部门）：高中物理组
控制措施	1.提高自身素质和能力的具体方法设想： （1）多思考，多反思，多看书。 （2）争取参加高水平的市、国家级培训课程，使自己的理论与实践更加丰富。 2.需要学校提供哪些帮助： （1）希望学校能帮助我联系到王运森老师，能经常去听课。 （2）如果有时间和精力，想尽可能地到高校进行一定的前沿学习。	

姓名：郑金姬	年龄：31 岁	学科（部门）：高中生物组
远景愿望描述	精心设计每节课，形成个性化的生物教学风格，成为开拓进取、深受学生喜爱的教师。 将教育学、心理学的理论知识与教学实践相结合，通过科学的研究方法，做出有意识的教育教学决策，帮助学生成为积极主动的、有效的学习者，以促进学生的发展。	
分项目标描述	1.教学目标：区级生物学科骨干教师。 2.教育目标：北京市紫禁杯班主任。 3.教科研目标：至少6篇论文、1项课题。 4.发展强势项目目标：区级生物学科带头人。 5.学习目标：加强生物专业知识及教育学、心理学理论的学习，同时辅助外语、社会学、管理理论学习。	
专业发展的条件分析	1.外部条件： （1）新课程改革确立了各学科的课程标准。课程标准的确立是基于基础性、选择性、先进性。提高学生的生物科学素养是生物课程标准实施中的核心任务，追求学生身心的全面发展，不仅要重视学生的学业成绩，还应当包括学生认知、情感以及实践能力等多方面的发展。一线教师作为教学改革的具体实施者，细心耕耘课堂是成功的坚实基础：既要落实基础，又要关注能力的提升；既要了解现实需要，更要关注长远发展；既要促进个体发展，又要尊重生命的规律，最终让教师和学生都获得生命价值的提升，从而实现人生幸福。 （2）市、区级论文、教学设计比赛给教师提供了展示的舞台；学校的办公条件日趋优化、教学设施日渐完善，为目标实施创造了良好的硬件条件，以研究性学习为手段开发的校本课程更是结合了本校的学生特点与教师的优势，增加了可操作性。 （3）生物组有良好的学习、工作和交流氛围，有经验丰富的特级教师的引领和指导，有积极肯干且专业基础扎实的青年同事，为自己的提升提供了可能。	

姓名：郑金姬	年龄：31 岁	学科（部门）：高中生物组
	2. 内部条件： （1）2001 年毕业于北京师范大学生命科学学院，中学一级教师，教高中生物 8 年，目前正在攻读在职硕士研究生学位。作为一名具备一定经验的青年教师，对教育发展趋势有一定的敏锐度，能较快接受新事物，能根据当今教育教学的发展趋势及时转变观念，更新理念，优化教育教学手段。 （2）热爱教育事业，能克服自身困难，一切以学生的发展为重。 （3）热爱生命科学以及心理学、社会学等领域的相关知识，平时注意更新和发展新的观点与知识。 （4）通过大学 4 年的专业学习及 8 年的经验积累，具有一定的学科知识基础；教学中擅长谈话、启发式教学，课堂气氛轻松活跃，能将生物学较深较难的知识以通俗易懂的方式表达出来，拉近了与学生的距离，师生关系融洽。多种语言能力和良好的个性特点在班级管理过程中也体现出明显优势。	
阶段性 目标分解	1. 前 3 年目标： （1）钻研教材与课程标准，认真做好课例分析，及时积累，探索符合学校实情的新课程高中生物教学模式。 （2）坚持教育学、心理学的理论学习，指导生物教学，把握学生心理，提高教学有效性。 （3）查找文献，结合教学实践，完成教育硕士论文。 （4）每一学年至少承担 1 次市或区级公开课，提升自身的教学基本功。 （5）积极撰写教育、教学论文，争取每年有 1 篇获奖论文。 （6）通过班级后进生的转化及班集体整体的进步，提升班级管理的能力。 2. 后 3 年目标： （1）在上述工作的基础上，做好课题研究工作，在研究中能结合实践与自我思考，融入新的内容，争取 3 年内有课题立项开题。 （2）争取参加市、区级教育教学研究项目。	
控制措施	1. 提高自身的信息素养。生物科学自 20 世纪中叶以来发展迅猛，作为生物教师，随时关注生物科学的发展动态、更新知识储备显得尤为重要。同时，保证每天至少有 1 小时的读书时间，阅读教育学、心理学、教育技术、社会学等领域的书籍，及时做读书笔记，加深理解生物科学与其他学科知识的联系，发展新思维、新知识。 2. 关注学生的发展。生物科学中，人既是研究者，也是被研究者，生物之间生命规律的相似性使学生对生物科学有着几乎本能的热情。利用这种学科优势，使学生在现实生活的背景中学习生物学，在尊重个体差异的基础上，不断调整教学方法，激发学生的学习动机，帮助学生理解生物科学，增强对自然和社会的责任感。 3. 培养科研意识。将教育随笔、教学反思、案例分析、读书心得纳入每天的工作之中，积累原始素材，通过教育科学研究方法，分析并解释，改进教育教学活动，使自己在思考、实践和积累中不断发展。	

姓名：郑金姬	年龄：31 岁	学科（部门）：高中生物组
		4. 加强交流与合作。"他山之石，可以攻玉"，积极参加各级教研活动，学习他人的成功经验，促进个人及团队整体的发展。生物组是内容丰富的资源宝库，虚心向名师请教，多与同事交流合作，博取众长、补己之短视为自己的必修课。 5. 优化班级管理。在班级活动中，渗透学生之间和师生之间社会交往的规范，确保有纪律的学习氛围，培养学生具有自尊、守法的公民责任；通过谈心、座谈、干部会议、家长会等形式，加深对学生的了解，制订有效的教育策略，帮助学生实现自我价值。

姓名：赵冬松	年龄：30 岁	学科（部门）：高中地理组
远景愿望描述		做一个有学识又不乏幽默的学者型教师，受学生喜欢的班主任。 1. 成为有自己的教学风格而且能受学生喜欢的老师，在提高自己专业文化的同时，还要多看书，提高自己的语言表达能力，让自己的课堂语言更生动，华丽但不浮躁，引人入胜的课堂语言是最终努力的目标。 2. 成为一名能教会学生做人原则，能对学生学习有所帮助的班主任。多学习吸收相关的理论知识，以理论指导实际工作，再把实际经验上升到一定的理论基础，能为学生更好地发展提供强有力的支持。
分项目标描述		1. 教育目标：学习他人经验，总结过去工作的得与失，多看教育管理方面的书，增加理论方面的知识。在班主任工作上，争取成为优秀班主任。 2. 教学目标：争取带两轮新课程改革下的高中地理教学；在教学上形成自己的风格。争取做好每一节公开课、每一次教学竞赛，取得好成绩。做好备课组长，把好年级地理质量关。当前的努力目标是：成为1-4-1希望之星。 3. 教科研目标：全面总结自己在教育、教学方面的得失，并把总结落实在文字上。多吸收好的教学经验，不断提高自己。 4. 发展强势项目目标：争取组织学校的定向越野社团。
专业发展的条件分析		1. 外部条件：目前国家很重视教育事业的发展，新课程改革，为自身发展提供了一个很好的时机。学校随着新校舍的建成，教学环境和条件的改善，更重要的是学校上下人心都思发展，思进取，使我置身于一个良好的发展环境。 2. 内部条件：性格开朗，平易近人，容易和学生沟通，虚心勤奋，有一定的专业功底，年轻，爱好广泛。
阶段性目标分解		1. 前3年目标：将这一轮带到高三毕业，力争取得好的成绩。同时也能够总结出自己的一套教学内容和经验。 2. 后3年目标：带新一轮高中三年的地理教学，使自己在专业知识和能力方面成熟，教学上更加得心应手，得到学校和更多师生的肯定。

姓名：赵冬松	年龄：30 岁	学科（部门）：高中地理组
控制措施	1. 专业发展的途径： （1）注重平时积累。多思考，多反思，多看书。 （2）学习他人经验。多与同行交流，汲取老教师的经验，听取老教师的建议。 （3）学会相互合作。与本组同事多交流，共同提高进步。 （4）争取、珍惜培训机会，开阔自己的眼界，博众家之长。 2. 需要学校提供哪些帮助：希望学校能帮助联系外校或外区优秀教师，经常去听课。	

姓名：李江凌	年龄：31 岁	学科：高中政治组
远景愿望描述	1. 专业成功类型：开拓进取型、深受学生喜爱型。 2. 专业成功层次：成为在北京市有教育、教学鲜明特色的教师。	
分项目标描述	1. 教学目标： （1）力争在第一次新课程高考中取得佳绩。 （2）利用新课程教学和备考的过程，逐步将新课程理念提升。 （3）力争培养出在区里有一定影响力的优秀文科学生。 （4）积极争取在市、区、全国做公开课、研究课的机会，提升教学业务水平，形成教学特色，扩大知名度和影响力。 （5）撰写阶段性教学工作反思案例和论文。 2. 教育和班级管理目标： （1）以培养高素质全面发展的学生为总体目标。 （2）用科学的、有本人特色的教育管理理念指导实践，形成有鲜明特色和发展性的教育过程。 （3）撰写阶段性教育工作反思案例和论文。 3. 教科研目标： （1）将教育教学论文及时撰写，力争在校、区、市级刊物上发表。 （2）完成现有课题。 （3）再次参与新课题。意向是教育管理方面。 4. 发展强势项目目标：教育、教学两方面的创新实践，有一定的成果。 5. 学习目标： （1）在 4 年内不断完善与自己任教的政治学科相关的本体性知识。 （2）在 5 年内充实自己的条件性知识，如教育学、心理学、管理学、信息技术等。 （3）在 6 年规划期内不断研究策略性知识。 主要学习方向是学习策略。在实践中，不断学习如何使其中的基础策略和支持策略在教学中发挥更大的作用。	
专业发展的条件分析	1. 外部条件： （1）教研组有良好的工作氛围，组内教师个个业务水平高，竞争压力大的同时也会起到一定的激励作用。	

姓名：李江凌	年龄：31 岁	学科：高中政治组
	（2）学校整体发展处于上升期，搬入新校址对教师的要求逐步提高，软实力是品牌优势的集中体现。在学校工作，机遇与挑战并存。 （3）市、区政治教师人才济济。在竞争中已经有一定的优势，但是机会相对较少，如何把握就成了关键。 2. 内部条件： （1）"态度决定一切"不无道理，良好的工作态度是我的优势。 （2）作为教师的基本素质，例如表达、思维、管理能力较好。 （3）作为青年教师，具备较强的进取精神和创新思维。 （4）目前比较欠缺理论高度和名师指导。	
阶段性 目标分解	此处不重复描述，见前。	
控制措施	1. 专业发展的途径： （1）每年各读 1 本教育、教学著作。 （2）每年完成 4 篇教育或者教学案例、反思或者论文。 （3）参加教育、教学研讨会，并积极发言与反思。 （4）与区、市教研员做交流与沟通。 （5）与其他区县教研员和教师积极交流和沟通。 （6）争取参加高水平的市、国家级培训课程，发挥专家引领作用。 2. 需要学校提供哪些帮助： （1）教研组和学校能多提供学习交流的机会。 （2）如果能有时间和精力，想完成在职研究生学习。	

姓名：缪劼	年龄：36 岁	学科（部门）：初中语文组
远景愿望描述	具有渊博的文化知识、先进的教育观念、扎实的教育理论、独特的教学风格、较强的科研能力的研究型、创新型的教师。	
分项目标描述	1. 教学目标：成为 1-4-1 骨干教师，成为北京市优秀教师。 2. 教科研目标：每学期写 1 篇论文，每学年发表 1 到 2 篇教育教学论文或 1 篇教学设计。 3. 学习目标：每学年坚持阅读教育教学理论书籍、专业知识和文学书籍 10 本以上，并坚持写读书笔记。 4. 其他目标：争做区先进教育工作者。	
专业发展的 条件分析	从 1994 年踏上工作岗位至今，已有 15 个年头了。在这十几年中，我从事过初、高中的语文教学工作，并多次经历中考、高考毕业班的教学工作，成绩均达到学校要求。从各方面学到了许多知识和经验，从一个对课堂教学只有理论知识的大学毕业生渐渐地磨炼成了一个能够比较好地掌控课堂教学的语文专业教师。	

姓名：缪劼	年龄：36 岁	学科（部门）：初中语文组
		作为一名已不年轻的青年教师，我有着较充沛的精力和灵活的头脑，对不断完善、更新的教育理念有着较强的接受能力。能在教学中熟练地运用现代教育媒体，并在工作中进行摸索、探究。具有较强的事业心和责任心，平时能对照教育理论来反思自己课堂教学的成功经验和失败教训，对教材编排有自己一定的独到理解，逐渐形成具有个性的教学设计。敢于在教学中做一些尝试，努力钻研，注重爱护和培养学生的好奇心和求知欲，尊重关爱每位学生，保护学生的探索精神、创新思维，营造崇尚真知的氛围。能协调好社会、家庭、学校三者之间的关系，加强教师、家长、学生间的沟通，为教育教学工作和谐、顺利地展开奠定坚实的基础。 同时，通过分析我也发现，自己长期以来比较重视课堂教学实践，相对忽视了教师自身学科专业知识的发展，科研能力有待加强。
阶段性目标分解		1. 前 3 年目标：坚持学习，完成好语文教研组长的工作，力争中考语文成绩达到并超过学校要求。力争担任区级公开课的任务。争取成为 1-4-1 骨干教师。 2. 后 3 年目标：优异地完成好教学工作，并确立自己的教学风格，继续担任 1-4-1 骨干教师，并努力成为市级学科骨干教师。
控制措施		1. 多学习、多实践： （1）充分利用学校提供的各种学习机会，认真学习专业知识、教育教学理论，努力使自己的专业知识更扎实精深、教学功底深厚、教学方法灵活多变、教学手段高效。 （2）多学习现代新知识、新技术、新信息、新理念，努力提高自己的信息素养和人文素养等，合理使用信息资源和多媒体技术，将广博的文化知识融合于语文的教育教学中。 （3）多参加市、区的教研活动和各种讲座、多阅读教育教学类杂志和书籍。从中吸取好的养分来充实自己，不断地提高自己的业务水平，以便能不断地给学生新信息、新知识，使课堂教学常教常新。 2. 计划阅读以下书籍： 苏霍姆林斯基的《给教师的建议》、《怎样培养真正的人》，朱智贤和林崇德的《思维发展心理学》，莫里斯·L. 比格所著的《学习的基本理论与教学实践》，帕克·帕尔默所著的《教学勇气》，叶圣陶的《语文教学论文集》，朱光潜的《谈美书简》、《歌德谈话录》、《中国诗史》。 3. 多反思、多研究： （1）每学期听课不少于 15 节。除了要听本学科的课外，还要多听其他学科的课，了解相关的学科知识，多与其他老师交流，努力提高自己的教学水平，多进行教学探索和尝试。 （2）多写教学反思，从得与失中快速提高自己的教育教学水平。多反思教学内容，注重语文文化教育；多反思教学方法，注重灵活多变；多反思教学组织，注重分组教学和个别教学相结合；多反思教学思想，注重激励、促进学生进步。将反思的结果结合学生实际和教育理念加以研究，创造性指导教育教学的新实践。

姓名：缪劼	年龄：36 岁	学科（部门）：初中语文组
	（3）积极撰写论文，把自己的专题研究从实践层面提升至理论层面，提高论文质量，争取每学年至少要有 1 篇论文在市级及以上刊物上发表或获奖。	

姓名：何洋	年龄：28 岁	学科（部门）：初中化学组
远景愿望描述	希望成为教学成绩突出、深受学生喜爱的教师，成为区级名师。	
分项目标描述	1. 教学目标：成为区级希望之星，带领毕业生取得好成绩。 2. 教育目标：担任班主任。 3. 教科研目标：发表论文每年 1 篇。 4. 学习目标：读研究生班并获得学位。 5. 其他目标：担任备课组长。	
专业发展的条件分析	1. 外部条件：西城区的教育环境良好，十四中对年轻教师也很重视，非常有利于自身发展。 2. 内部条件：目前比较年轻，处于学习和发展阶段，热爱教育事业，专业知识丰富，每个年级的课程均可担任。教学风格幽默，语言表达清晰，深受学生喜爱，教学成绩突出。由于年轻，学习机会多，肯于外出学习听课，全身心地投入到教育教学工作中。但经验不足，领导管理经验缺乏，管理能力不强。	
阶段性目标分解	1. 前 3 年目标：继续不断学习，努力成为学校教学方面的骨干，为我校成绩提高做贡献。 2. 后 3 年目标：逐步成为学校教学中坚力量，加强自身学习，提高自身专业知识水平，成为区级名师。	
控制措施	提高自身的素质要从不断学习、观察、反思和总结做起。在平时，主动提高教育教学理念，虚心向周围同事学习，通过拜师、校内外听课，提高自身修养与能力。希望学校能够提供外出听课、学习的机会。	

姓名：刘巍	年龄：28 岁	学科（部门）：初中体育组
远景愿望描述	成为深受学生喜爱并教学突出的教师。	
分项目标描述	1. 教学目标： （1）早日获得一级教师称号。 （2）尽全力提高初三学生体育中考成绩。 （3）3 至 5 年内在市区级评优课中获一、二等奖。 （4）积极参加市区级组织的各类教研活动，将其作为自身充电的可靠渠道。并把教研活动带来的收获引入课堂使学生受益。 （5）在 3 至 5 年内读透 2—3 本体育理论书籍，作为提升理论基础的保障。 2. 科研目标：每年发表 1 篇论文。 3. 行政目标：力争在 3 至 5 年内使本组评为先进教研组。	

姓名：刘巍	年龄：28 岁	学科（部门）：初中体育组
	4. 发展强势项目目标：发挥本人跆拳道方面特长和人脉，尽最大努力在校内开设跆拳道选修课程使其成为学校特色。增加与体委和中国跆拳道协会的联系，通过教学交流提高十四中的社会知名度。 5. 政治目标：积极向党组织靠拢，争取早日加入中国共产党。	
专业发展的 条件分析	1. 外部条件： （1）在科学技术是第一生产力的今天，国家为教育事业的发展提供了较大的发展空间。 （2）十四中有着百年的文化底蕴，2009 年新校址的竣工见证着百年的悠久历史，更预示着十四中辉煌的未来。学校的新设施必定为教学创造便利的条件。 2. 内部条件：本人 28 岁，正是年轻力壮精力充沛的年龄。对未来充满信心，对工作充满热情。从小从事专业训练，基本功扎实，专业高校毕业。进入十四中工作后得到名师赵万友老师的言传身教。	
阶段性 目标分解	1. 向老教研组长学习管理经验，做到经常和本组教师沟通交流。 2. 根据组里每一位教师的特长实行组内分工负责制，使每位教师各负其责，各尽其能。每月召开 1 次本组内部的课题讨论研究会，使本组老师达到互通有无、共同提高的目的。 3. 在现阶段最大的任务是多请教有经验的教师，多设计教学，使初三年级的体育成绩稳步提高。	
控制措施	1. 向兄弟学校教研组学习先进经验，并运用到本组教学工作中。 2. 每学期组织 2 次工作总结会，以总结成绩，发现不足，找出新的前进方向。	

姓名：吴佳瑛	年龄：40 岁	学科（部门）：初中英语组
远景愿望描述	1. 专业成功类型的老师：深受学生喜爱型及学者研究型。 2. 专业成功层次：校级、区级。	
分项目标描述	1. 教学目标：成为 1-4-1 骨干教师。 2. 教育管理目标：成为合格的班主任。 3. 教科研目标：每年写 1 篇论文发表，1 篇案例分析，自编 1 本初三英语练习册。 4. 发展强势项目目标：成为区级学科带头人。 5. 学习目标：英语专业研修班，争取拿到同等学历硕士学位证书。 6. 其他目标：承担班主任工作及备课组长工作，争取早日入党。	

姓名：吴佳瑛	年龄：40 岁	学科（部门）：初中英语组
专业发展的条件分析		1. 外部条件： 坚持以邓小平理论、"三个代表"重要思想为指导，贯彻"十七大"提出的"全面贯彻党的教育方针，坚持育人为本，德育为先，实施素质教育，提高教育现代化水平，培养德智体美全面发展的社会主义建设者和接班人，办好人民满意的教育"。以科学发展观统领教育教学各项工作，严格按照《义务教育法》、《未成年人保护法》等法规的要求，依法治校。 在我校全面落实西城区教育大会和中小学教育教学工作会精神，落实学校整体工作计划，树立全面、协调的发展观。坚持我校高需求、高标准、高质量的办学目标，充分认识新时期教育发展对英语教师的要求，坚持抓好课堂质量，在教学实践中不断优化教学过程，积极探索有效的课堂教学模式，同时认真学习并落实《北京市教委关于进一步提高中小学教师质量，切实减轻学生课业负担的意见》，在提高课堂教学效率和质量的同时，在减轻学生课业负担方面多下工夫。此外，根据不同年级的英语教学内容特点，认真上好每一节课，讲究教学策略，充分调动学生学习的主动性和积极性，着力在学生学习方法上提供指导。认真研究中考命题趋向。 2. 内部条件： （1）本人热爱教育事业，从教将近 20 年，经历英语教材版本改革 4 次，多次参加市教研培训及教材编写工作，担任区教研活动的主讲人。 （2）2001 年参加区中考试题的编写工作，多次承担区里的课题任务及论文获市一等奖，区二、三等奖，全国二等奖。所指导的学生获得市、区奖。在担任备课组长期间，所教年级荣获北京市团体一等奖，所教学生有 6 名在原宣武区中考中列区前 3 名。积极参加区观摩课及研究课的探讨及学习，并且多次承担区观摩和研究课的任务，并获得区一等奖。 （3）为了加强自身的专业知识水平，本人在 1999 年参加首都师范大学研修班学习，目前在北京第二外国语学院外国语言学及应用语言学翻译研修班学习。能够胜任初、高中年级的教学。2006—2007 年被学校委派去英国学习 1 年。 （4）思想上要求进步，目前积极参加党组织的各项活动。
阶段性目标分解		1. 2010—2011 年：获得区课件三等奖，完成北京第二外国语学院翻译研修班的学习。 2. 2011—2012 年：担任班主任工作，写 1 篇论文，1 篇案例分析，1 本初三练习册。 3. 2012—2013 年：写 1 篇论文，做 1 节公开课。 4. 2013—2014 年：出 1 本教辅材料。 5. 2014—2015 年：1 篇案例，教学模式探究。 6. 2015—2016 年：总结经验与不足，调整今后发展的方向。

姓名：吴佳瑛	年龄：40 岁	学科（部门）：初中英语组
控制措施		1. 本人教育实践经验少，但热情高涨。由于担任过初三的班主任工作，所以积累了一些工作经验，希望有关领导给予支持与安排。 2. 希望多有专家进行指导。 3. 希望学校能够多给提供一些听名校、名师课的机会。

姓名：吴超颖	年龄：33 岁	学科（部门）：初中生物组
远景愿望描述		成为教学成绩突出型、深受学生喜爱型、学者研究型、开拓进取型教师。
分项目标描述		1. 教学目标：1-4-1 骨干教师。 2. 教育管理目标：成为区级优秀德育教育者。 3. 教科研目标：每学年发表教育教学论文 1 篇。 4. 学习目标：自觉学习教育教学理论知识，教育管理知识，青少年心理学知识。 5. 其他目标：继续做好班主任、备课组长工作；争做校先进教育工作者。
专业发展的条件分析		1. 外部条件： 　　新的时代对优秀人才有新的更高的要求，现代家长对孩子有更高的期望，这就对现代的教师提出了更高的要求。随着教育改革的深入，教师的教育教学理念也有了更高的提升。做一名优秀的教育工作者，时代给我们提出了更高的要求，也为教师的专业发展提供了更大的发展空间。一名优秀的教育工作者，要精于教学，要在班主任方面有专业理论的支持，既要掌握班级管理理论，同时又要具备相应的心理学知识，要对自己的教育工作生涯做好规划。 2. 内部条件： 　　我热爱教育事业，爱学生，在平时的工作中能够谦虚向他人学习，钻研教育教学工作。在三尺讲台上，我已工作了 12 年，在教育教学方面积累了一定的经验，善于思考在工作中遇到的各种教育教学问题，努力成为学生的良师益友。与同事团结协作，和睦相处，乐于助人，能够胜任自己的本职工作和学校交给的各项工作任务。
阶段性目标分解		1. 总结前期工作的经验，提出新的教育教学研究课题，虚心向他人学习，博览群书。 2. 向科研型教师发展。 3. 争做校先进教育工作者。 4. 争当 1-4-1 骨干教师。 5. 成为区级优秀德育教育工作者。

姓名：吴超颖	年龄：33 岁	学科（部门）：初中生物组
控制措施		1. 提高自身素质和能力的具体方法设想： （1）用自己的目标鞭策和激励自己，不断总结自己的经验和不足，撰写论文。 （2）读专业的书籍，不断提升自己的专业理论水平。 （3）抓住各种机会锻炼和展示自己的能力。 2. 专业发展的途径： 拜师、研修、团队合作、校内外听课、坚持写教学反思。 3. 需要学校提供哪些帮助： 提供听优秀教师讲课的机会，提供更多较新的教育教学管理书籍，搭建教师之间的交流平台，提供机会走出学校去开阔眼界，有机会外出到外地甚至国外去学习先进的教育管理经验和手段。

姓名：黄谊	年龄：29 岁	学科（部门）：初中历史组
远景愿望描述		成为研究型的教师。
分项目标描述		1. 教学目标：能够形成自己的教学风格。 2. 教育管理目标：塑造一个团结向上、勤奋好学、具有凝聚力的班集体，与学生一起成长。 3. 教科研目标：每年发表 1 篇教育教学论文。 4. 学习目标：重新系统地学一遍教育学和心理学，并与实际工作相结合，运用到实际的教育教学工作中；充分利用课余时间阅读专业书籍，及时充电。 5. 其他目标：争取完成中级职称的评定。
专业发展的条件分析		1. 外部条件： 史地政组是一个优秀的教研组，同组老师之间互帮互助，资源共享，尤其是教研组长非常重视对青年教师的指导。西城区历史教研室也非常重视对青年教师业务水平的培养和提高。 2. 内部条件： 热爱教师行业，希望竭尽所能让所有的孩子喜欢历史，并能运用历史课堂上学习的观点、方法分析和处理个人的各种问题，能建立起正确的是非观、人生观和价值观，因而有充足的进步动力；懂得虚心向其他老师学习，具备一定的专业素养，有上升和发展的空间。
阶段性目标分解		1. 前 3 年目标：争取每年做 1 次公开课，确定教学论文研究方向，并进入论证阶段。 2. 后 3 年目标：根据学生的情况，尝试创新教学方式，结合教学反思，每年撰写 1 篇够发表水准的教育教学论文。
控制措施		多去观摩同组教师的课，坚持写教学反思，进行教学方式方法的创新；多读书，学习他人经验，充实自己的专业知识储备，提高教学技能。希望学校提供资源共享库能及时更新、有效利用；学校图书馆的相关图书能及时更新。

第三节 处室发展规划

一、教育处发展规划

（一）专业发展的外部环境分析

1. 对教育社会环境的认识：党的十七大提出了"要全面贯彻党的教育方针，坚持育人为本、德育为先，实施素质教育，提高教育现代化水平，培养德智体美全面发展的社会主义建设者和接班人，办好人民满意的教育"，提高中华民族的整体素质，应对 21 世纪世界人才的竞争与挑战，具有特殊和深远意义。这一方面体现了党和国家对教育的重视，也给教育者提出了更高要求，现代教育不仅要传授知识，培养能力，更要提高素质，使每个学生全面和谐地发展。

2. 西城区及学校发展环境的影响：原宣武区为解决教育东重西轻的问题，为百姓提供优质教育，投巨资建设了北京市第十四中学新校舍，给学校发展创造了条件，为教职员工的发展提供了机遇。合区后，新的北京市西城区教育发展的新环境，也为学校的发展带来了新的机遇和挑战。

（二）教育处人员情况分析

1. 高中部教育处现有正式工作人员 10 人，2 名轮岗教师，平均年龄约 38 岁。研究生学历 1 人，本科学历 4 人，大专学历 3 人，中专学历 1 人；初中部教育处有正式工作人员 4 人，平均年龄 46 岁。长期深入教学一线的人员近 50%。

结论：教育处人员经过近些年的不断调整，年龄逐步趋于年轻化，专业化，更加有利于接近学生，在长期与学生的密切接触中，就更加有利于了解学生思想的实际情况、心声、需求，德育工作的开展更加有针对性。另外教育处人员的年轻化和专业化，容易接受、吸纳、借鉴新的、先进的国内外教育思想，并敢于在教育实践中尝试，开展教育科研，与时俱进，提高德育工作的实效性，使德育具有时代特点。

2. 教育处人员自身掌握专业知识方面的分析

教育处两位主任，从事教育管理多年，积累了一定的教育经验。其中梁秀丽主任是北京市紫禁杯班主任特等奖获得者，西城区德育学科带头人，在市区有较高的认可度。刘秀芬主任教育管理经验丰富。5 位年长的教导员，从事教育工作长达 30 余年，具有丰富的实践经验和管理能力。4位教师由教学一线补充到教育处，他们具有教育教学管理的双重能力，1名年轻的新任教师具有教育管理研究生学位和心理咨询师专业证书，有先进高端的教育管理理论。教育处人员自身专业知识、管理经验和能力，为开展各种教育管理工作、科研工作奠定了坚实的物质基础。另外，教育处的老师在工作积极性、主动性、严密性、科研意识、服务意识、责任意识等方面不断提高，在学生、教师、领导中逐步得到肯定，为今后工作的开展打下了良好的基础。

（三）教育处发展目标

教育处要争创学生、家长、领导满意度高，德育讲实效、有创新的全校的先进处室。教育处的工作人员要形成一支讲团结、讲合作、有干劲、有奉献精神、有科研精神的团队。教育处的工作是要创造安全、安静的教育教学环境，创建文明学校；建设一支素质过硬的班主任队伍，建设一支服务热情工作认真的教育处职员队伍；引导学生逐步形成"要成才，先成人"的良好行为习惯；努力形成我校的德育特色。

（四）教育处发展的阶段性目标及策略

年度	主要工作
2010—2011	1. 依据学校发展规划，在深入思考的基础上，广泛听取教育处老师的意见，制订 6 年发展规划。 2. 规范制定教育处各项工作制度，以制度建设促管理水平提高。 3. 以组织班主任进行课堂德育渗透研究为突破口，提高教育处人员的科研意识和育德水平，推进课题建设进程。 4. 建立班主任论坛制度，把优秀论坛成果在全校范围内推广实践，促进学校德育特色建设。 5. 初步试用《学生思想道德评价指标体系》量化德育，为德育决策参考。 6. 从 08 届起，每届学生通过心检系统建立个人心理健康档案，为学生的针对性教育和发展性评价提供第一手资料。
2011—2012	1. 进一步调整优化教育处人员结构，在定编的前提下，努力完成岗位技能培训，做到一职多能。 2. 落实教育处发展规划，以新校舍投入使用为教育契机，重点在学生参与学校管理、班级管理量化评比、校园文化建设、学生青春期思想道德教育和法制教育上打造学校德育特色。

年度	主要工作
	3. 加强教育管理知识的学习，结合工作实际，争取教育处每位老师撰写论文 1 篇。 4. 继续进行课堂德育渗透的科研工作，不断收集素材，为专题书籍出版作准备，推进结题工作。 5. 在实施过程中，进一步完善学生综合评价体系，建立起科学、合理的学生评价制度。
2012—2013	1. 不断调整优化教育处人员结构，做好新老交替的衔接工作、培训工作，大力推进岗位创优。 2. 完成课堂德育渗透研究课题，编辑整理课堂德育渗透的科研成果，出版专题书籍，完成结题工作。 3. 完善班主任论坛制度，把优秀论坛成果在全校范围内推广实践，进一步促进学校德育特色建设。 4. 加强教育管理知识的学习，结合工作实际，每位教师撰写论文，争取有 1 篇获得校级以上奖励。 5. 从 08 届起，每届学生通过心检系统建立个人心理健康档案，为学生的针对性教育和发展性评价提供第一手资料。 6. 以德育量化、心理文化、班级文化建设等推进学校的德育特色建设。
2013—2014	1. 进一步加强理论学习，努力使教育处人员优化，提高工作效率，鼓励教育处人员立足本岗进行科研，大力表彰获得科研成果的人员，推进德育科研。 2. 坚持优化班主任论坛制度，把优秀论坛成果在市区以上范围推广实践，促进学校德育特色建设。通过 3 年的培养，打造一支骨干型的班主任专业团队。力争出 1—2 位专家型的、在市区乃至全国知名的德育专家。 3. 大力推广使用课堂德育渗透研究成果，进一步动态的落实全员德育。 4. 进一步以德育量化、心理文化、班级文化建设等推进学校的德育特色建设。
2014—2015	1. 进一步加强理论学习，努力使教育处人员优化，提高工作效率，鼓励教育处人员立足本岗进行科研，大力表彰获得科研成果的人员，推进德育科研。 2. 推广使用课堂德育渗透研究成果，进一步动态的落实全员德育。 3. 长期坚持优化班主任论坛制度，把优秀论坛成果在市区以上范围推广实践，促进学校德育特色建设。通过 3 年以上的队伍培养，打造一支骨干型的班主任专业团队。力争出 1—2 位专家型的、在市区乃至全国知名的德育专家。力争在学校实行班主任轮岗进修制度，确保德育队伍的可持续发展。 4. 进一步以德育量化、心理文化、班级文化建设等推进学校的德育特色建设。

年度	主要工作
2015—2016	1. 更进一步加强理论学习，使教育处人员更优化、高效工作，大力表彰立足本岗的获得科研成果的人员，推进德育科研再上新水平。 2. 推广使用课堂德育渗透研究成果，不断动态的落实全员德育。 3. 加强德育队伍建设，教师人人有过硬的育德能力，真正在学校实行班主任轮岗进修制度，确保学校教师队伍的可持续发展。 4. 更进一步以德育量化、心理文化、班级文化建设等推进学校的德育特色建设。
备注	以上规划在每一年的实践中做动态的调整和细化，力争科学准确，全面打造特色校园。

（五）希望得到的支持

1. 学校能够不断为教育处输送专业教育管理人才，并为他们提供专业学习、考察的机会，提高教育的理论水平、科研水平，切实加强德育实效。

2. 为提高教育管理水平，学校图书馆应购进一些理念先进、有实际操作指导意义的相关书籍。

二、团委会发展规划

近年来，学校团委在上级团组织和学校党总支的领导下，在全校教职员工的大力帮助和全体团员的支持下，扎实工作，积极创新，连续 2 年获得原宣武区教育系统"五四"红旗团支部和原宣武区"五四"红旗团支部的光荣称号。因此，学校团委应该继续加强与上级团组织的联系，坚定校党总支的领导，坚持党建带团建，赢得上级领导信任与支持；同时，加强宣传，健全自身组织建设与制度建设，深入了解广大团员学生的需求，切实做好服务学校教育教学改革，服务广大团员学生的工作，推动学校共青团事业的发展。

（一）指导思想

2010 年至 2016 年将是学校共青团工作加速发展建设的 6 年。团委将坚持以邓小平理论和"三个代表"重要思想为指导，贯彻党的十七大和团十六大精神，大力弘扬社会主义荣辱观，深入开展学习科学发展观、增强团员意识的教育活动。广泛开展政治思想学习和各项教育活动，对学生进行深入的爱国主义、社会主义和集体主义思想教育；加强对团员的管理，增强团员意识。坚持"有创新、有发展、有特色、有实效"的工作理念，以"和谐高雅、充满活力"的校园文化建设为主线，以落实北京奥运会成果转化为契机，以"严、爱、成"的办学宗旨为宗旨，以"善、博、雅"的育人目标为中心，与时俱进，扎实工作，大力加强组织建设、思想道德建设；立足现实，勇于开拓，努力配合学校的教育教学改革，为全校学生的成长、成人、成才服务，推动学校素质教育和共青团事业的发展。

（二）校团委发展总目标

在上级团组织和党总支的正确领导下，开拓创新，与时俱进，全面提高团员队伍的整体素质，争取在保持现阶段取得的成绩和成果的基础上，在北京市做出特色，取得成绩，创出品牌，为百年十四中赢得声誉，扩大学校的影响力。以下是团委发展的三步走战略：

1. 2010 年至 2011 年，全校师生满意，领导放心，在西城区获得认可与赞誉的优秀团组织。

2. 2011 年至 2012 年，在西城区树立品牌，团队工作领先的先进团组织。

3. 2013 年至 2016 年，在北京市创出特色，不断扩大知名度的特色团组织。

（三）具体方法与措施

1. 理想信念教育——深入开展爱国爱校教育，激发学生爱国爱校热情，引导团员学生树立远大的理想。

（1）在上级团组织和校党总支的领导下，积极指导全校团员和广大学生深入学习"三个代表"重要思想和科学发展观，进一步加强思想政治教育。结合团员青年和广大学生的实际，通过团队活动、社会实践、团干部培训、网络、橱窗海报宣传等有效手段与途径，以学校团委、各班团支部和学生会为依托，切实有效地开展理论学习和学习交流活动，促进学生树立正确的世界观、人生观和价值观。

（2）大力开展增强团员意识的教育活动，重点开展以学习实践科学发展观为主要内容的团队活动。加强团员青年坚持党的基本路线的政治意识教育，积极参加组织生活并严格遵守团组织纪律的组织意识教育。抓住重大历史契机，坚持正面教育引导为主，加强爱国主义、集体主义、社会主义教育。

2. 组织制度建设——加强团建工作的研究与规划，进一步完善团委工作制度。

（1）团建工作要结合青年学生的具体特点，探索研究工作中遇到的新情况和新问题，只有不断适应新时期团员青年的要求，坚持科学发展观，才能做到科学规划，民主管理，制度完善，共青团工作才能发挥出更加积极的作用，才能得到广大团员青年的支持。

（2）依托共青团工作的优势和广大团员高度的政治觉悟，进一步推动团校、党校建设，并以此为平台，为学校共青团事业培养合格的学生干部。

（3）进一步健全"党建带团建"的工作机制，加强与教育处、学生会的联系与合作，加强团的基层组织建设，巩固传统领域的团建工作成果，不断开拓创新。

（4）积极完善工作制度和活动项目制度，2010年之前建立健全团员和团干部考核制度，使学校团委的工作规范化、制度化、科学化，保证各项任务顺利实施。

（5）加强团干部队伍建设，培养、树立团干部队伍的政治意识、大局意识、领导意识、服务意识和责任意识，切实把"服务广大团员学生"的宗旨落到实处。

3. 校园文化建设——努力创建品牌活动，逐步形成团队活动高效的运作机制，为广大团员的风采展示搭建广阔舞台。

（1）精心组织高雅的校园文化活动，努力做到"月月有主题，周周有活动"。精心设计和组织开展内容丰富、形式新颖、吸引力强的思想政治、学术科技、文娱体育等校园文化活动，把德育、智育、体育、美育渗透到校园文化活动之中，使同学们在活动参与中受到潜移默化的影响，思想感情得到熏陶，精神生活得到充实，道德境界得到升华。

（2）校团委还要与教育处加强配合，进一步体现整合优势；加强与学生会的协调，发挥调控功能，使我校各种活动在内容上各具特色，相互补充；在时间进度上布局合理，相互协调；在分工协作上统筹安排，互相支持；共同形成和谐的校园文化氛围。

（3）在抓好常规学生活动的同时，突出品牌活动建设，使校园文化建设充满活力。如"风华杯"篮球赛与篮球嘉年华，"与爱同行"的爱心义卖与捐助，"我是明星"卡拉OK比赛等活动，应进一步提升其品牌效应，使学校团委特色活动精品化，使其具有持久的生命力。

（4）充分利用"学雷锋"日、"五·四"青年节、"十一"国庆节、"一二·九"运动纪念日等重大节庆日和纪念日，开展主题教育活动，唱响爱国主义、集体主义、社会主义主旋律。

4. 积极推进中学生社会实践——继续深化志愿者服务活动，引导团员青年在志愿服务的社会实践中接受教育、增长才干、多做贡献。

伴随着 2008 年奥运会的成功召开，奥运志愿者成了北京最美的名片。我校大部分师生也都参与了奥运志愿服务活动，深受其益。那么，在后奥运时代，我们更应该抓紧落实志愿者成果转化，把志愿者工作作为今后的重点工作，继承和发扬奥运会志愿者精神，广泛招募校园志愿者，建立志愿者服务队，培养志愿者骨干队伍；继续加强志愿者培训，增强学生的社会责任感和使命感；深入开展校园志愿者服务工作，立足校园，着眼社会，从身边做起，从小事做起，开展各种公益服务活动，服务校园、志愿社会，引导学生树立终身志愿服务的观念。

（1）探索建立和完善学生志愿服务的长效机制。2010 年之前制订行之有效志愿服务的考核办法和激励机制，把学生参加志愿服务的情况及时记入《志愿者服务手册》，定期评选表彰先进集体和个人。

（2）加强志愿者培训，2011 年之前使志愿者培训逐渐课程化，让每一个学生志愿者都能在培训过程中获得更多课外知识，提高服务意识，学会服务技能，增强社会实践能力，从而增强社会责任感和使命感。

（3）完善志愿者队伍的组织建设，坚持学校团委的领导，以广大团员为基础，以各级团干部为依托，明确责任与分工，加强沟通与合作。

（4）大力宣传奥运志愿者和学校志愿者服务的先进典型，通过志愿者先进事迹报告会等活动，树立典型，表彰先进，大力弘扬志愿服务精神，使志愿服务意识深入人心，从而为在我校普及志愿者奠定基础。

三、教务处发展规划

（一）教务处员工现状及分析

1. 基本现状

（1）职务分工

目前教务处有主任 2 人，课表编排兼成绩管理员 1 人，学籍和考务管理员 1 人，学生档案和教务管理档案员 1 人，科技活动、研究性学习、继续教育管理员 1 人，刻印室油印人员 1 人，图书资料管理人员 4 人。教务处在职员工共计 11 人。

（2）年龄结构

50 岁以上 6 人（其中 2009 年 9 月退休 1 人，2010 年 1 月退休 2 人，2010 年 11 月退休 1 人，在即将退休的人员中 3 人在图书馆工作），40 岁以上 2 人，30 岁以上 1 人，20 以上 2 人。

（3）专业技术结构

具有高级专业职称或高级技术职称的 3 人，具有中级专业职称或中级技术职称的 5 人，具有初级专业职称或初级技术职称的 2 人。

（4）员工工作状况

每位员工都能认真履行岗位职责，较好完成学校布置的各项工作。教务处整体氛围和谐、团结向上、拼搏进取。

2. 现状分析

（1）教务处最近两年将有 4 位员工先后退休，给教务处人员分工调整、年龄层次优化、队伍建设创造了条件。

（2）现有的教学质量监控、评价标准不够完善，教学质量监控体系不够健全。

（3）教务管理制度亟待完善，教务管理、教学保障服务应该更加程序化、制度化、规范化、科学化，教务管理要更高效。

（4）图书馆的管理方式比较落后，图书使用水平有待提高。

（二）教务处 6 年发展目标

新校舍的启用、新课程改革的不断深入，使教务管理运行机制的改变成为刻不容缓的任务。学校的不断进步与发展，特别是学校 6 年发展规划的启动，为教务处队伍的建设和管理机制的改进创造了有利条件。

以学校的总体发展规划为依据，以实现学校的总体教学目标为宗旨，以提供全面优质的服务为目标，建立简洁、高效的管理机制，减少教师重复性事务工作，使他们有更多的精力用于教学的研究；为一线教师提供充足的资料信息，提供优质的后勤服务。

1. 教务处 6 年发展定性目标

建成基于网络的教务管理平台；完善与新课程配套的管理机制和相应

制度；初步建设一个管理现代、服务周到的图书馆和资料室。

打造一支"精心、精练、精准"的教务管理服务队伍，为一线教师和在校学生提供"省时、省事、省心"的教、学保障服务，使教务管理工作达到"科学、高效、人本"的水平，形成北京市第十四中学教务管理的特色，成为在区、市范围内有较大影响力的管理品牌。

2.6年发展规划目标分解

（1）2010年年底之前

完成2位工作人员的引进：图书馆管理员1名，要求大学本科以上学历，年龄在40岁以下，具有图书馆管理专业知识；学籍管理人员1名，要求能熟练操作计算机和熟悉学籍管理系统，可以借调方式录用。

（2）2011年年底之前

完善现有教学管理制度。组建高中模块考试命题小组，建立相应的模块考试实施、管理办法，形成教务工作规范化程序及特殊情况应急处理办法等一系列管理制度与措施。

将学籍管理系统、综合素质评价系统、高中课程网系统实现"三网合一"，同时建立基于学校无线局域网范围内教学、教务信息公示、查询、交互系统。

完成学校图书馆、资料室、电子阅览室的建设，初步建成藏书量大、品质优、内容全、管理先进、使用率高的现代化学校图书馆，为教育、教学提供有力的保障和服务。

（3）2012年年底之前

建立并完善与新课程标准要求相符合的课程开设、实施、监测、评价系统。为学生学习的多样性、丰富性和学生发展的全面性、可持续性搭建以课程为载体的全新的高中新课程教学模式。

（4）2016年年底之前（中长期目标）

随时总结经验，在传承中创新、在改革中发展、在研究中进步。随着教务处员工的年龄层次、人才结构的优化，提升教务处的科研水平，力争完成1—2个教务管理方面的市级以上教科研课题并将课题研究成果推广。

在教科研的带动下，提升教务管理的现代化、科学化水平，使北京市第十四中学教务处的管理水平在西城区处于领先地位，逐步扩大教务处在北京市范围内的品牌影响力。

（三）实现目标的方法与途径

1. 严格管理、赏罚分明，确保教务管理和服务工作的及时、准确和严肃性。

2. 积极向兄弟学校同行学习，取长补短。广泛听取教师、学生以及其他处室的意见、建议，改进工作方法，提升工作效能。

3. 更新理念、提升理论水平、开阔眼界、创新工作方法。提倡教务处员工阅读有关教务管理方面的书籍、论著，了解最新的管理思想和方法，结合自己的本职工作开展改革、创新的研究和探索。

4. 完善教务处的例会制度，建立与其他处室的联席制度。要求教务处的每个员工不仅要掌握本职工作，而且要熟悉教务处整体和其他岗位上的工作安排，还要了解其他处室的近期工作内容。使得教务处开展的工作更全面、更主动，眼界更开阔。

5. 大力鼓励并支持教务处员工的专业进修和学习，以及立足本职工作的科研、改革工作。

6. 在工作中随时总结经验、形成文字，通过撰写教务管理方面的论文、案例、总结，提升教务处员工的理论层次，促进教务处的科研水平，同时扩大教务处在西城区、北京市的影响力。

7. 充分利用新校址的资源，开源节流，将学校资源的使用效能最大化。同时，积极争取市、区、学校等上级部门的支持，联络网络、软件、信息部门和相关企业、公司，引进先进技术，改革教务管理方式，提高教务管理的现代化水平。

8. 积极和学校各教研组合作，开放一线教师和在校学生直接参与教学、教务管理工作。

第九章　监督评价机制

关于监督评价机制

　　监督评价机制是现代行政管理的重要环节、是科学完善的规章制度和质量管理体系、是组织高效运行的基础。监督是对现场或某一特定环节、过程进行监视、督促和管理，以促进组织达到预定的目标。评价是指通过评价者对评价对象的各个方面，根据评价标注进行量化和非量化的测量过程，最终得出一个可靠的并且合乎逻辑的结论。评价具有诊断功能、导向功能、激励功能。

　　加强监督评价管理是保证执行力有效推行的重要手段。加强监督机制建设的步骤是：

　　一、建立执行督查评价制度。督查评价制度是对规划执行过程的跟踪监督与过程评价。可以促进过程管理的效能，可以不断明确各部门工作职责与要求，增强全体干部职工对规章制度的执行力。在任意一个单位，都可以根据其组织结构的复杂性和人员多少，设置一级或两级的工作检查与评价组织。一般而言，对一个单位的一般员工的监督、考核和信息反馈工作，可由部门负责；对于全校行政、业务等方面的质量管理，以及主管负责人的执行力，要由专门的负责人和专设的小组进行监督评价。

　　二、实行无为问责制度。"无为行为"是指不履行或不正确、及时、有效地履行规定职责，导致工作延误、效率低下的行为；或因主观努力不够，工作能力与所负责任不相适应，导致工作效率低、工作质量差、任务完不成的一种工作状况。在管理中进行过程检查与评价，一个基本的原则是：无为就是过。对于部门和单位出现的无正当理由，未完成上级下达的工作任务或不履行或未认真履行职责，影响全局工作的，应采取取消当年评优评先资格、诫勉谈话、通报批评、书面检查、劝其引咎辞职等方式，对部门或单位领导予以问责，以达到惩戒的目的，以此来督促工作，进而提高执行力。

三、执行过错追究制度。在过程管理中，学校要建立环环相扣的责任追究制。要针对不同层次、各个岗位的员工，制定出精细的责罚条例，让执行力弱或有过错者为其行为"买单"。对各部门负责人及其工作人员，在行政的（人、财、物）、业务的（教书育人）等方面的过错行为，实行严格的责任追究。事业单位的组织系统，有明确的追究制度和法律。其组织处理按轻重划分，可分为谈话批评、通报批评或调离岗位、停职处理；对犯严重或者特别严重过错的，根据事业单位的惩处规章，可给予警告、记过、记大过、降级、撤职、开除等行政处分或党纪处分；对直接关系学校生命财产安全和学生利益的重大责任事故的有关责任人，还要依法依纪追究法律责任。

四、实行工作回复制度。对主管领导所安排的任何工作，不管完成与否，被安排人都要在规定时间内向安排人回复，保证事事有落实、件件有回音，这是管理应该具备的基本工作意识和执行者必须完成的工作环节。当执行人在执行开始后发现有困难或阻力，无法按时完成，必须在规定的时间内通过公开、正当的程序向主管领导反映，否则就没有任何理由不完成工作和任务。完成任务，应即时复命，这是保障执行指令、加强执行力、提高工作效率的重要手段。

五、强化绩效考核体系建设。绩效考核是提高执行力的有效途径。绩效考核体系建设应该围绕单位整体规划而建立，要设计一套绩效考核指标，既有明确的目标导向，又有对重要工作的考核；既营造一种机会上人人平等的氛围，又体现个人与团队之间的平衡关系。良好的绩效考核，可以最大限度地调动人力资源，体现出简洁、高效、操作性强的特点。同时，还可以通过实施薪酬激励、各种荣誉激励等方面的作用，调动员工的积极性，提高执行力。

本章提供了两个方面的监督评价范例，即民主监督评价及科学测量评价。民主监督评价是反映民意的归纳性评价；科学测量是反映工作效能的定量与定性的评价。

编写范例

第九章　监督评价机制

第一节　民主监督评价

一、实行民主监督、民主评价的组织领导机构

实行民主监督、民主评价制度，要坚持、完善和规范党总支统一领导、党政共同负责、各部门齐抓共管、教职工和学生家长积极参与的工作体制。

（一）成立工作领导小组——民主管理领导小组

人员构成：党总支书记、校长、工会主席、各职能部门的主要领导、校长办公室主任。

（二）成立监督评价小组——民主管理体系下的专门工作小组

二、实行民主监督、民主评价的主要内容

（一）学校改革和发展的重大事项。

（二）学校教育教学等职能部门的主要工作及活动。

（三）民主评议学校及干部工作的结果和改进情况。

（四）考核教职员工的结果和处理情况。

（五）学校的重大经济活动，包括批量购置设备、仪器。

（六）工程建设项目，包括基本建设和重大改建、维修项目。

（七）业务招待费使用情况。

（八）学校各项收费项目、标准。

（九）职称评定及其他与教师密切相关的情况。

（十）招生、编班等关系学生及家长切身利益的事项。

三、民主监督、民主评价的主要途径和形式

（一）学校每学年定期召开教代会，学校的重大事项都要在教代会上

接受审议。

（二）按照上级组织要求，利用公开栏等多种形式实行校务公开，定期或不定期公布学校的重要情况。

（三）利用开学典礼、班会、家长委员会等，及时公布学生、家长关心的问题。

（四）在家长或社会相关部门中聘请民主监督评价员，发挥其广泛联系社会的作用，自觉接受社会监督和评价。

（五）发挥学代会的作用，倾听学生的声音。

（六）每年组织 1 次教职工、家长和学生评价校长、评价教师、评价教育教学成效的活动。

以上工作在每学年开始，都需要由领导小组责成专人，拿出实施细则（时间、地点、工作内容、工作要求、负责人、满意度期望、如何总结公示等），只要落实与坚持，必将取得效果。

第二节　科学测量评价

一、教育评价

（一）教育评价定义

教育评价是根据一定的教育价值或教育目标，运用可行的科学手段，通过系统地搜集信息资料和分析整理，对教育活动、教育过程和教育结果进行价值判断，从而不断自我完善和为教育决策提供依据的过程。中小学教育评价的根本目的是为了更好地提高学生的综合素质和教师的教育教学水平，为学校实施素质教育提供保障。

（二）教育评价功能

1. 导向功能。通过评价，引导评价对象趋向于理想的目标。

2. 诊断功能。通过获取评价对象的各方面信息，对其进行整理、分析，发现评价对象的缺欠或不足，使其发扬成绩，改进不足。

3. 鉴定功能。通过评价，在同类对象之间进行优劣对比。

4. 改进功能。通过评价，发现问题并及时进行反馈，促使评价对象进行自我完善与优化。

5. 激励功能。通过评价，激发评价对象的内在潜能，调动工作与学习的积极性和创造性。

（三）教育评价对象

在学校，评价对象主要指学生和教师。

对学生的评价是指在一定的教育理念的指导下，根据一定的评价标准，运用一定的现代教育评价方法和手段，对学生的思想品德、学业成绩、身心素质、情感态度等的发展过程和发展状况进行价值判断的过程。

对教师的评价是指在一定的教育理念的指导下，根据一定的评价标准，运用一定的现代教育评价方法和手段，对教师的道德品质、工作态度、专业素养、敬业精神和合作意识等进行价值判断的过程。

二、科学测量评价

（一）科学测量评价制定的依据

1.《教育部关于积极推进中小学评价与考试制度改革的通知》

2.《心理测量学》

3.《新课程标准》

4.《北京市第十四中学生综合素质评价表》

5.《北京市第十四中学教师考核评价表》

6.《教育测量与评价的相关文献》

（二）学生科学测量评价内容

1. 学生科学测量评价内容主要包括学业成绩评价和综合素质评价。

2. 学生学业成绩评价内容包括学习态度评价、社会实践评价、学科成绩评价、研究性学习评价。

3. 学生综合素质评价内容主要包括道德品质、公民素养、学习能力、交流与合作能力、运动与健康、审美与表现。

（三）教师科学测量评价内容

1. 教师科学测量评价内容包括教师专业素质测评、教师职业满意度测评、教师幸福指数测评。

2. 教师专业素质是指教师胜任教育教学工作所应具备的专业知识、专业技能和职业道德素质的总和。教师专业素质评价包括职业道德、专业知识、专业技能、教学业绩、师生关系、科研能力。

3. 教师职业满意度是教师对其所从事职业以及工作条件与状况的总体带有情绪色彩的感受与看法，它是学校效能的一个重要指标。教师职业满意度评价包括自身表现、进修机会、发展空间、职业薪酬、人际关系、学校管理方式、工作环境、用人制度。

4. 教师幸福指数是指把教师的主观幸福感作为一项指标，运用专门的测量工具去获得人们主观幸福感的数量化结果。主观幸福感主要指个体依据自己设定的标准对其生活质量所做的整体评价。主观幸福感是一种主观的、整体的概念，评估相当长一段时期的情感反映和生活满意度的稳定的值。教师幸福指数评价包括愉悦感、成就感、归属感。

第十章　工作落实年表

关于工作落实年表

列出规划所要完成的主要事项的时间安排表，其依据是时间管理理论。关于管理时间的重要性，俗话说得好："一寸光阴一寸金，寸金难买寸光阴"。孔夫子曾曰："逝者如斯夫，不舍昼夜！"管理大师彼德·德鲁克说："时间是最高贵而有限的资源。"时间管理要求管理要通过事先的规划、计划，不断强化达标的要求和方向的指引。时间管理的具体方法可采用待办单、年计划时间、季计划时间、月计划时间、周计划时间、日计划时间来做事项安排。

待办单：将你每日要做的一些工作事先列出一份清单，排出优先次序，确认完成时间，以突出工作重点、避免遗忘，未完事项留待明日。待办单主要包括的内容：非日常工作、特殊事项、行动计划中的工作、昨日未完成的事项等。待办单的使用注意：每天在固定时间制订待办单（一上班就做）、只制订一张待办单，完成一项工作划掉一项，待办单要为应付紧急情况留出时间，最关键的一项，每天坚持。

年计划时间：每年年末作出下一年度工作计划事项的时间安排表。

季计划时间：每季季末作出下季末工作计划的时间安排表。

月计划时间：每月月末作出下月工作计划的时间安排表。

周计划时间：每周周末作出下周工作计划的时间安排表。

日计划时间：每日晚间作出第二天工作计划的时间安排表。

时间安排的艺术。将自己工作按轻重缓急分为 a（紧急、重要）、b（次要）、c（一般）三类；安排各项工作优先顺序，粗略估计各项工作时间和占用百分比；在工作中记载实际耗用时间；每日计划时间安排与耗用时间对比，分析时间运用效率；重新调整自己的时间安排，更有效地工作。安排好时间，管理好时间，具体做法可参照以下要求：

1. 设立明确的目标。时间管理的目的是让你在最短时间内实现更多你想要实现的目标。把今年度的4—10个目标写出来，找出一个核心目标，并依次排列重要性，然后依照你的目标设定详细的计划，并依照计划进行。

2. 学会列清单。把自己所要做的每一件事情都写下来，列一张总清单，这样做能让你随时都明确自己手头上的任务。在列好清单的基础上进行目标切割。将年度目标切割成季度目标列出清单，每一季度要做哪一些事情；将季度目标切割成月目标，并在每月初重新再列一遍，遇到有突发事件而更改目标的情形时及时调整过来；每一个星期天，把下周要完成的每件事列出来；每天晚上把第二天要做的事情列出来。

编写范例

第十章　工作落实年表

第一节　校长办公会议专项议事表

学校在每学年开始，以学校各部门工作为主要议题召开校长办公会，以集体议事的方式对每个部门本年度工作进行专项研究、统筹安排、合理规划，实现全面办学的集体领导。召开的校长办公会的主题及目的如下：

一、会议主题一：年度校级计划制订工作会

目的：统一全年工作思想，明确本年度实效任期规划的目标任务，为各部门的工作制订出切实可行的具体任务、工作目标、年度工作绩效。主要负责人：王建宗、杜彦明。

二、会议主题二：各部门主管领导工作会

由于工作中各部门、组处之间都会有交叉协作，因此倡导部门之间的和谐协作对学校各项工作的正常进行具有至关重要的作用。要制定部门之间和谐协作满意度评分制度，以此促进团结，共创和谐校园。

三、会议主题三：人事工作及人力资源开发会

目的：研究年度人事工作。根据任期规划的目标任务，对教职员工的人力资源现状进行分析，确定具体工作要求及任务落实的时间表。主要负责人：洪小平、朱文玲。

四、会议主题四：学校财务管理及资金使用效益工作会

目的：提出年度预算构想，汇集决算数据，分析上一年度的预算执行情况，提出年度学校财务预算，制定教职员工代表大会的校务公开报告。对各部门运转的资金进行全面统筹。主要负责人：赵琳。

五、会议主题五：学校物产及设施使用效益与安全保障工作会

目的：盘点学校物产资源，责成相关部门提出校产优化的年度构想，并制订重点、有效资源的合理使用的计划（设想），以此提高学校财产的利用率，做到物尽其所用；达到资源合理利用，高效节能；同时保证增强校产管理的安全系数，杜绝安全隐患。主要负责人：郝春和、尚淑巧。

六、会议主题六：加强学校精神文明建设，提高德育实效性

目的：围绕师德建设目标，提出年度精神文明建设的要求，落实具体工作。围绕教书育人、加强教职员工的思想道德建设，提高德育实效性进行专题研究。主要负责人：丁香、梁秀丽。

七、会议主题七：促进教师专业成功，提高教学质量管理水平

目的：对学校教学质量管理进行全面分析，研究改进措施。对教师的专业发展情况进行分析，总结各年龄段教师的专业发展情况，研究改进促进教师专业发展的具体措施。主要负责人：安彩凰、童薇。

在保证教学质量的前提下，学校要全面宣传"尊师重教"思想，重视教师在教育教学中取得的成果，以此增强教师的职业幸福感，激发其工作的热情和工作的创造性，增强其责任心，使教学效果不断提高。学校要以此形成一个正向的良性循环，使办学质量不断提升，促进教师的专业成长。

八、会议主题八：贯彻健康第一原则，落实体卫管理责任

目的：不断增强健康意识。强健的体魄是工作顺利开展的根本保障，落实教职员工健康保健、学生体育卫生管理有关政策规定。在了解教职员工健康状况的基础上，对处于亚健康的人群，由学校相关部门进行科学干预，提出保健策略。对学生的身体素质进行质量分析，研究改进措施。主要负责人：翟靖波、董向玮。

九、会议主题九：积极开展美育工作，以此建设高雅校园文化

目的：对学校的音乐教学、师生文艺社团、校园高雅文化活动、校园环境美进行分析，总结经验，提出需要改进的措施。对进一步加强学校的美育工作制订研究计划。主要负责人：郭桂军、罗筱林。

十、会议主题十：加强学生爱劳动的教育，开展科技创新活动

目的：研究不断提高学生的劳动自觉性，爱护劳动成果的教育专题。推动学校人文与科学教育的落实，促进师生通过手脑能力开发，提高创新精神和实践能力。主要负责人：胡元、高晶。

十一、会议主题：加强党的建设，推动群团活动，做好团结统一教育工作

目的：提高党建水平，提高工会、共青团、少先队活动质量，发挥群团组织作用。重视民主党派的团结统一工作，不断强化教师专业发展委员会的作用。主要负责人：杜彦明、樊洋、李佳。

第二节　干部专题学习安排表

一、干部专题学习目的

（一）为在各个时期平稳发展，教育教学质量稳步提高，根据学校工作，不断提高干部队伍自身的业务素质和管理专业化程度，并能够胜任自身的管理工作的需要。

（二）不断在干部中开展有效学习，可以提高干部的管理水平，在群众中树立一定的威信，有利于开展工作。

二、干部专题学习安排表

时间	活动内容	负责人
2 月	1. 讨论学校新学期工作计划 2. 理论学习：相关教育理论和管理知识	王建宗 杜彦明
3 月	1. 讨论教育教学工作计划 2. 研究讨论：学校财务预算 3. 理论学习：加强干部队伍建设讲座	安彩凰　梁秀丽 赵琳 王建宗　杜彦明
4 月	1. 理论学习：学习相关法律、法规 2. 研究讨论：教学工作 3. 研究讨论：教育工作	杜彦明 安彩凰 梁秀丽
5 月	1. 研究讨论：总务工作 2. 研究讨论：学校科研工作 3. 理论学习：提高中层干部管理水平讲座	郝春和 董成勋 王建宗　杜彦明
6 月	1. 理论学习：廉政建设 2. 实践活动：参观学习	王建宗 王建宗
7 月	1. 干部民主生活会	王建宗
9 月	1. 讨论学校新学期工作计划 2. 理论学习：学习相关教育理论	王建宗 杜彦明
10 月	1. 讨论教育教学工作计划 2. 研究讨论：学校财务预算 3. 理论学习：加强干部队伍建设	安彩凰　梁秀丽 赵琳 王建宗　杜彦明
11 月	1. 理论学习：学习相关法律、法规 2. 研究讨论：教学工作 3. 研究讨论：教育工作	杜彦明 安彩凰 梁秀丽
12 月	1. 研究讨论：总务工作 2. 研究讨论：学校科研工作 3. 理论学习：提高中层干部管理艺术	郝春和 董成勋 王建宗　杜彦明
1 月	1. 理论学习：廉政建设 2. 实践活动：参观学习	王建宗 王建宗

第三节　教代会民主参与会议表

民主管理应成为学校管理的一大亮点。每年 2 次教代会例会要坚持雷打不动。在教代会上，除了听取校长的工作报告和学校财务报告外，有关学校的办学方针、发展规划、学年工作计划、重大改革方案、教职工队伍

建设、校内分配原则以及教职工聘任、奖惩办法等重大规章制度都要进行
审议。涉及教职工切身利益方面的问题，要在教代会上审议决定。学校领
导班子建设和党风廉政建设要在教代会上进行监督评议。总之，通过教代
会，让教职员工真正行使当家做主的民主管理权力，为促进决策科学化、
民主化发挥主人翁的作用。

　　根据实际情况，初步制订教代会民主参与会议 6 年计划。

一、常规会议计划

时间	活动内容	要求	负责人
年初	宣讲学校新学年工作计划与安排	教工大会	学校校长
年中	学校各职能部门工作进展情况汇报	期中讲评	职能部门领导
年末	学校专项工作的研究讨论 领导干部"德能勤绩廉"总结	审核决定 监督评议	工会主席

二、专项工作研究

会议安排
2010 — 2011 年：学校未来 6 年发展规划报告
2011 — 2012 年：学校未来 6 年岗位定编人员聘任规划报告
2012 — 2013 年：学校特色建设的发展现状与趋势研究报告
2013 — 2014 年：学校教育教学质量监控与评价专项研究报告
2014 — 2015 年：学校教师队伍、干部队伍建设规划设计报告
2015 — 2016 年：学校未来发展建设的蓝图及具体实施报告

　　实际上每年教代会的议题必须要结合学校实际进行确定，计划 6 年的
教代会民主参与会议内容只能作为规划参考，但我们相信，只要有学校党
总支的正确领导，有学校行政的重视与支持，有学校工会的积极筹备和组
织，未来 6 年教代会的例会都会达到预期目的。

第四节　教职员工每年度主题学习大会安排

时间	活动内容	负责人
2 月	1. 学校新学期工作计划 2. 假期读书活动交流	王建宗 杜彦明　丁香
3 月	1. 庆"三八"巾帼建功先进集体个人表彰 2. 促进教师专业化发展会	肖丽　丁香 王建宗　安彩凰

时间	活动内容	负责人
4月	1. 请专家进行法律、法规讲座 2. 青年教师专业发展促进会	杜彦明 杜彦明
5月	1. 期中讲评会 2. 师德讲座 3. 健康知识讲座	王建宗　安彩凰 杜彦明 杜彦明
6月	1. 年度考核工作会、签岗位协议 2. 中高考安排及期末考试动员	王建宗　洪小平 安彩凰
7月	1. 教代会 2. 期末讲评会、假期活动安排	肖 丽 王建宗　安彩凰
8月	1. 教育教学工作研讨会	安彩凰　梁秀丽　童 薇
9月	1. 新学期学校工作计划 2. 庆祝教师节活动及优秀教师表彰会 3. 假期读书活动交流	王建宗 杜彦明　肖 丽 丁 香
10月	1. 演讲比赛 2. 科研工作会	杜彦明 董成勋
11月	1. 期中讲评会 2. 师德标兵先进事迹报告会 3. 安全工作会	王建宗　安彩凰 杜彦明 杜彦明
12月	1. 新年联欢会 2. 教代会	王建宗　杜彦明　肖 丽 肖 丽
1月	1. 期末讲评会，假期活动安排	王建宗

第五节　教师专业发展校本研修活动表

一、教学工作会

每年1次，会议主题围绕学校教学工作。(9月初)

(一) 1年1次质量年报

(二) 1年1次论文交流 { 有关教学课题研究成果
课堂教学渗透德育
导师工作的深入研究

(三) 1年1次教案评选

(四) 1年教学工作规划

负责人：安彩凰　教务处主任　教育处主任

二、教学研讨会

每年 1 次，研讨内容：
- 非毕业年级的课堂教学模式（3 月—4 月）
- 活动课、实践课、研究性学习（4 月—5 月）
- 毕业年级的课堂教学模式（11 月中、下旬）
- 校本课程开发与实践（6 月）

负责人：夏树铭　梁秀丽

三、双优评选

每 3 年 1 次（配合西城区青年教师和先进教研组的评选）

负责人：夏树铭

四、青年教师基本功大赛

每年 1 次，每年有专项主题（6 月中、下旬）

负责人：胡元

五、各层次教师拜师会

- 刚入校
- 校骨干
- 区骨干　　（9 月初）
- 市骨干

负责人：安彩凰　梁秀丽

六、请专家做报告

每年 1—2 次（开学初或 10 月、3 月）

负责人：王建宗

七、分年级质量分析会

每年 2 次（每学期的第 11 周）。

负责人：胡元　高晶

八、毕业年级工作交流会

形式 { 全校大会
新旧毕业年级 （9—10 月初）

负责人：安彩凰　高三年级组长

九、教研组教研活动

（一）隔周 1 次教研组长学习工作例会

负责人：安彩凰　夏树铭　胡元

（二）教研组教研活动隔周 1 次，每学期不少于 6 次

负责人：教研组长

十、备课组活动

每周 1 次，每学年面向全区 1—2 次公开课或研究课

负责人：备课组长

第六节　员工优质服务教育活动表

要保证在员工中一学期开展一个主题教育活动，对员工进行主题教育。

2010 年 11 月：员工专题学习会——《中小学职业道德规范》

2011 年 5 月：员工学年工作讲评会——表彰先进员工事迹

2011 年 11 月：员工专题学习会

2012 年 5 月：员工学年工作讲评会——工作经验介绍及交流

2012 年 11 月：员工专题学习报告会——《教师法》及学校发展

2013 年 5 月：员工学年工作讲评会——提高工作质量，取得工作成效

2013 年 11 月：组织员工外出参观学习

2014 年 5 月：员工学年工作讲评会

2014 年 11 月：《如何做一名合格的十四中员工》主题演讲会

2015 年 5 月：学年工作总结会——春游踏青

2015 年 11 月：请专家给员工做报告

第七节 学生大型活动年度安排表

北京市第十四中学综合实践活动设置表（高中 年度表）

分组 项目	高一年级			高二年级			高三年级		
	课题	学时	学分	课题	学时	学分	课题	学时	学分
研究性学习	另见教学安排			另见教学安排			另见教学安排		
社区服务与合作	1. 每学期利用假期走进社区 1 次（3 天，时间 2 月和 7 月）。			1. 每学期利用假期走进社区 1 次（3 天，时间 2 月和 7 月）。			1. 1 月寒假期间走进社区 1 次。		
	2. 每个假期 1 次走进家长单位实习 2 天，1 天随自己家长，1 天交换为随同学家长。			2. 每个假期 1 次走进家长单位实习 2 天，1 天随自己家长，1 天交换为随同学家长。					
社会实践活动	1. 8.10—8.21 军训。			1. 9 月开学典礼，目标教育。			1. 10 月坚持主题班会和学校体育文化节。		
	2. 9 月入校教育—校史文化，爱校教育。9 月开学典礼、目标教育。			2. 9 月下旬假期综合实践活动交流会。			2. 1 月与校友座谈会，了解大学专业，解决学习困惑。		
	3. 10 月学校体育文化节（美育和意志品质教育）。			3. 10 月学校体育文化节（美育和意志品质教育）。			3. 1 月安全法制教育进校园讲座及演习。		
	4. 1 月安全法制教育进校园讲座及演习。			4. 1 月安全法制教育进校园讲座及演习。			4. 3 月高三成人仪式，进行"感恩与责任"教育。		
	5. 3 月风华骄子评选活动。			5. 3 月风华骄子评选活动。			5. 4 月一模总结，树立自信的主题教育。		
	6. 4 月春游学生实践活动（课程目标设定相对简单，感受体验交流）。			6. 4 月春游学生实践活动（课程目标设定相对复杂，完成活动报告，合理化建议等）。			6. 6 月高考前毕业典礼。		
	7. 5 月心理文化周活动和红五月艺术节。			7. 5 月心理文化周活动和红五月艺术节。					

分组 项目	高一年级	高二年级	高三年级
	8.5月走进博物馆，进行开阔视野、分享祖国建设成绩、激发民族自豪感教育。	8.5月走进北大立志教育。	
	9.6月走进国家图书馆新馆，启动"书香校园"书博会活动。	9.6月走进国家图书馆新馆，启动"书香校园"书博会活动。	
其他活动	1. 心理健康教育个人测试建档（每学年2次）。	1. 心理健康教育个人测试建档（每学年2次）。	1. 心理健康教育—考试解压调试。
	2. 十四中学生思想道德评价指标体系表（每学年2次）。	2. 十四中学生思想道德评价指标体系表（每学年2次）。	2. 十四中学生思想道德评价指标体系表（第一学期2次）。
	3. 请专业机构进行学业规划与职业规划指导（初步了解）。	3. 请专业机构进行学业规划与职业规划指导（自我规划研究）。	3. 请专业机构进行学业规划与职业规划指导（大学志愿选择）。
总体评价			

北京市第十四中学综合实践活动设置表（初中 年度表）

分组 项目	初一年级			初二年级			初三年级		
研究性学习	课题	学时	学分	课题	学时	学分	课题	学时	学分
	另见教学安排			另见教学安排			另见教学安排		
社区服务与合作	1. 寒假、暑假的社区社会实践活动（每年2月、7月）。			1. 寒假、暑假的社区社会实践活动（每年2月、7月）。			1. 寒假的社区社会实践活动（每年2月）。		
	2. 学雷锋活动月：少先队、团委组织到社区进行服务活动（每年3月）。			2. 学雷锋活动月：少先队、团委组织到社区进行服务活动（每年3月）。			2. 学雷锋活动月：少先队、团委组织到社区进行服务活动（每年3月）。		

分组 项目	初一年级	初二年级	初三年级
社会实践活动	1. 8.25—8.28 新生入学教育。	1. 9 月开学典礼，目标教育。	1. 9 月开学典礼，目标教育。
	2. 9 月入校教育—校史文化，爱校教育；少先队建队大会。	2. 9 月下旬假期综合实践活动交流会。	
	3. 10 月学校体育文化节（美育和意志品质教育）。	3. 10 月学校体育文化节（美育和意志品质教育）。	2. 10 月学校体育文化节（美育和意志品质教育）。
	4. 11 月"阳光体育"冬锻启动。	4. 11 月"阳光体育"冬锻启动。	3. 11 月"阳光体育"冬锻启动。
	5. 12 月冬锻验收活动。	5. 12 月冬锻验收活动。	4. 12 月冬锻验收活动。
	6. 12 月学生"迎新年"联欢会。	6. 12 月学生"迎新年"联欢会。	5. 12 月学生"迎新年"联欢会。
	7. 1 月安全法制教育及避险演习。	7. 1 月安全法制教育及避险演习。	6. 1 月安全法制教育及避险演习。
	8. 2 月"与家长共读一本青春书"寒假读书活动。	8. 2 月"与家长共读一本青春书"寒假读书活动。	
	9. 3 月"走进故宫，感受历史文化"社会实践活动。	9. 3 月"走进故宫，感受历史文化"社会实践活动。	7. 3 月初三年级"百天冲刺中考"誓师大会。
	10. 4 月春季社会实践拓展活动。	10. 4 月春季社会实践拓展活动。	
	11. 5 月"青春之美"主题班会。	11. 5 月"青春之美"主题班会。	8. 5 月一模总结，树立自信的主题教育。
	12. 5 月心理文化周和红五月艺术节。	12. 5 月心理文化周和红五月艺术节。	9. 5 月心理文化周和红五月艺术节。
	13. 6 月"离队建团"。		10. 6 月初三毕业典礼。
	14. 7 月假期安全教育。	13. 7 月假期安全教育。	
其他活动	1. 心理健康教育个人测试建档（每学年 2 次）。	1. 心理健康教育个人测试建档（每学年 2 次）。	1. 心理健康教育—考试解压调试。
	2. 十四中学生思想道德评价指标体系表（每学期 2 次）。	2. 十四中学生思想道德评价指标体系表（每学期 2 次）。	2. 十四中学生思想道德评价指标体系表（第一学期 2 次）。

分组 项目	初一年级	初二年级	初三年级
	3. 请专业机构进行学业规划与职业规划指导（初步了解）。	3. 请专业机构进行学业规划与职业规划指导（自我规划研究）。	3. 请专业机构进行学业规划与职业规划指导（未来职业定位）。
总体评价			

第八节　家校合作教育指导主题安排

一、各年级家庭教育的主题安排

（一）初一年级

1. 中学生的心理特征及有效的家庭教育方法

2. 小学生与中学生的区别——中学阶段家庭教育方法的探讨

3. 中学生心理特征——谈谈中学生的家庭教育方法

4. 学校教育、家庭教育的有机结合

5. 家庭教育与促进学生认知发展的联系

6. 学校教师、学生、家长相互心理沟通的重要性和必要性

（二）初二年级

1. 关注青春期教育

2. 良好学习习惯和行为规范的养成

3. 家长学生心理沟通的方法介绍

4. 自我调控能力的培养和家长的作用

（三）初三年级

1. 心理调控能力的培养和学习调控能力的培养

2. 认识自我——迈好中考的步伐

3. 减轻学生的中考压力的方法探索

4. 中考前的家长心理辅导

（四）高一年级

1. 做好初中与高中学习要求、学习习惯和学习目标的转换

2. 成为一名优秀高中学生与家长的关系

3. 树立正确的人生观、价值观、世界观与家长的作用

4. 良好的家庭环境与学生心理发展、学业发展的关系

5. 高中学生与家长的心理沟通

（五）高二年级

1. 专业选择辅导

2. 正确认识培养自主学习能力

3. 讲求扎实，持之以恒

4. 高层次目标定位的要求

（六）高三年级

1.18 岁成人及家长的作用

2. 填报高考志愿辅导

3. 高考前的家长心理辅导

4. 成为有理想、有自信、有拼搏精神的优秀毕业生

二、家长学校的时间安排

（一）初中生家长学校集中学习时间不少于 20 课时。

（二）高中生家长学校集中学习时间不少于 20 课时。

三、家长学校的活动形式

（一）专家的专题辅导

（二）教师的专题辅导

（三）家长的经验介绍

（四）学生的切身体会

第九节　发展数据测量评价采集表

学校采用过程性评价的方式，利用学生综合素质评价量表和学业成绩评价量表，定期采集学生全面发展数据。利用教师专业发展量表、职业满意度量表、个人幸福指数量表采集教师全面发展数据。并根据数据分析结果，及时反馈给学生和教师，指导学生和教师的全面发展。

一、学生发展数据采集流程与时间

数据采集一学年为一个周期。学年初，教育处利用综合素质评价量表，采集学生综合素质（包括道德品质、公民素养、学习能力、交流与合作能力、运动与健康、审美与表现6种素质）数据；教务处利用学业成绩评价量表，采集学生学业成绩（包括学习态度、社会实践、学科成绩、研究性学习四方面）数据。学年末，再采集1次，并对2次采集结果进行等级评定和比较分析。采集目的：比较分析2次采集结果，统计学生在一学年中综合素质、学业成绩方面的进步情况，针对学生的现状，教育处、教务处制订相应指导方案。

二、教师发展数据采集流程与时间

数据采集一学年为一个周期。学年初，教务处利用教师专业发展量表，采集教师专业素质（职业道德、专业知识、专业技能、教学业绩、师生关系、科研能力）数据；行政办公室利用教师职业满意度量表、个人幸福指数量表，采集教师职业满意度数据（自身表现、进修机会、发展空间、职业薪酬、人际关系、学校管理方式、工作环境、用人制度）和个人幸福感数据（愉悦感、成就感、归属感）。学年末，再采集1次，并对2次采集结果进行对比分析，确定一学年中教师专业素质、职业满意度、个人幸福感上升与否。采集目的：比较分析2次采集结果，统计教师在一学年中的专业进步情况，职业满意度和幸福感上升情况。针对教师专业发展状况，教务处制订专业指导方案；针对教师职业满意度和幸福感，行政办公室采取相应方案。

北京市第十四中学提升满意度的控制维度

类别	维度	说明
一、事（工作条件）		
1.工作	工作性质	内在兴趣、活动多样、学习机会、挑战性、成功机会、受控感受等
2.奖励	报酬	数量、公平性、依据合理性等
	晋升	机会、公平性、依据合理性等
	认可	表扬、赞誉、批评等
3.条件	工作环境	时间长短、休息多少、办公条件、设备等
二、人（工作关系）		
1.本人	自身	价值观、技巧、能力等
2.学校内的人	领导	行政能力、业务能力，领导风格等
	同事	友好态度、合作互助、业务能力等
	学生	学生品德、学生智力、学生风气等
3.学校外的人	家长	对教育的配合，对教师职业的尊重等
	家人	对工作的支持、帮助、理解等
	朋友	闲暇的调整、信息帮助、困难帮助、心理宽慰等
	其他	教育研究工作者、媒体工作者等

工作满意感、工作绩效、工作幸福感的关系

满意感高 工作绩效低	学校气象升平，人人心态良好，但缺乏进取，心满意足。	有满足的幸福感。
满意感低 工作绩效高	有怨言、牢骚，但工作仍旧努力，工作有积极性，但忍耐有限度。	追求幸福感（不满足是向幸福迈出的第一步）。
满意感低 工作绩效低	组织和个人失望情绪大，领导不满意职工，职工不满意领导。	对幸福感的期望（有改变做法的需要）。
满意感高 工作绩效高	理想的状况，育人质量得到保证，员工待遇得到提高。	有成功的幸福感。

中共北京市宣武区委教育工作委员会
北京市宣武区教育委员会

校长任期目标责任书

单位　北京市第十四中学

姓名　王建宗

2009 年 7 月

姓名	王建宗	性别	男	年龄	54	一寸照片
职务	校长	学历	本科	职称	特级	
任期开始时间	2009 年 7 月	任期期满时间		2014 年 7 月		

<table>
<tr>
<td rowspan="2">学校现状分析</td>
<td>

学校现状分析（SWOT 分析法）

一、办学育人发展优势

（一）学校在市区社会声誉很高，得到各级领导的关怀与肯定。

1. 学校百年的办学经验与特色，是一面旗帜，召唤十四中人不断在继承的基础上创新。早年的畿辅学堂，在社会历史的变革与发展中起到过重要作用。后来的燕冀中学也是一所很有名的学校。学校以严格的管理、严谨的教风、优良的学风享誉京城。

2. 伴随着教改的脚步，学校迎来了第二个发展机遇，就是王校长的到任，给学校带来了崭新的管理理念和办学思路。特别是新校舍的落成和投入使用，把十四中推向了一个新的发展平台，十四中将以国际的视野办一流的教育。

3. 学校有韩国、日本等海外游学课程和欧美国家互派教师交流学习的机会，打开了师生的视野，拟扩大的国际部将推动学校向国际化进一步迈进。

（二）学校有深厚的文化底蕴、悠久的办学历史、一大批敬业奉献的优秀教师。学校在发展过程中，继承优良传统，努力发挥优势，形成办学特色，产生了一定影响。

1. 学校拥有特级教师 2 人，北京市学科带头人 3 人，北京市骨干教师 4 人。

2. 学校拥有宣武区学科带头人 7 人，骨干教师 32 人，青年希望之星 16 人，名师 5 人。在全区名列前茅。

3. 毕业生升学成绩多年位于宣武区第一阵营。

4. 学校课程特色明显，多门校本课程如《中德汽车文化》、《宣南文化》受到上级领导好评，并出版发行，同时在区里校际间交流。

5. 青年教师高学历凸显，目前有博士及博士后 2 人，硕士研究生学历教师 26 人，60 多人获得研究生课程班结业证书。

6. 班主任队伍建设显著，有北京市紫禁杯特等奖 1 人，紫禁杯一至三等奖若干人。

（三）学生全面发展，优长突出，社团组织活跃。

1. 学生社团活跃，特别是"校园电视台"社团成绩突出，受到各界好评。

2. 有北京市翱翔计划参与学生 4 人，他们在航天模型机制作方面成绩喜人。

3. 学生会、团委会在学校管理和各项活动中民主参与程度高。

4. 校长德育大课堂活动是学校德育教育的突出亮点，对学生高位的价值引导和自我行为建构作用明显，具有研究价值。

（四）教学管理和教研组建设成绩显著，多个教研组在市区获奖。

1. 建立和完善课堂教学评价、教学常规检查等教学质量监控制度，教学秩序良好，定期召开教学工作会议，促进教学质量提高，推动学校整体教学工作。

2. 深化课程教材改革和课堂教学改革，开发具有本校特点的校本课程，推进课堂教学与信息技术手段的整合，积极探索培养学生创新精神和实践能力的有效途径、方法，课堂教学质量和效益明显。

</td>
</tr>
</table>

3. 教学管理系统健全、指挥畅通、职责明确、管理到位；教研组、备课组的教研活动做到时间、地点、内容、人员"四落实"；针对本校教学实际，开展研究课、观摩课等课堂教学研究工作，校本教研的针对性和实效性强。

4. 校长及主管教学领导的主要精力用于教学，并深入实际指导教学工作；建立和完善课堂教学评价、教学常规检查等教学质量监控制度，教学秩序良好，定期召开教学工作会议，促进教学质量提高，推动学校整体教学工作。

（五）学生学习态度端正，具有良好学习习惯，独立思考、创新精神和实践能力较强，学科学习质量优良。

（六）坚持依法治校，建立健全学校章程和各项管理制度，岗位职责明确，日常管理有序。

（七）学校党支部发挥政治核心作用，校长对学校的教育教学和行政管理工作全面负责，统一领导，教代会参与民主管理和民主监督，工作程序规范。领导班子管理制度健全，理论中心组学习、行政工作例会、民主生活会、"三重一大"决策、干部述职考核等有关干部队伍建设的制度落实到位。

（八）学校年度工作计划阶段性目标清楚，工作重点突出，责任分解明确，保障措施得力，可操作性和可检测性强，教职工知晓率高。

二、办学育人的发展机遇

（一）新校舍的建成使用是十四中未来发展的有利契机，在突破多年发展瓶颈方面发生了重大的改变，创造了难得的机遇。

（二）未来学校在生源质量方面会有新的变化，随着生源质量的变化，学校办学将会产生新的活力和社会吸引力。

（三）校长的国际视野办学将开阔师生思路，为学校打造名牌提供可能。

三、办学育人面临的挑战

（一）多年来学校形成的务实的教风学风在课程改革中有优势，但也面临着对新事物适应慢等不利因素。

（二）区域内主要竞争对手的吐故纳新不可忽视，在课改中领衔位置不易撼动。

（三）学校特色定位如何把握与实施。

四、办学育人存在的弱势

（一）一批高水平的享誉北京市乃至全国的教师名家减少。曾经的陆禾先生、杨永培先生、梁增玉先生、陶乃阁先生等一批著名的专家型教师相继退去。各学科教师中绝对的首席越来越少，不利于专家型教师的培养与成长。

（二）和十几年前相比，学校的生源发生明显变化，顶尖学生锐减。

（三）学校特色办学不明显，与兄弟学校如精神关怀文化、学科课程文化优势相比，尚有差距。

（四）学校各项教育教学活动打造精品的理念不强，没有形成从优秀向卓越的核心价值认同。

（五）学校特色定位如何把握与实施。

（六）学校四校合一，教职员工的教育教学水平、能力参差不齐，共同认同的学校文化和真正的办学凝聚力还没有完全形成。

（七）干部、教职员工、学生的共同愿景还没有完全趋同，教师在了解现代学生方面还有距离，不利于教育的实效性。

（八）对青年教师和骨干教师的培养上，在制订培训计划、明确培训目标、组织培训活动、聘请指导教师、落实工作要求、为青年教师和骨干教师发展搭建平台、形成骨干教师梯队并发挥作用方面，细化落实得不够。应成立专门的人力资源中心，建立和完善教师业务档案，专门开发教师的专业发展规划设计，让教师的职业规划成功，实现个人的价值追求。

五、分析后的结论

分析内外多方面因素，可以得出这样的结论：我校的发展是大有潜力的，学校发展的任务也是十分艰巨的。我们应该抓住历史赋予我们的机遇和条件，共同营造更优异的办学育人的文化环境，使之有益于学校发展，满足教职员工及社会对十四中的愿望、需要。把一切可能性变为现实性。提升学校资源的凝聚力，这是进一步推动学校发展的物质保证。提升教职员工的办学精神及教育能力，这是办好学校的主要条件。凸显办学的强势项目，这是形成特色的基本策略。

十四中的干部都努力工作，各司其职，是学校组织工作的核心，是学校的掌舵人，航行的管理者。他们现在的工作状态、工作意识、工作作风的变化喜人，是学校办学的领导核心。十四中的工作风格，特别是抓学生、稳定教学质量上在我区甚至北京市是有影响和好名声的。

十四中的教师、员工工作负责而且相处友好热情，尽职工作，辛苦付出，从气质、性格、能力、风格等各个方面，都能感受到队伍的向上性。学校的正常秩序、饮食、卫生、设施、安全，都有默默无闻者在付出，在及时地维护、管理、服务。

我校有一定的凝聚各种社会办学资源的实力，有百年的文化史的追溯与认可，有得到市区重视的发展空间与前景。学校的文化凸显在追求育人质量、关心爱护师生上。学校办学育人有人气，人气显现在全校干部教职员工对事业的追求上，体现在争创一流的干劲中。

我校办学育人需要改进的主要方面是：学校班子虽然有领导管理组织的核心作用，但在承担新时期学校发展的使命与责任方面还没有确立起各方面期望的水准。学校的每位教职员工各司其职，努力工作，但在向上追求方面还没有充分显示出团队的气势。我校有百年的办学历史，但却感觉不到办学育人的历史文脉，有凝聚办学资源的各种可能，但创造性地深入挖掘、利用仍显不足。

我们学校要更好地发挥学校的品牌优势，运用各种有益于学校发展的政策优势，使学校凝聚社会支持的办学力量不断增强；要抓住新校舍建设的有利时机，参与规划新校的设施设备的配置，为提高教育质量提供良好的硬件条件；要开拓创新，创造更多地品牌项目、品牌教师，使之成为学校发展的软实力；要建立家长、社区、共建单位的合力办学支持系统，为学校吸纳更多地社会资源创造条件；要利用政策优势，争取政府资金，特别是专项资金，使学校的办学条件得到进一步改善。

在均衡发展的条件下，形成某些强势项目，以重点带动全面，以品牌形成影响是一个十分重要的战略思想。在思想、物质条件保证的前提下，我们必须建设一支能打硬仗、出优质办学成绩的干部、教职员工队伍。这支队伍有精神之魂，如爱校、爱事业，成为配合默契，能聚合力量的一个团队。要以良好的精神状态组织高绩效的教育工作，使学生道德有形，学习有法，特长有能。

十四中以对学生的严、爱及努力培养学生成功著称。如果我们以此为办学宗旨,再将其进一步科学化,形成一套操作程序,教育传统,对学生抓得更严,严中更有爱,爱中更有成,那么我校办学的水平、风格及品牌影响力将会继续扩大影响。我们要利用学校的周边办学环境优势,例如:国家话剧院在我校旁边落户,我们可以组建十四中的话剧社,将来能定期公演,培养起一批人文见长的孩子,使之形成一个新的教育品牌。我们要培养学生人人有一特长,人人有一特点,人人有一志趣,形成优长育人的教育品牌。在继续提高教师整体素质的同时,加大培养名优特教师的工作力度,以名师办名校,使之成为扩大学校的社会声望,同时也使自己的人生更加精彩的品牌。我们要开发促进学生道德、学识、技能的课程资源,形成校本课程品牌,培养学生成为社会活动家、成为管理的准人才、成为创新创业的建设者和接班人。

分析我校的办学环境及内部条件,在未来 6 年内继续进取创新,我们相信,我校教职员工的工作满意度将会得到提升,与之相应的学校教书育人的质量一定会取得新的成绩,也将会为教育的发展作出新的贡献,使我校的教育环境及办学示范作用,在宣武区(现西城区)乃至全市形成一个更抢眼的亮丽景观。

任期总目标

明确的办学主导思想是促进学校发展的前提条件。我校在办学的核心理念、学校发展的宏观目标、保证目标实现的发展思路等方面提出统一的办学认识,以利于统一学校的办学行为。

一、办学育人任期总目标

学校办学育人的总目标是:通过内涵式发展,将北京市第十四中学建成宣武区(现西城区)全面育人优质品牌学校,北京市特色办学示范学校,国内外不断扩大影响力的知名学校。

二、办学育人任期目标分解

(一)建立起学校自主发展、全面统筹办学育人的高效能组织系统,强化思想理念引领,追求特色办学,确保规划任期各个阶段的实效性。以建设优质的人力资源队伍作为保障,以人才成就事业,以办学育人的各项显著成绩,扩大市区、国内外的品牌影响力。

(二)将领导班子作为办学育人的核心工作。班子建设的目标是:整体素质优良,管理水平逐年提升,胜任日常管理任务要求,计划措施得力、制度智慧增强,管理绩效取得良好效果。领导团队职责分明,运行通畅,决策民主,管理规范,团结协作,改革创新,作风深入,公正廉洁,职工满意度高。班子年龄结构、能力结构合理,后备干部培养落实。

(三)教职员工队伍建设工作不断优化。以《教师法》、新颁《中小学校教师职业道德规范》、《教师资格条例》为主要法规、政策依据,建立起优化教职员工队伍的有效机制。

(四)保证德育工作在素质教育中的首要地位,使国家和市区德育工作的法规制度得到全面贯彻落实,建立起系统的德育工作体系,形成办学育人的优良文化环境。

(五)教学工作以全面实施素质教育为中心,做到严格执行国家和市区课程计划,减负增效。以培养学生创新精神和实践能力为重心,深化教学改革取得实效,学校教学管理出经验、出成果。

(六)保证体卫美工作的地位,贯彻"健康第一"的思想,体卫美工作的实效性逐年提高,以体卫美工作的独到作用,促进学校成为"和谐高雅,充满活力"的育人学苑的建设。

（七）建立起丰富多彩的学生实践活动的育人体系，建立起科研兴校的运行系统，建立起信息技术支持的系统，建立起评价促进办学育人的导向机制，建立起财力、物力服务育人的后勤保障机制，确保学校安全稳定，优质发展。

（八）以发展性评价促进学生的不断进步。重点监测学生的思想道德素质、文化科学素质、劳动技能素质、身体心理素质的发展情况。在严格的过程性测量评价中，以统计数据作证明，验证学生培养的实效。

年度目标分解及主要措施

一、5年目标任务、措施分解

（一）目标实现的质性表述

通过3年办学育人的努力工作，初步实现学校办学育人的总目标。在宣武区（现西城区），获得全面育人优质品牌学校的良好评价；在北京市，形成特色办学示范学校的广泛认可；在国内外，成为具有一定影响力的知名学校。

（二）目标实现的量化表述

在宣武区（现西城区）政府督导室对学校的优质品牌办学的评估中获得95分以上的评价成绩；宣武区（现西城区）教委各科室对学校各部门的工作年度评价反馈高于区各校评价的平均水平；宣武区（现西城区南区）教学质量评价的量化数据表现为第3，且在发展性评价中获得好评；学校特色办学取得部级课题并开展实验，在特色办学实验中获得受表彰的学校；学校与国内外学校的开放交流每年保持一定的数量，并有固定的业务交流活动；学校中长期留学生人数达到百人左右。

二、保证目标实现的具体措施

2009年7月至2010年7月目标及措施

（一）制订学校发展规划，建立规范化的全面统筹办学育人的高效能组织系统。以内涵式发展的办学育人成绩，扩大在市区、国内外的品牌影响力。

（二）强化学校领导班子建设，以胜任"优质、特色、有影响力"为目标要求。在班子的整体素质、管理水平上着力。其提高标准的操作项目是：强化班子成员职责意识，运行系统的通畅意识，决策的民主意识，管理的规范意识，做好后备干部的培养。

（三）优化教职员工队伍建设。抓好教职员工的普法及教育方针、政策的教育，以《教师法》为主要教育内容，并通过依法、依教育政策办学，促进教职员工队伍素质的提高。

（四）在办学育人中始终将德育工作放在素质教育的首位，贯彻国家和市区德育工作的法规制度，开展有实效的德育。

（五）将教学工作作为中心工作，在深化课堂教学改革方面追求有效教学，支持教学管理部门及教师出经验、出成果。

（六）定期召开校长办公会，专项研究体卫美工作，保证体卫美工作的地位。开展贯彻"健康第一"的宣传教育工作。通过具体管理的落实及主管人员的主动工作，使体卫美工作的实效性逐年提高。

（七）为开展丰富多彩的学生实践活动提供支持，在育人体系上加强构建。重视科研兴校的落实，每年召开科研年会。高度重视学校的安全工作，形成制度，建立责任区及责任人制，固定安全教育活动时间及教育内容。

（八）将"发展性评价促进学生进步"作为办学育人的组织项目。确定时间、责任人，组织好学生的思想道德素质、文化科学素质、劳动技能素质、身体心理素质的发展性评价的监测。

2010 年 7 月至 2012 年 7 月目标及措施

（一）修改完善学校发展规划，建立规范化的全面统筹办学育人的高效能组织系统。在优质的人力资源队伍的保障作用下，在办学育人的各项工作中做出明显成绩。

（二）强化学校领导班子建设，以胜任"优质、特色、有影响力"为目标要求。继续在班子的整体素质、管理水平上着力。重点在改革创新意识，作风深入意识，公正廉洁意识方面开展教育。教职员工评价工资的满意度意识。继续重视班子成员的年龄结构、能力结构的合理性，继续做好后备干部的培养。

（三）优化教职员工队伍建设。抓好教职员工的普法及教育方针、政策的教育，以新颁《中小学校教师职业道德规范》、《教师资格条例》为主要教育内容，并通过依法、依教育政策办学，促进教职员工队伍素质的提高。

（四）在办学育人中始终将德育工作放在素质教育的首位，贯彻国家和市区德育工作的法规制度，以建立系统的德育工作体系为重心，以形成办学育人的优良文化环境为标准，开展有实效的德育。

（五）将教学工作作为中心工作，以全面实施素质教育为管理重心，在培养学生创新精神和实践能力上形成特色课程，在深化课堂教学改革方面追求有效教学，支持教学管理部门及教师出经验、出成果。

（六）继续定期召开校长办公会，专项研究体卫美工作，保证体卫美工作的地位。通过具体管理的落实及主管人员的主动工作，使体卫美工作的实效性逐年提高。保证体卫美教育活动时间及经费，组织体卫美人员积极加入到"和谐高雅，充满活力"育人学苑的建设中。

（七）支持学校的信息技术的系统建设，以评价促进办学育人为导向机制，在财力、物力、服务育人的后勤保障机制上加大推进力度，高度重视学校的安全工作，形成制度，建立责任区及责任人制，固定安全教育活动时间及教育内容。

（八）将"发展性评价促进学生进步"作为办学育人的组织项目。分解过程性测量评价的指标，落实有关部门和个人的职责，建立统计数据的汇总系统，不断强化发展性评价在学校办学育人的地位和作用。

2012 年 7 月至 2014 年 7 月目标及措施

（一）修改完善学校的办学章程，总结出"建设高效能组织系统，实现规范化、全面统筹办学育人"的成绩。继续优化人力资源队伍，在更加有力的人才资源的保障作用下，使学校办学育人的各项工作取得显著成绩，继续追求取得内涵式发展的办学育人成绩，继续扩大在市区、国内外的品牌影响力。

（二）继续强化学校领导班子建设，总结出胜任"优质、特色、有影响力"办学育人的管理经验。继续在班子的整体素质、管理水平上着力。提高班子建设的标准要求，班子建设的标准要求是：班子成员的工作职责分明，运行通畅，决策民主，管理规范，团结协作，改革创新，作风深入，公正廉洁，职工满意度高，班子年龄结构、能力结构合理，后备干部培养得到好的落实。

（三）继续做好优化教职员工队伍建设。继续抓好教职员工的普法及教育方针、政策的教育，并通过依法、依教育政策办学，促进教职员工队伍素质有较大提高。

	（四）继续在办学育人中坚持：始终将德育工作放在素质教育的首位。继续贯彻国家和市区德育工作的法规制度，以优化系统的德育工作体系为重心，以形成办学育人的理想文化环境为标准，继续开展有实效性的德育。 （五）继续以教学工作为中心，以全面实施素质教育为教学管理重心，严格执行国家和市区课程计划，继续追求教学的减负增效，在培养学生创新精神和实践能力上形成特色课程认可，在深化课堂教学改革方面追求有效教学，支持教学管理部门及教师出新经验、出新成果。 （六）继续保证体卫美工作的地位，继续开展"健康第一"的宣传教育工作，全员育人确立了"健康第一"的思想。部门及有关人员"健康第一"的职责分明，具体管理人员的工作水平提高，体卫美工作的实效性继续逐年提高。体卫美教育活动时间及经费得到增加，组织体卫美人员开展建设"和谐高雅，充满活力"育人学苑的建设取得经验和成果。 （七）继续为开展丰富多彩的学生实践活动提供支持，构建起学生社会实践的完整体系。继续重视科研兴校的落实，组织好每年的科研年会，提高科研经费投入水平，继续实行经费单列。继续支持学校的信息技术的系统建设，继续强化以评价促进办学育人为导向机制，在财力、物力、服务育人的后勤保障机制上继续加大推进力度，始终高度重视学校的安全工作，使制度更加完善，使建立起的责任区及责任人制得到不断强化，学校要连续保持安全校园的称号。 （八）继续将"发展性评价促进学生进步"作为办学育人的工作项目。继续组织好学生的思想道德素质、文化科学素质、劳动技能素质、身体心理素质的发展性评价的监测。继续做好分解过程性测量评价的指标工作，并做好落实职责到有关部门和个人，学校的统计数据的汇总系统不断完善，发展性评价在学校办学育人的地位和作用不断得到加强。
基层单位意见	校长签名：　　　　　　　　　　学校盖章： 　　　　年　　月　　日
主管单位意见	主管主任签名：　　　　　　　教委盖章： 　　　　年　　月　　日

附　录

附录1：做好规划动员大会的学习书写范例

一、学习主题：规划的认识与操作

二、学习内容：

（一）原理窗（思想精要）

规划，意即进行比较全面的长远的发展计划，是对未来整体性、长期性、基本性问题的战略性思考和设计未来的整套行动方案。规划按内容性质分，有总体规划和专业规划；按管辖范围分，有全国发展规划和机关、企事业单位的部门发展规划；按时间分，有远景规划和短期规划。规划与计划基本相似，其不同之处在于：规划具有长远性、全局性、战略性、方向性、概括性和鼓动性。从相似处认识，规划是为完成某一任务而作出的比较全面的、具有长远打算的公文，是计划的一种。计划是将组织在一定时期内的目标和任务进行分解，落实到组织的具体工作部门和个人，从而保证组织工作的有序进行和组织目标的得以实现。计划也是一种文本，同时也是一种行动过程。学校发展规划，也可称为是对学校进行为期3—6年的计划。学校发展规划就是制订学校、部门、个人的长期目标并将其付诸实施，时间一般是3—6年。

制订发展规划的目的是，对学校来说，是为了对学校全局、长远工作作出统筹部署、安排，以便明确方向，激发干劲，鼓舞斗志。对个人来说，通过设计个人发展前景，明确发展奋斗的目标，激励自己岗位建功。

（二）操作舵（实践导航）

制订发展规划，要坚持严肃性、科学性、可行性的原则。确定规划的步骤是，首先确定发展的目标——发展的远景是什么？其次再思考规划的内容——学校的发展预期该怎么样？最后形成文本，以备评估、审议、执行。完成规划，要依据学校的发展方针确定发展远景和总体目标，以科学的态度，对多种方案进行比较、选择，确定各项指标和措施。

1. 制订学校规划，其主要部分如下：

（1）学校总的综合规划（总纲，依据）

（2）部门规划——初中部、高中部（分解目标）

（3）组、处室规划——教研组、年级组、学校三处一室(二次分解目标)

（4）个人规划——教师、职员、工人

2. 规划文本的板式一般是：

（1）标题、单位名称、时间期限、内容范围、规划。例如：北京市第××中学 2010—2016 年发展规划。

（2）正文。

① 前言、指导方针和目标要求、主要任务和政策、措施、结尾（远景展望和号召）。

② 前言的编写——明确制订规划的起因和缘由（依据）。要注意：必须进行综合、全面的分析。

③ 指导方针和目标描述（纲领和原则，核心理念）。阐述理念，要精炼、简明；阐述目标，要明确，具有长期性、指导性、激励性。

确定目标的步骤：要对外部环境作出分析，对内部现状进行分析——优势、劣势、挑战、机会；要考虑到变革因素——内部、外部因素；要确定变革的内容，变革的目标。要注意的是：描述目标的语言要精炼、概括。例如：在微软，我们的使命是创造优秀的软件，不仅使人们的工作更有效，而且使人们的生活更有乐趣。

④ 主要任务和政策措施——这是规划的主体、核心。要注意的是：任务要分阶段，要明确，有重点，可评估，可衡量，具有可操作性。政策措施要概括、有效、有力。

⑤ 结尾，对远景再做展望和号召。要注意的是：简短、有力、富有号召力。

在规划的写作中，特别要强调加强对规划的管理，要写明实施规划，贯彻规划的途径、手段、方法，评价实施中的成果的方法，对规划中不符合实际情况的校正方法等。

（三）资料链（扩展学习）

学校发展规划组织写作的一个范式

启动学校发展规划及任期目标书

目录

前言

一、发展环境分析

1.PEST 分析

2.SWOT 分析

二、规划主导思想

1. 核心理念

2. 宏观目标

3. 发展思路

三、中观目标

1. 干部管理专业化建设目标

2. 教师专业发展目标

3. 员工队伍建设目标

4. 学生发展进步目标

5. 家长指导合作目标

四、达标运行机制保障

1. 党政工运行体制

2. 民主管理参与

3. 各种力量参与

4. 物质文化环境

五、达标目标任务分解

1. 教育

2. 教学

3. 科研

4. 后勤

5. 信息

6. 财务

7. 人事

8. 校办

六、初、高中特色办学

1. 初中特色建设

2. 高中特色建设

七、任期目标措施

1. 第一期三年任务分解

2. 第二期三年任务分解

八、部门、处组及个人发展规划

九、监督评价机制

1. 民主监督评价（过程性）

2. 科学测量评价（终结性）

（四）探索箱（认识升华）

制订发展规划，以规划目标促进学校发展，使办学行为既有理想性，又有现实性。这是一个需要不断探索研究的过程。以下思考，要在规划制订者的心目中反复地做权衡。

学校发展规划是一种管理的思想，学校发展规划是一种实现学校发展的途径与方法，学校发展规划是一种实现学校发展的机制。规划要在学校自主发展、教师自主发展、学生自主发展方面着力。学生发展是教育的本义和目的，教师专业发展是实现学生发展的途径，学校发展是学生发展和教师发展的结果，学生发展和教师发展需要学校的支持。

规划要充分考虑学校发展面临的内外环境的挑战。学校发展不能等待，孩子耽误不起，强势学校不进则退，弱势学校勇于超越。学校发展的根本是进步，"让我们做得更好，今天比昨天好，明天比今天好，一天比一天更好"。

学校发展规划是为追求学校发展而制订的，"发展"是规划的根本目的。应对学校发展中的内外环境变化是制订学校发展规划的直接动机。得到各方对办学的支持，调动参与办学的积极性是学校发展规划的直接目标。学校发展规划由校长组织制订和实施。在制订学校发展规划的过程中，需要与教育行政官员充分沟通，需要征询家长的意见和建议，学校发展规划应当有学生的声音，要听取社区的意见。学校发展规划的目标来自教师和职工，学校发展规划可以借助校外专家的力量。

附录 2：关于制订个人及组织发展规划的常识

一、关于发展规划

所谓发展规划，就是制订组织和个人的长期目标并将其付诸实施。

二、关于制订规划

制订规划分为三个阶段。第一个阶段就是确定目标，即在未来的发展过程中，要应对各种变化所要达到的目标。第二个阶段就是要制订这个规划，当目标确定了以后，考虑使用什么手段、什么措施、什么方法来达到这个目标，这就是发展规划。最后，将发展规划形成文本，以备评估、审议、执行。

三、关于规划管理

所谓规划管理，广义地讲，就是运用我们已经制订好的规划，对执行进行管理，来监督所有的部门在工作过程中是不是符合我们所制订的这个规划。狭义地讲，就是对规划的制订、实施和控制来分部门进行管理。发展规划的管理一般分成三个部分：一个是发展规划的制订，就是按照必要的程序和方法把规划制订出来；有了规划，应该怎么通过实施来贯彻下去，成为教职员工的统一行动，这就是规划实施；第三个部分是规划控制，即如何评估实施中的成果，并使教职员工正确贯彻这个规划。

四、关于使命与远景描述

一个学校是由很多部门组织在一起的，之所以它们会联系在一起，是因为它们有共同的使命。因此，我们在制订规划的时候，首先要描述一下我们的使命。我们的使命是什么，为什么会把这么多的人组合在一起，然后让大家为了一个统一的目标而努力。要回答好这个问题，就要把使命描述清楚，要写出一个正式的文件。这个文件要能回答下面的几个问题：

（一）你的事业是个什么样的事业，正是这个事业把学校的各个部分联系在一起。

（二）你的事业方向是向哪个方向发展的，你的事业将来会变成怎样的事业等。

（三）你在成就事业中，怎样使所发挥作用的对象发生改变，产生何种效益，达到怎样的满意度，取得怎样的质量。

为了把使命描述清楚，可以先考虑这些问题该如何回答。问题的答案不能光记在脑子里，还要用文字把它描述出来，写到文件里。

说到使命，一般具有三个特点：第一是长期性，因为使命必须指出未来的工作方针和发展远景。使命是不可以朝令暮改的，因为它是相对稳定的、长久的、持续的。第二是指导性，这个使命应该强调引以为荣的办学精神和重要政策。第三是激励性，使命描述完成后，它要能使全体人员感到这个工作的重要性，让全体员工在工作的时候会对使命有所认同，愿意参与到使命中来，并肩负使命所赋予的责任。

以一家企业为例，微软公司的使命描述。微软公司用了非常短的一句话来描述他们的使命："在微软，我们的使命是创造优秀的软件，不仅使人们的工作更有效益，而且使人们的生活更有乐趣。"这个描述虽然很短，但是基本上涵盖了我们上面提到的三方面的内容。微软中国公司的使命描述是："在中国，我们希望：通过与中国民族信息产业的合作，创造出杰出的、最适合于中国的软件产品，使中国像世界其他地方一样，从微软的技术和解决方案中获得最大的效益，从而为中国知识经济的发展和人民生活水平的提高作出自己的贡献。"

从微软的例子可以看出，企业对自身使命的描述是非常严谨的，文字不能太长，长了让员工和社会记不清楚，重要的是要能反映出我们刚才说的企业使命必须具备的 3 个特点：长期性、激励性和指导性。单位的使命描述清楚以后，我们在做战略规划和制定目标的时候就有了一个基础。单位的使命如同数学大厦中的命题，数量虽然少，但整个数学大厦都是靠它们演绎而就。

五、关于规划层次

一般发展规划要分为四个层次：第一个层次，也是最高层次，称为总的综合规划，它必须由最高负责人构建；再一个层次就是部门规划，必须由部门负责人直接构建，不能委托给别人；再次是处、组规划，由更小的组织的负责人主持构建；第四个层次就是策略，是实施规划的短期工作计划或行动步骤，并由各个部门的管理人员负责。"短期"的时间确定可以是灵活的，1、2 年之内是 1 个短期，3 年或分 2 个阶段也可称为短期阶段。

六、制订发展规划的方式

制订规划的方式有四种：

第一种是领导层授意，自上而下逐级制订，这种方式在很多单位里都运用。

第二种是自下而上，以部门单位为核心制订。

第三种是领导层建立规划小组，由小组制订。

第四种是以个人发展计划或生源规划为基础，逐级汇总，概括成学校的规划。

在实际制订规划的过程中，这几种方式往往是相互结合在一起来操作的。

七、确定规划目标的步骤

前面提到制订规划要有三个步骤：首先是确定目标；然后是制订规划；最后对制订好的规划文本进行评估、审批，如果有需要的话还要进行修改。

这其中第一个步骤就是怎么确定目标。确定目标的第一步是对现状进行分析，最常见的是进行 SWOT 分析。所谓 SWOT 分析就是分析学校的优势、劣势、面临的挑战，以及机会在什么地方等等。然后基于分析的结果给出一个判断，主要是考虑在这样一个分析结果下，在未来的 3 年、5 年（根据你制订规划的周期长短），如果不推动变革与发展，那么有关方面会不会满意？如果满意的话，就保持现有发展态势；如果不满意，那么就要考虑在目前分析结果的情况下，对内部做哪些变革，再分析一下可以对外部做哪些变革，将内部和外部变革所能导致的结果与不变革的结果进行比较，寻找变化和差别，这些变化和差别是不是能使各方面满意，最后再来决定是不是要变革，怎么变革，并确定变革的目标。当学校决定变革，而且考虑好怎样变革后，就把这些变革的决定写成正式的文件。以上就是确定规划目标的步骤。

八、制订规划的步骤

环境的分析与预测→制订目标并使之定量化→确定战略重点→制订行动计划和划分阶段→制订实施战略的措施→提交中选方案的书面计划以备审查和批准

第一步是战略环境的分析和预测，简单地说就是要回答一个问题，即我们是谁？很多人觉得这个问题很简单，其实不然，当你长期工作在一个环境里，对周围都习以为常的时候，你不一定能很准确地回答这个问题。除了对自身的情况进行分析之外，还要分析宏观环境，对社会、经济、政治、文化、技术等各个领域现在或将来可能发生的变化情况也要有所了解。在此基础上，寻找机会并识别出把握机会将遇到什么障碍，会有什么缺陷，这是对战略环境进行分析和预测的目的所在。

第二步是要制订目标，这里所指的目标和我们前面提到的"确定战略目标"中的"目标"有所不同，那个"目标"是我们要做变革，怎么样做变革，以及我们想达到什么样的结果，但是那些描述都是定性的，并不是一个量化的目标。我们所制定的战略规划，落脚点应该是可评估、可衡量、可操作的规划，量化的目标是做到这一点的基础。比如说，要达到这些目标的时间是怎么控制的，何时实现这些目标，这些都是对目标的量化。

在对目标量化之后，第三步是要确定战略执行过程中的重点。前面我们提到执行战略规划的四个层次，对于每一个层次来说它的重点是不一样的。学校综合战略，它的重点是确定使命、划分责任单位、确定关键单位的目标。在综合战略中确定其目标，这是最高层次的战略。对于责任单位的战略，它的重点是如何贯彻学校使命、环境分析，是二级单位的目标，以及实现目标需要的具体措施。次战略则更加详细，重点是如何贯彻目标并细化。对于目标的细化，包括发展目标、质量目标、职工素质目标、管理改进目标、效益目标等等，以及具体措施。最后是战术，它的重点是划分阶段并制订计划，对每个阶段可能的变数进行分析，以及应对风险和变数的措施。

重点明确之后，第四步就是制订行动计划和划分阶段了。

第五步就是要制订实施战略的措施。

最后一步就是把选中的方案形成文件提交给教代会进行审议。

附录 3：学校发展规划及任期目标责任制书写第一责任人分工

一、发展环境分析

1.PEST 分析（欧阳利）

2.SWOT 分析（梁秀丽）

二、规划主导思想（王建宗）

1. 核心理念

2. 宏观目标

3. 发展思路

三、中观目标

1. 干部管理专业化建设目标（王建宗）

2. 教师专业发展目标（安彩凰）

3. 员工队伍建设目标（丁香）

4. 学生发展进步目标（刘秀芬）

5. 家长指导合作目标（董成勋）

四、达标运行机制保障

1. 党政工运行体制（杜彦明）

2. 民主管理参与（肖丽）

3. 各种力量参与（赵琳）

4. 物质文化环境支持（欧阳利）

五、达标目标任务分解

1. 教育（梁秀丽、谷宇）

2. 教学（夏树铭、王玉英）

3. 科研（董成勋）

4. 后勤（郝春和）

5. 信息（欧阳利）

6. 财务（赵琳）

7. 人事（洪小平）

8. 校办（尹峥）

六、初、高中特色办学

1. 初中特色建设（童薇）

2. 高中特色建设（安彩凰）

七、任期目标措施

1. 第一期三年任务措施分解（朱爱学）

2. 第二期三年任务措施分解（张练）

八、部门、处组及个人发展规划（附件目录）

九、监督评价机制（朱爱学、张练）

1. 民主监督评价（过程性）

2. 科学测量评价（终结性）

十、全文统稿（张练、陈凤娥）

附录 4：制定规划及责任目标书的程序之一——教职员工代表大会会议议程

大会议程：宣读北京市第十四中学发展规划中的 5 个编写内容初稿

一、前言初稿

二、办学总目标及主导思想初稿

三、两个任期的目标及任务、措施初稿

四、措施列举初稿

五、部门及个人发展规划制定要求初稿

图书在版编目（CIP）数据

学校发展规划及校长任期目标责任编写范本／王建宗主编．–北京：人民出版社，2011.

ISBN 978–7–01–009602–5

I. ①学⋯　II. ①王⋯　III. ①中小学–学校管理–研究②学校管理–应用文–写作　IV. ① G637 ② H152.3

中国版本图书馆 CIP 数据核字（2011）第 002951 号

学校发展规划及校长任期目标责任编写范本

王建宗主编

责任编辑：冯　瑶

出版发行：人民出版社

地　　址：北京朝阳门内大街 166 号

邮　　编：100706

邮购电话：（010）65250042　65289539

印　　刷：

经　　销：新华书店

版　　次：2011 年 2 月第 1 版
　　　　　2011 年 2 月北京第 1 次印刷

开　　本：700 毫米 × 1000 毫米 1/16

印　　张：15

字　　数：210 千字

书　　号：ISBN 978–7–01–009602–5

定　　价：35.00 元